本书出版受到 "2017 年特色学科——法学项目（编号301050104），202□年广西民族大学引进人才科研启动项目（编号：2020SKQD04），广西民族大学民族法与区域治理研究协同创新中心"支持

光明社科文库
GUANGMING DAILY PRESS:
A SOCIAL SCIENCE SERIES

·法律与社会书系·

# 法令行为出罪论

徐翕明 | 著

光明日报出版社

图书在版编目（CIP）数据

法令行为出罪论 / 徐翕明著 . -- 北京：光明日报出版社，2022.9
 ISBN 978-7-5194-6546-9

Ⅰ.①法… Ⅱ.①徐… Ⅲ.①刑法—研究—中国 Ⅳ.①D924.04

中国版本图书馆 CIP 数据核字（2022）第 060290 号

## 法令行为出罪论
### FALING XINGWEI CHUZUILUN

| 著　　者：徐翕明 | |
| --- | --- |
| 责任编辑：陆希宇 | 责任校对：张彩霞 |
| 封面设计：中联华文 | 责任印制：曹　诤 |

出版发行：光明日报出版社
地　　址：北京市西城区永安路 106 号，100050
电　　话：010-63169890（咨询），010-63131930（邮购）
传　　真：010-63131930
网　　址：http://book.gmw.cn
E - mail：gmrbcbs@gmw.cn
法律顾问：北京市兰台律师事务所龚柳方律师

印　　刷：三河市华东印刷有限公司
装　　订：三河市华东印刷有限公司

本书如有破损、缺页、装订错误，请与本社联系调换，电话：010-63131930

| 开　　本：170mm×240mm | |
| --- | --- |
| 字　　数：229 千字 | 印　张：16 |
| 版　　次：2022 年 9 月第 1 版 | 印　次：2022 年 9 月第 1 次印刷 |
| 书　　号：ISBN 978-7-5194-6546-9 | |
| 定　　价：95.00 元 | |

版权所有　　翻印必究

# 序[①]

徐翕明是我的第十二届博士生之一，他是2017年9月入学，而且翕明是报考我应届毕业生中第一次参加考试就被录取的首届博士生，可谓在我博士招生中的佼佼者。2017年7月初他找到我要提前入学，想多看些书，为开学后的课程早做准备。我着实为他的勤奋、好学和执着所打动，故只好找到上一届的博士或硕士学生，让他借宿。7月的苏州可想而知，是多么的炎热，好在翕明是浙江金华人，想必对江南的夏天气候早已适应。尽管是假期，翕明的早日到校使我原本放松的心多了些牵挂，于是我们师徒俩也偶尔散步聊天，甚至小聚酌饮。不仅谈天说地，更不会忘记讨论学问。每每聊到甚晚，余犹未尽，甚至有忘年交知遇。翕明是个聪慧、内敛、心细的人，上进好学、治学严谨，我俩常常是在他送我回家的路上神聊。当然，后来同届的李文吉也在8月来到学校，这样每每我回家的路上也就成为我仨侃大山、说学问和聊大天的好时机。记忆中，翕明和文吉是我历届博士生中陪我聊天最多的人，也是深夜送我回家最多的学生，仅此就特别值得回忆，更使我着实感动。或许因为我家住的距离学校近，或许总有聊不完的话题，用他俩的话说总想和老师多待一会儿，更或许他们总是想安全地把我亲自送回家。多半是送到我家楼下，甚至送我上楼，即便

---

[①] 编者注：序的作者李晓明系苏州大学国家监察研究院院长、王健法学院教授、法学博士、博士生导师，刑事法研究中心主任，我国著名的行政刑法研究学者，国际刑法学协会中国分会理事，中国刑法学研究会理事，江苏省刑法学研究会副会长。

是我一再说"老师还不老"，不要他们担心我的安全，让他们早些回去休息。但他们还是久久地站在马路对面，亲眼看到我顺利安全地通过马路，他们才肯招招手离开。或许这样的事情并不足为奇，但他们三年的陪伴，甚至次次亲自送我回家，还是非常令我感动，甚至令我终生难忘。所以，我不惜浪费几百文字，不厌其烦地记录它、回忆它、珍惜它。

印象中，翁明记忆力超强，过目的东西基本不忘，并能够完整地叙述下来。他不仅勤奋刻苦，而且做事认真，从他身上我看到了学术信誉和真诚为人，从而历练了他扎实的学术规范功底。所以，从他平时的学习成绩和课堂讨论看，我对他的博士论文写作充满信心，并不怎么为他担心。真应验了一句话，一个学生怎么样，带他的老师心里最有底。翁明最初的博士论选题是"超法规排除犯罪性行为研究"，开题一个月后他跟我说，还是觉得"超法规出罪事由"题目太大了，甚至二三十万字都难以把问题说清楚。所以，他大胆尝试，认真梳理了包括阻却违法层面事由（被害人同意、自救行为、义务冲突、法令行为、被允许的危险、正当业务）和阻却责任层面事由（期待可能性、违法性认识）两个大的方面，并想从中挑选出一个"出罪事由"来具体研究和阐释，大大缩小了原有的研究边界与范围，更加符合现代博士论文"小题大做"的选题要求。我支持他的想法，并欣赏他的认真和魄力，他最终把论文题目限缩为"论刑法中的法令行为"，不仅顺利完成了写作（他是我当年五个参加博士论文答辩学生中第一个交给我博士论文文稿的人），并且顺利通过了外审和答辩。而且在知网目前还搜索不到与此相同的论文题目和专著书目，可见他所下的功夫及付出的辛勤和汗水。通篇论文也彰显了他缜密的逻辑思维和深厚的学术功底，我为他骄傲。本书也正是在该博士论文修改的基础上所完成的。

翁明约我作序，我欣然提笔。纵观全书，我认为作者的研究具有以下学术亮点。

一是本书重塑了法令行为的基本范畴，最终定位于依照其他法律（包括法规）、公务员或军人内部的上级命令实施的行为。并将其类型重新划分为依照法律的行为和执行命令的行为，前者进一步分解为依照实体法的行为和依照程序法的行为,后者仅限于公务员内部命令和军人内部命令。不仅理清了过去些许概念上的混乱,而且依据法秩序统一性原理中缓和的违法一元论与实质违法性理论中的社会相当性说分别论证了"依照法律的行为"和"执行命令的行为"的出罪根据。前者是行为人实施的某种行为,虽然形式上该当犯罪构成要件,但由于该行为同时也符合民商事、行政等其他法律规范,不存在"一般违法",即不具有"刑事违法",故不构成犯罪。后者是依据上级命令做出的行为符合一定历史阶段所形成的社会秩序,故也不宜作为犯罪处理。不仅范畴边界清晰,而且出罪原理阐述到位。

二是对中外刑法中"法令行为"的立法例进行了系统梳理,不仅从实证的角度上论证了法令行为阻却犯罪成立的效果应表述为"出罪",并依照类型的划分对其出罪根据分别进行阐述,而且在借鉴他国立法例的基础上,提出将"法令行为"规定在我国刑法中的独到建议。本书主张将其规定在刑法第21条"紧急避险"之后,作为一项独立的法定出罪事由,并设计了具体的法条规范内容。

三是对具体的法令行为种类进行"类型化"的细致研究,重点围绕各种不同的法令行为出罪效果,以及涵摄范围和出罪的具体成立条件等展开深入讨论,使法令行为形成体系化的理论,并且为刑事立法提供具体指导意见,适时地将法令行为立法化。尤其对实施中各个具体行为的主体条件、时间条件、目的条件、限度条件等进行了全面系统的分析,以实现立法上更大的合理性和出罪上的有效性与可行性。具体包括宪法及其相关法律规定的人大代表发言、表决行为,人民警察法规定的警察基于其职务而实施的防卫行为,民事法律规定的惩戒行为,刑事诉讼法中的侦查行为、刑事强制措施行为、扭送行为和执行死刑行为等,以及大量行政性法律规定的许可行为。这些细微环节的研究都对国家立法及其运行提供了重要的参考方案,也同时为该方面的理论研究奠定了坚实的学术基础。

与以往的同类研究成果相比,本论著或许具有如下几个方面的特点。

第一,具有问题意识,实证研究突出。实事求是地讲,刑法中的"法令行为"是一个传统的法律概念，但现行的刑事立法却存在明显不足，理论界对此的关注度也略显薄弱，现有研究成果的深度与广度远远不够，甚至司法实践中入罪倾向化较为明显。因此，本书以"法令行为出罪论"为题，破旧立新，拓展现有研究视阈，问题意识强烈，研究方向明确，选题具有重大的理论意义和实践指导意义。本书综合运用国内外立法例，并进行分类梳理、文献综述、比较研究、历史考察等，针对不同法令行为提出不同的出罪范围与成立条件，在紧急避险条款之后草拟刑法"第22条"，体现了作者的独具匠心和个人见解。

第二，理论体系完整，材料丰富翔实。全书除导论外，共分为五章，从基本原理、中外比较到具体类型的展开，形成了一个相对较为规范的研究法令行为的刑法学体系。尤其采用由总到分的结构体系顺序，通过介绍法令行为的基本内容及原理，在梳理分析中外刑法中"法令行为"立法例的基础上，对依照实体法实施的行为、程序法实施的行为以及执行命令的行为展开了论述。全书以刑法中的"法令行为"为主线，从范畴梳理到实证分析，从历史回顾到探寻规律，从立法例到实际问题及其立法建议，层层递进，系统全面，思路清晰，逻辑严密。而且案例资料异常丰富，文献资料真实可靠。本书引用的研究成果大多来自国内外原著，而且大都是最新版的，也是目前的主流观点。另外，在梳理各国刑法中的"法令行为"立法现状方面，作者在通读相关国家法律文本的基础上加以解释，使分析更显严谨，逻辑性更强。

第三，学风严谨诚信，学术观点鲜明。本书在收集已有研究成果和国内外文献资料的基础上，先从基本范畴、具体类型、出罪效果和出罪根据等方面，十分严谨地研究法令行为的基本内容，层层展开、分析入微，认真梳理与分析法令行为的中外规范，在对法令行为进行重新分类的基础上，依照实体法实施的行为、依照程序法实施的行为和执行命令的行为，依次分析法令行为的实体内容和理论问题等。综观全书，所引用的文献资料翔实可靠，观点较明确，论证较充分，结构较合理，行文规范，逻辑性强，具有自己独到的见解。全文注释规范、学风严谨、格式完美，恪守了学术诚信和学术准则，体现了作者较强的科研能力。提出了较为鲜明的新观点，特别是将法令行为划分为依照法律的行为和执行命令的行为，这在分类研究方法上，具有一定的创新和启发意义。

当然，作为一本书，仍然会有不足之处。作为导师，我作序或许对于他的要求过于苛刻。也许是因为时间仓促，本书对法令行为的基础理论还有拓展的空间。比如，法令行为的上位概念是什么？所谓超法规就是刑法条文没有明文规定，但目前刑法中规定有正当防卫和紧急避险两种犯罪阻却事由，总体上讲法令行为并没有完全脱离规范的范畴，因此法令行为或许在规范与超规范边缘游离，需要进一步深入思考，甚至大有研究空间。另外，由于注释引用较多，加之字数限制和时间仓促，个别地方没能充分展开，有待于以后研究中进行细化。

总之，瑕不掩瑜，本书旁征博引、巨细论证、逻辑严密、全面系统，已经启动了我国深入研究刑法中"法令行为"的理论视野，书中许多观点已基本处于我国在该问题研究上的前沿。愿徐翕明博士事业有成、学术进步、更上一层楼，也祝我国刑法中的"法令行为"理论研究更加深入，尤其在司法实务方面更有成效。

是为序。

李晓明

2021 年 4 月 15 日于苏州大学相门寓所

# 目 录
## CONTENTS

**导 论** ·················································································· 1
 一、研究缘起 ······································································ 1
 二、国内外研究现状 ···························································· 2
 三、研究方法 ······································································ 8
 四、研究思路与主要内容 ··················································· 10

**第一章 "法令行为"的概述：基本内容及其原理** ················ 12
 一、"法令行为"的基本内容：概念、类型与效果 ················· 13
 二、"法令行为"出罪的理论根据：基于"二分制"的展开 ······ 29
 三、本章论要 ··································································· 52

**第二章 "法令行为"的中外立法：系统梳理与分析** ············ 55
 一、中国刑法中"法令行为"的立法例 ································· 55
 二、外国刑法中"法令行为"的立法例 ································· 63
 三、域外"法令行为"规定之比较与启示 ····························· 67
 四、本章论要 ··································································· 74

*1*

## 第三章　依照法律的行为：以实体法为分析对象 …… 76
　一、《宪法》及其相关法律中规定的人大代表"发言、表决行为" … 76
　二、民事监护中的"惩戒行为" …… 84
　三、《人民警察法》中规定的"警察防卫行为" …… 99
　四、行政性法律中规定的"特别许可" …… 124
　五、本章论要 …… 139

## 第四章　依照法律的行为：以程序法为分析对象 …… 142
　一、《刑事诉讼法》中规定的"侦查行为" …… 142
　二、《刑事诉讼法》中规定的"逮捕行为" …… 155
　三、《刑事诉讼法》中规定的"扭送行为" …… 161
　四、《刑事诉讼法》中规定的"执行死刑" …… 180
　五、本章论要 …… 184

## 第五章　执行命令的行为：公务员与军人两类主体的分析 …… 186
　一、公务员执行命令的行为 …… 187
　二、军人执行命令的行为 …… 210
　三、本章论要 …… 223

## 结　语 …… 225

## 参考文献 …… 227

# 导 论

## 一、研究缘起

基于社会治理的需求，以往作为事后法、保障法的刑法似乎成为社会治理的首要工具，尤其随着信息技术革命所构建的全球网络空间，网络犯罪正不断涌现，越来越多的行为需要被入罪化处理，以至于学界不少学者呼吁，应当谨慎对待这种回应性、情绪性立法，甚至有更为激进的学者，如刘艳红教授主张停止这种刑事立法犯罪化的趋势。当然，法律不是嘲弄的对象，尽管我们可能从立法上很难认同对某些行为的犯罪化，但是如何从解释学的角度对这些条文展开分析，使实质上不具有法益侵害性或刑事违法性的行为合理出罪，才是我们刑法学者的担当与使命。

目前，学者们为行为的出罪提供了多种路径。例如，通过"但书"的规定，将情节显著轻微、危害不大的行为予以出罪；又如，通过正当防卫、紧急避险两种法定排除犯罪性事由的规定，将行为予以非犯罪化处理；再如，通过刑法理论上的超法规违法或责任阻却事由，如被害人承诺、期待可能性等，对行为不做犯罪处理。应当说，学界提出的各种出罪路径，都是对刑法的扩张和刑罚的滥用进行防范和限制的"谦抑主义"理念的体现。刑法谦抑主义立足于人权保障的立场，要求国家对刑罚权进行严格的限制，对社会关系尽可能不进行刑事干预，或者尽可能进行最小限度的刑事干预，使刑法的运用真正符合"保障法"的角色。因此，对于某些尽管从外观上看似"犯罪"但实际上不具有法益侵害的行为，我们应当重点排查，尽可能将它们纳入非犯罪化的框架之中。

从目前学界对于行为非犯罪化的研究来看，相比于"但书"和法定犯罪阻却事由，我们对超法规犯罪阻却事由的关注度不够，学者们的研究也主要集中在被害人承诺领域，诸如其他事由，像义务冲突、自救行为、法令行为、违法性认识、期待可能性等，或多或少都存在研究上的缺陷。限于理论基础、学识储备和司法实践经验的不足，本书仅就"法令行为"这一"冰山一角"进行深入的、全方位的剖析，着力于"小题大做"，试图挖掘和阐述其理论价值和现实意义。也许本书的某些观点和主张显得稚嫩甚至肤浅，但笔者的研究态度是严肃认真的，主要联系中国刑事法治实践立论，探究行为人如何依据法令实施的行为实现出罪的根源与条件，力戒玄虚空疏。从出罪这种效果入手，分析国内外关于"法令行为"的立法规定，借鉴其理论上的研究成果，对我国现实中存在的依照法律的行为和执行命令的行为等"法令行为"的非罪性质、成立条件、表现形式及其中涉及的若干理论与实践问题加以分析，以期最终能实现对刑事立法的指导效果。

## 二、国内外研究现状

### （一）"法令行为"的概念

通过对我国古典文献历史性的梳理发现，"法令行为"是一个具备本民族刑律特色的概念。虽然彼时对于"法令行为"的概念没有做出明确的规定，但从中国古代律法中可以映射出"法令行为"的某些特征。《周礼·秋官司寇·士师朝士》记载："凡报仇仇者，书于士，杀之无罪。"意思是说，想要复仇杀人的，必须事先经过士师发符令，持发符令杀死仇人，就是无罪的。在汉代，对于杀人行为不以犯罪论处的情形，主要发生在捕快执行朝廷逮捕令中。追捕者依法追捕逃犯，当逃犯拒捕时，追捕者可将其当场杀死而不以杀人罪论处，即所谓的"格杀勿论"。唐律继承并发展了这一立法传统,《唐律疏议》记载:"诸捕罪人而罪人持杖拒捍,其捕者格杀之及走逐而杀,若迫窘而自杀者,皆勿论。"《唐律·断狱》中记载:"若依法拷决,而邂逅致死者,勿论。"《宋刑统》第 28 卷《捕亡律》中,直接沿用了《唐律疏议》关于追捕逃犯致被捕者死亡的规定。宋国华教授在《元代法制变迁研究——以〈通制条格〉和〈至正条格〉为比较的考察》一书中指出,元代《至正条格·断例》中保留了《捕亡》27 目 34 条的内容,不仅规定了"犯夜拒捕、逃驱拒捕"后,追捕者致亡者死伤不论罪;同时规定了普通老百姓的协助缉捕权利和义务。杨一凡教授在《洪武法律典籍考证》一书中指出,《大明律》中《刑律》部分也规定了《捕亡》的类目,可以说是直接吸取元代法制纵持的教训之后制定出来的,类似规定一直延续到了《大清现行律》。

到了近现代,我国刑法学界明确对"法令行为"做出界定的主要有以下几种。(1)依照法令行为,是指依照法律的规定或上级的命令所实施的行为,如陈兴良、刘宪权、肖中华等人持此观点。(2)基于法令的行为,是基于法律、命令以及其他成文法规作为权利或者义务的行为,如童德华、何鹏、陈家林等人持此观点。(3)法令行为,是指基于成文法律、法令、法规的规定,作为行使权利或者承担义务所实施的行为,如马克昌、张明楷等人持此观点。(4)刘艳红认为,依照法令的行为是指直接基于有效的法律、法规之规定所实施的行使权利或履行义务的行为。(5)法令包括法律和命令,所以法令行为包括法律行为和执行命令行为。(6)法令行为也称依照法律的行为,是指依照有效的法律、法规所实施的行使权利或者履行义务的行为;执行命令的行为,是指按照上级国家工作人员的命令而实施的行为,如何秉松、邱兴隆、赵秉志等人持此观点;也称法令行为,是指依照法律行使权利或者履行义务的行为,如黎宏、曲新久等人持此观点。除此之外,学界中没有使用法令行为概念的学者,如齐文远、邵维国等大多是在以下层面上对类似法令行为的概念做出阐释的:(1)所谓执行命令行为,是指基于成文法律、法规的规定,作为行使权利或承担义务所实施的行为;(2)执行职务是指从事公务的人员,依据法律或职务上的要求与权限所实施的属于公务人员职务上的行为。

(二)"法令行为"的类型

在德国,由于学界中没有明确提出"法令行为"的概念,因此在类型上的划分并不十分清晰,但这并不妨碍我们从中整理出具体的类别。李斯特(Liszt)教授将"法令行为"重点罗列了以下几种:职务义务和职业义务、个人所承担的义务、长官向有服从义务的下属发布之命令、各种形式的自助行为、父母对子女的教育权、公法或私法上的社团对其成员的纪律刑法,等等。耶赛克(Jescheck)、魏根特(Weigend)教授将"法令行为"表述为"基于公务员职权的行为及相关情况",具体有政府机构的许可、行使国家强制、职务规定与军事命令、惩戒权、代替公共机关所为的行为四种。施特拉腾韦特(Stratenwerth)、库伦(Kuhlen)教授从众多"法令行为"中挑选出几种主要类型:基于国家权力行使的行为、职务或官方指令、行政许可、代替国家机关实施的行为(临时逮捕和自助行为)和基于惩戒权的行为。韦塞尔斯(Wessels)教授对"法令行为"列举限于父母和教育者的责打权、刑事诉讼法和刑罚执行法中的拘捕权、公务员的依职务权利和义务行为。金德霍伊泽尔(Kindhäuser)教授则在"其他正当化事由"中列举了"法令行为"的种类,具体是临时逮捕行为、民法上的自力救济、责打权与教育权。

在日本,学界对于"法令行为"的划分主要形成三分说、四分说和五分说的立场,其中三分说是主流学说,代表人物有团藤重光、川端博、福田平、大塚仁、野村稔、大谷实、山中敬一等人。根据三分说的主张,"法令行为"可分为职务(职权)行为、权利(义务)行为,基于政策理由的行为和法令有明示适法性的注意性规定的行为。四分说的学者,如前田雅英、松原芳博、内藤谦等人主张在三分说的基础上增加劳动争议行为;五分说则在此前基础上增加一项宪法上的权利行为,代表人物是浅田和茂。

中国台湾地区刑法理论深受德国和日本的影响,但是在"法令行为"

的分类上却讨论得更加细致。在中国台湾早期的教科书中，将"法令行为"分为职务行为（直接执行法令和执行长官命令）、惩戒行为、监护行为、现行犯的逮捕，陈朴生和高仰止两位学者则列举了近十种"法令行为"，即现行犯之逮捕、利害关系人对通缉被告之逮捕、司法官之拘提羁押或搜集、惩戒行为、监护行为、中央及地方民意代表之言论及表决、诉讼程序上之行为、私法上权利之行为、依法核准之行为。近年来，中国台湾学界对"法令行为"的分类大致形成二分说、三分说、四分说、五分说和六分说的立场。二分说认为"法令行为"分为下列两种情形：公务员之职务行为和私人之权利义务行为，代表人物是陈子平；三分说的学者主要借鉴了日本刑法的主流观点，即分为职务（职权）行为、权利（义务）行为，基于政策理由的行为和法令有明示适法性的注意性规定的行为，代表人物是甘添贵；四分说认为依"法令行为"分为公务员职务行为、亲权者惩戒行为、现行犯逮捕行为和自助行为，代表人物是韩忠谟、黄常仁、余振华等人；五分说则是在四分说的基础上增加了"依法人工流产行为"，如林钰雄就持此观点；六分说的代表林山田主张，在此前基础上增加一项"警察依法使用警械的行为"。

《俄罗斯联邦刑法典》第38条、第42条明确规定了"法令行为"，因此在刑法理论中对"法令行为"的分类并无太多争议，主流观点的代表人物Н·Ф·库兹涅佐娃和И·М·佳日科娃通常在"排除行为有罪性质的情节"一章下将其分为拘捕犯罪人、执行命令或指令两种。在法国刑法学界，对"法令行为"的分类也无太大争议，卡斯东·斯特法尼（Kaston Stefani）将其划分为法律的命令和合法当局的指挥。韩国刑法学界对于"法令行为"种类的划分主要包括公务员职务行为、惩戒行为、对现行犯的逮捕行为、劳动争议行为、人工流产行为、监护行为，如李在祥就持此观点；部分学者，如金日秀、徐辅鹤将自力救济、集会示威也纳入"法令行为"的范畴。

英美法系中刑法的犯罪构成理论与大陆法系相去甚远，以往在大陆法系刑法理论中作为违法阻却事由或正当化事由的"法令行为"，在英美法系刑法理论中一般被作为辩护理由来对待。但是,"法令行为"是否可以作为一种辩护理由,理论上存在否定论与肯定论的对立,即便是主张肯定论的学者,也仅限于上级下达的命令是正当的、合法的,至于对"法令行为"的分类,理论的探讨更是寥寥无几。例如,英国学者克罗斯(Cross)和琼斯(Jones),将"法令行为"表述为"执行职务",具体包括警察调查和警察逮捕。美国的德雷斯勒(Dressler)教授把"法令行为"表述为"法律执行",具体包括警察拘捕、公民私人逮捕、使用武力预防犯罪三种;另一美国学者弗莱彻(Fletcher)教授,在其著作中介绍了上级命令、执行逮捕和判决使用武力、执行军事命令、自救、医生堕胎等五种所谓的"法令行为"。中国香港学者宣炳昭教授列举了某些合法杀人行为,如依法执行死刑,拘捕或逮捕罪犯中的伤人、意外杀人等,这实际上体现的就是依"法令行为"而杀人不为罪的情形。

我国刑法学界主要通过借鉴的方式形成"法令行为"的分类模式。主张借鉴俄罗斯刑法理论的学者,通常在"排除行为有罪性质"或"排除行为社会危害性"章节下讨论"法令行为",并将其区分为依据法律的行为和执行命令的行为,主要代表是马克昌、赵秉志、贾宇、刘宪权等人;主张借鉴德日刑法理论的学者,通常在"超法规违法阻却事由"或"正当化事由"中探讨,例如,张明楷教授借鉴了日本刑法理论中的主流——三分说:法律基于政策理由阻却违法的行为,法律有意明示了合法性条件的行为,职权(职务)行为和权利(义务)行为,此种分类得到了刘艳红、黎宏等中青年学者的支持。

(三)"法令行为"的出罪根据

在域外,尤其是大陆法系国家或地区的刑事立法均有"法令行为"的规定,因此对于探索其出罪根据的问题并不是那么迫切。而我国《刑法》欠缺这方面的规定,但我们在学理上又承认依据法令实施的行为,不是犯罪。因此,我们必须要追问"法令行为"出罪的根据是什么?这显然是一个更加具有中国特色的刑法理论问题。目前,学界在这方面的研究极其匮乏，各种刑法教科书都不会直接涉及该问题，通常在"法令行为"的上位概念——超法规违法阻却事由中讨论其排除犯罪的根据，也即通过超法规违法阻却事由的排除犯罪根据反推出"法令行为"的出罪根据，即便是在探讨超法规违法阻却事由的排除犯罪根据时，也主要借鉴德日的基本观点，形成"法益衡量说""目的说""社会相当性说"三种立场。"法益衡量说"又进一步区分了优越利益和利益阙如两项具体的原则。例如，陈家林教授认为，根据优越利益原则，倘若对于一项法益的侵害是为了保护一项价值更高的法益，则该项行为便不具备违法性；依照利益阙如原则，如果法律所欲保护的利益不存在，一项行为便不是违法行为。早期的目的说认为，如果行为是实现国家所承认的共同生活目的的适当手段，那么就可以被视为是正当的，超法规违法阻却事由就是适例。后来，根据张明楷教授在《外国刑法纲要》中的介绍，目的说发展为衡量型目的说和重视手段型目的说。前者意味着目的的客观价值与手段所产生的法益侵害的比较；后者则强调不管目的如何正确，如果手段不被允许则不阻却实质违法性。社会相当性说源自德国学者韦尔策尔（Welzel）。我国学者于改之认为，某些在通常情形下本属于违法的法益侵害或者危险行为，只要该行为符合历史形成的国民共同体的秩序而与社会生活相当，就应该否认违法性。近年来，王昭武教授根据法秩序统一性原理对"法令行为"的出罪根据问题提出新见解，并形成一定影响力。王昭武教授指出，如果对其他法令允许的行为而予以刑法处罚的话，会突破法秩序统一性的原理，其结果是人们无法实施该行为，同时也埋没该法令的旨意。另外，少数硕士学位论文针对超法规违法阻却事由的正当化根据提出法律漏洞的承认、实质违法性理论和刑法谦抑性的观点，如广州大学的刘芳玲和中国政法大学的杜辉，但这些观点由于缺乏足够的论证，并没有得到学界足够的认可。

（四）"法令行为"的具体展开

在对"法令行为"具体类型的展开方面，学界的研究呈现"重其所重、轻其所轻"的态势，主要围绕人民警察基于职务的防卫行为、公民的扭送行为和公务员执行命令的行为。以警察防卫行为为例，目前学界主要围绕中外立法的规定和行为的本质展开，争议较大的是该行为到底是警察依法实施的正当防卫行为还是依法履行职务行为。以陈兴良、于改之、王钢等教授为代表的学者认为，该行为的本质就是正当防卫；另有一部分学者，如张明楷教授则认为，该行为属于是根据人民警察法等相关法律实施的职务行为，并且与正当防卫有诸多不同。对于公民扭送行为的研究，无论是刑事诉讼法学界还是刑法学界都不够重视。前者通常在教科书中将其作为强制措施的一部分，并简要论述；后者则只有个别学者在著作中展开研究，与之相关的论文更是鲜见。近年来，随着司法实务将不少公民合法扭送行为作为犯罪处理，刑法学者纷纷对此引起了重视，以陈璇教授为代表的青年学者对"扭送"条款进行了教义学的解释，力求公民扭送行为合法化。对公务员执行命令的研究，主要围绕《公务员法》第60条的规定展开，逐步形成了公务员执行命令合法化的"四要件说"和"五要件说"，尤其是针对上级命令内容的审查，学界更是借鉴了不少中国台湾学者与德国学者的观点，形成绝对服从说、形式审查说和实质审查说的分歧。除此之外的其他具体"法令行为"，刑法学界缺乏必要的关注，例如，人大代表的发言、表决行为，父母对未成年子女的惩戒行为，以及依照行政性法律的规定获得特别许可的行为。尤其是获得特别许可的行为，与目前刑法中法定犯的出罪问题尤为密切，但学界在该方面的研究还比较少，绝大多数刑法教科书中都鲜有提及，直接相关的期刊论文同样寥寥无几。

### 三、研究方法

（一）文献研究方法

文献研究方法既有助于我们充分了解和掌握目前国内外关于"法令行为"研究的基本状况，也能够让我们清晰地发现既有研究的不足。目前，国外"法令行为"的研究成果丰硕，为本书研究奠定了理论基础，提供了有益借鉴。本书将在系统梳理国外学者，尤其是刑法学者关于"法令行为"的研究成果的基础上展开本书的研究。从这个意义上说，文献研究方法自始至终都将贯穿本书的研究，无论是对"法令行为"概念的梳理，或是对域外"法令行为"的相关立法和具体实践的考察，还是对我国"法令行为"具体类型的体系性建构与个别化应用。

（二）历史研究方法

历史研究方法有助于我们从历史脉络中发现特定事物的产生和演变，从而加深我们对特定事物现状的理解和把握。在本书研究中，笔者将运用历史研究方法对"法令行为"概念的产生、发展、演变、定型加以历史性地梳理，以期加深对此概念的理解和具体"法令行为"的建构。

（三）实证研究方法

研究的意义不仅在于推动理论发展，更在于切实解决实践中的一些问题。所以，实证分析方法必不可少。本书的实证分析主要集中于两大方面：其一是新闻媒体报道的一些现实情况、案例等；其二是选择一些最高人民法院典型的、具有争议性的案例，或者从中国裁判文书网、北大法宝法律数据库中寻找一些典型、争议性案件进行分析。这种研究方法将重点应用在"法令行为"具体类型的研究中。

（四）比较研究方法

比较研究方法是确定事物之间共同点和差异点的一种思维方法，该方法有助于我们对概念、制度和文化之间差异的理解和把握。具体而言，在本书中，无论是关于不同国家刑法理论中"法令行为"具体含义的研究，还是关于"法令行为"具体类型的研究，抑或是关于不同国家、法系中对于"法令行为"立法规定的差异，都将运用到比较研究方法。在比较中寻找不足，从而提高本课题研究的准确性、科学性。

（五）学科交叉研究方法

毋庸讳言，"法令行为"是一个典型的跨学科研究领域，在法学一级学科下，它涉及了刑法学、宪法学、行政法学、诉讼法学、民商法学等各个领域。当然,从各个法学二级学科特征来看,"法令行为"的刑法学研究显然具有更重要的规范意义。本书主要立足于刑法学,但也注意借助其他法学二级学科中的一些相关概念、观念与方法。所以整体上,本书研究方法又呈现出多学科合作的色彩。

### 四、研究思路与主要内容

（一）研究思路

本书的研究首先从"法令行为"的基本范畴谈起,基于我国古代的刑律文化特色和当下刑法学界的研究现状,并结合域外国家和地区在"法令行为"具体类型上的划分,提出本书对于"法令行为"概念的界定和种类的划分。其次,在刑法法理上探究"法令行为"为什么具备出罪效果,并主张根据对"法令行为"不同类型的划分,为其出罪效果分别提供依据。然后,通过梳理域外国家和地区在立法上对于"法令行为"的规定,主张我国刑事立法可以加以借鉴。最后,对各种具体的"法令行为"展开针对性研究。可见,本书的研究总体上呈现"总—分"的思路。

（二）主要内容

本书除导论外共计五章内容。

第一章是概述部分。首先讨论"法令行为"的基本概念,通过对我国古代刑事法律相关规定的梳理,并结合我国当下学界的定义,将其界定为依据其他法律（包括法规）、公务员或军人内部的上级命令实施的行为。其次,就具体的"法令行为"种类来看,我们没有必要完全照搬德国、日本或俄罗斯等国家的规定,还是应本着"立足本土、借鉴先进"的理念,将其区分为依照法律的行为与执行命令的行为。其中,依照法律的行为进一步分解为依实体法实施的行为和依程序法实施的行为,而执行命令的行为分为公务员执行命令和军人执行命令。再次,我们对"法令行为"的效果做出界定,根据"法令行为"的本质,它是阻却犯罪成立的事由或情形,学界视其具有"阻却违法性""正当化"或"排除犯罪性"的效果,本书将这种效果表述为"出罪",并认为具有特殊意义。最后,讨论"法令行为"具备出罪效果的根据之所在,以法秩序统一性原理和实质违法性理论作为方法论工具,对"法令行为"的出罪根据分别做出阐释。

第二章是对"法令行为"中外立法例的梳理与分析。本书将尽可能全面地收集域外国家和地区在刑事立法中是如何规定"法令行为"的,集中探讨这些规定的总体差异和聚焦重点又是在什么地方,我们国家在立法中是否值得借鉴、如何借鉴。

从第三章到第五章是"法令行为"具体类型的展开,在写作逻辑上遵照第一章对"法令行为"的分类,即对依照实体法实施的行为、依照程序法实施的行为和执行命令的行为逐一展开,并形成了以下具体的"法令行为":《宪法》及其相关法律中人大代表发言、表决行为,民事法律中规定的惩戒行为,《人民警察法》中规定的警察防卫行为,行政性法律规定的特别许可行为,《刑事诉讼法》中规定的侦查行为、逮捕行为、扭送行为、执行死刑行为,公务员执行命令行为和军人执行命令行为。对于每一种具体的"法令行为",由于类型的不同,其在阻却具体犯罪的成立上也会有所不同,因此需要对其出罪效果所涵摄的范围以及各自的成立条件加以甄别。

# 第一章 "法令行为"的概述：
# 基本内容及其原理

在大陆法系刑法主流理论中，依照法令实施的行为简称"法令行为"，它通常具有阻却犯罪成立的效果，故而是一种正当性行为。[1] 这种理论上的共识，使得"法令行为"在绝大多数国家和地区的刑法立法中均得到体现，即在各自刑法典中规定了行为人依照法令实施的行为不被认为是犯罪或不负刑事责任。[2] 虽然，我国在这方面学习并借鉴了大陆法系刑法理论的一些东西，并且在学界也认可了"法令行为"具有排除行为犯罪性的效果，但不得不承认的是，目前我国在"法令行为"的研究上还不够重视，理论也不够丰满，导致司法实践中在涉及该理论的运用上不够坚决、果断，甚至有所怀疑。[3] 当然，这种司法上的困顿，也可能与刑事立法缺乏"法令行为"的明文规定有所关联。本章首先从理论上对"法令行为"的基本内容做出界定，并进一步挖掘其阻却犯罪成立之根据所在。

---

[1] 大陆法系刑法理论虽然在承认"法令行为"的正当性上没有争议，但是在定性的表述上略有分歧。有的称其"超法规的违法阻却事由"，有的称其"正当化事由"，也有的称其"排除犯罪性事由"；而在英美法系刑法理论上，一般称其"辩护事由"。

[2] 不同国家和地区的刑法典规定将在第二章详述。

[3] 司法实践中的具体问题，将在论及具体"法令行为"种类时再做展开。

<<< 第一章 "法令行为"的概述：基本内容及其原理

## 一、"法令行为"的基本内容：概念、类型与效果

承上所述，为了使"法令行为"在研究上更加深入与全面，尤其是回答行为人如何依照法令实施的行为可以阻却犯罪的成立，有必要对"法令行为"本身做一次"抽丝剥茧"，正所谓"不明白某学术上之用语者，亦不明白该学术"[1]。

（一）概念的追溯与重塑

"刑法的概念应该是刑法学理论研究的逻辑起点"[2]，但目前刑法学界对于"法令行为"的概念几乎难以形成统一的表述。究其原因，一方面可能是由于我国刑法条文中没有对"法令行为"做明确规定，[3] 另一方面也可能是由于"法令行为"的表述源自异国他乡。[4] 如果仅仅从字面上解释，"法令行为"就是行为人依照法律和命令实施的行为。但是，这样的解释显然难以令人满意，我们还需要进一步明确法律具体指哪些，而命令又包括什么。尽管根据目前国内的文献表明，学界对于法律或命令的范围并不存在十分明显的争议，但笔者认为，这种研究范式大多都是"唯西方论"，完全抛弃了我国历经几千年发展的本民族的刑律文化，而这显然是一种忘本的研究范式。因此，本书的研究重在"寻根"，让"法令行为"做一次民族的传承，用事实证明"法令行为"在我国历史上早现端倪，绝非舶来之品。

1. 回眸"法令行为"源头

在中国历史上，依据法令实施某种行为（主要是杀人行为），但最终不以犯罪论处的，最早或可追溯到周王朝时期。《周礼·秋官司寇·士师

---

[1] 郑玉波. 法谚（一）[M]. 北京：法律出版社，2007：16.
[2] 陈忠林，王昌奎. 刑法概念的重新界定及展开 [J]. 现代法学，2014（4）：98.
[3] 一般的，只要刑法条文对某一概念有了具体的规定，那么在理论上对概念本身的争议相对会少一些。如公共财产、国家工作人员、首要分子等。
[4] 由于我国刑法的制定，是"以俄为师"的，即便近十几年有了长足的发展，但大部分理论、学说或规定源自俄罗斯、德国或日本，因此承认刑法中相当一部分术语是"舶来品"并非失实。

朝士》记载："凡报仇仇者，书于士，杀之无罪。"意思是说，想要复仇杀人的，必须事先经过士师发符令，持发符令杀死仇人，就是无罪的。其中，士师是一种官名，是一种品级略低于小司寇的官员。换言之，杀人只要得到朝廷官员的命令，便成为合法的理由。当然，这种复仇杀人的诏令，自汉代起便被禁止了。在汉代，对于杀人行为不以犯罪论处的情形，主要发生在捕快执行朝廷逮捕令中。追捕者依法追捕逃犯，当逃犯拒捕时，追捕者可将其当场杀死而不以杀人论罪，即所谓的"格杀勿论"。唐律继承并发展了这一立法传统，并在《唐律疏议》中做如下规定："诸捕罪人而罪人持杖拒捍，其捕者格杀之及走逐而杀，若迫窘而自杀者，皆勿论。"① 由此可见，依法追捕逃犯，是为了惩治犯罪人，彰显国威与法制，即便出现拒捕之人死亡的情形，也都是追捕者依法执行国家法律或命令的行为，不应当以犯罪论处。在唐律中，除了依法追捕致死的情况不以犯罪论处外，还有其他依法令之行为不论罪的规定。例如，《唐律·断狱》中记载："若依法拷决，而邂逅致死者，勿论。"换言之，官吏依法对囚犯拷打、讯问致其意外死亡的，不以犯罪论处。唐代作为中国古代立法的顶峰时期，对后世历朝历代的法律制定产生了鲜明的影响，诸多依法令之行为不论罪的规定也被后世继承。例如，在《宋刑统》第28卷《捕亡律》中，直接沿用了《唐律疏议》关于追捕逃犯致被捕者死亡的规定。元代《至正条格·断例》中保留了《捕亡》27目34条的内容，与唐宋时期的规定相比，不仅规定了"犯夜拒捕、逃驱拒捕"后，追捕者致亡者死伤不论罪；同时规定了普通老百姓的协助缉捕权利和义务，② 言下之意便是，一般人若在缉捕中造成了被捕者的死伤，亦不可依罪论处。《大明律》中《刑律》部分也规定了《捕亡》的类目，可以说是"直接吸取元代法制纵持的教训之后制定出来的"③。此后，在《大清现行律》中也规定了"格杀勿论"

---

① [唐] 长孙无忌. 唐律疏议 [M]. 刘俊文，点校. 北京：法律出版社，1999：566.
② 宋国华. 元代法制变迁研究——以《通制条格》和《至正条格》为比较的考察 [M]. 北京：知识产权出版社，2017：156，173.
③ 杨一凡. 洪武法律典籍考证 [M]. 北京：法律出版社，1992：30.

的内容。① 从上述历朝历代的法律规定可以看出，依法令之行为不论罪之历史渊源及其演变梗要。但遗憾的是，"法令行为"的概念终究没能在我国古代刑事法律中明确提出，也没能从理论上予以明示。

通过上述梳理也进一步表明，我国古代依法令之行为不论罪的规定，主要集中在刑事法律中，民事、行政等其他法律规范鲜有涉及，这主要与我国古代"刑民不分"的法律传统有关。申言之，在古代，人们提及的法律实际上大多就是指刑事法律。直至近代"六法全书"的编制，才使得各种部门法律规范逐步分离，形成刑法、民法等各类法典，也正是从彼时开始，方能从其他法律规范中窥探到依法令之行为不论罪之规定。例如，在1931年颁布的《中华民国训政时期约法》中规定，不得非法侵入、搜查或封禁人民的住所。换言之，如果确实得到了法律的允许或上级的命令，是可以搜查、封禁的，但从形式上看，这种合法的搜查行为还是符合某些犯罪特征的，例如，侵入住宅、限制自由等，只是在实质上可依据法律或命令"非罪化"。再比如，1929年通过的《民法总则编》第151条规定了"为保护自己权利对于他人之自由或财产施以拘束、押收或毁损者，不负赔偿"。从形式上看，此类保护自己权利的行为可能构成非法拘禁罪或财产类犯罪，但实质上这些行为都是符合民法规定的，故确切地讲，可依民法规定"非罪化"。

2. 正视"法令行为"出现

首先我们需要明确，依照法令实施的大部分行为都是合法合理的，例如，依据《中华人民共和国民法典》（以下称《民法典》）签订买卖合同，依据《中华人民共和国民事诉讼法》（以下称《民事诉讼法》）提起上诉，公务员依据上级领导的命令外出学习、调研等，这些行为自始不会进入刑法探讨的视野。然而，有部分"法令行为"却在形式上完全符合刑法中某个罪名的构成要件，进而有可能被认定为犯罪。例如，执行人员枪

---

① [清] 吉同钧. 大清现行律講義 [M]. 栗銀徽, 点校. 北京：清华大学出版社, 2017：424.

决人犯行为，完全符合故意杀人罪的构成要件，但由于这种杀人行为是依据"死刑执行令"实施的，不仅不能认定其为犯罪，反而应当承认该行为的正当性。刑法学界正是针对这一类具有"犯罪"外观，但不构成犯罪的"法令行为"展开探讨，这也正是学者们在各自著书立说时，称其具有"阻却犯罪"或"排除犯罪"之效果。当然，由于《中华人民共和国刑法》（以下称《刑法》）中并无"法令行为"的明文规定，因此通常又在承认"阻却犯罪"或"排除犯罪"效果时冠以"超法规"之名，所谓"超法规"乃指超脱于《刑法》之外的其他法律规定。

目前，刑法学界明确对"法令行为"内涵做出界定的主要有以下几种。（1）依照法令行为，是指依照法律规定或上级命令实施的行为。①（2）基于法令的行为，是基于法律、命令以及其他成文法规作为权利或者义务的行为。②（3）法令行为，是指基于成文法律、法令、法规的规定，作为行使权利或者承担义务所实施的行为。③（4）依照法令的行为，是指直接基于有效的法律、法规之规定所实施的行使权利或履行义务的行为。④（5）法令行为包括法律行为和执行命令行为，依照法律的行为，是指依照有效的法律、法规所实施的行为；执行命令的行为，是指按照上级国家工

---

① 陈兴良．刑法总论精释［M］．北京：人民法院出版社，2016：291；刘宪权．中国刑法理论前沿问题研究［M］．北京：人民出版社，2005：160；冯军，肖中华．刑法总论［M］．北京：中国人民大学出版社，2016：284；王政勋．正当行为论［M］．北京：法律出版社，2000：279．

② 童德华．外国刑法原论［M］．北京：北京大学出版社，2005：182；何鹏．外国刑法简论［M］．长春：吉林大学出版社，1985：62；陈家林．外国刑法理论的思潮与流变［M］．北京：中国人民公安大学出版社，2017：346．

③ 张明楷．刑法学（第五版）［M］．北京：法律出版社，2016：231；陈立，陈晓明．刑法总论［M］．厦门：厦门大学出版社，2011：233；马克昌，卢建平．外国刑法学总论［M］．北京：中国人民大学出版社，2016：170；马克昌．比较刑法原理·外国刑法学总论［M］．武汉：武汉大学出版社，2002：399；田宏杰．刑法中的正当化行为［M］．北京：中国检察出版社，2004：534．

④ 刘艳红．刑法学［M］．北京：北京大学出版社，2016：222．

作人员的命令而实施的行为。① （6）依照法律的行为，也称法令行为，是指依照法律行使权利或者履行义务的行为。② 除此之外，学界中没有使用"法令行为"的学者，大多是在以下层面对类似"法令行为"的概念做出阐释：（1）执行命令行为，是指基于成文法律法规的规定，作为行使权利或承担义务所实施的行为；③（2）执行职务是指从事公务的人员，依据法律或职务上的要求与权限所实施的属于公务人员职务上的行为。④

通过对我国刑法著作较为全面的梳理，对于如何准确界定"法令行为"的概念，我们需要进一步厘清以下两个争议点：其一，"法令行为"与"依照法律的行为"⑤、"执行命令的行为"和"职务行为"是怎样的关系，这显然关乎根本，乃是重中之重；其二，"法"所包括的内容是什么，"令"的内容又是什么。针对上述主要争议点，笔者做如下分析。

第一，"法令行为"应当是"依照法律的行为"和"执行命令的行为"共同的上位概念，而"职务行为"则是与"法令行为"并列的概念。上述不少学者借用"依照法律的行为"或"执行命令的行为"来替代

---

① 邱兴隆. 刑法学 [M]. 北京：中国检察出版社，2002：99-100；赵秉志. 刑法新教程 [M]. 北京：中国人民大学出版社，2009：162-163；何秉松. 刑法教科书 [M]. 北京：中国法制出版社，1995：260-261.
② 曲新久. 刑法学（第三版）[M]. 北京：中国政法大学出版社，2012：129；李希慧. 刑法总论 [M]. 武汉：武汉大学出版社，2008：284；黎宏. 刑法学（第二版）[M]. 北京：法律出版社，2016：150.
③ 齐文远. 刑法学 [M]. 北京：北京大学出版社，2007：218；邵维国. 刑法总论 [M]. 北京：中国政法大学出版社，2017：156.
④ 姜伟. 正当防卫 [M]. 北京：法律出版社，1988：147；李海东. 刑法原理入门·犯罪论基础 [M]. 北京：法律出版社，1998：93-94；周光权. 刑法总论（第三版）[M]. 北京：中国人民大学出版社，2016：218.
⑤ 有个别学者使用"法律行为"的表述，笔者认为这是不准确的。"法律行为"的表述源自德国注释法学派，最早是民法学中的概念，通常作为"意思表示"的同义语。后经国内法理学者的引入，将其界定为"人们所实施的、能够发生法律效力、产生一定法律效果的行为"，成了民法中所指"法律行为"的上位概念。但是，"法律行为"想要在刑法理论中生根发芽，无论借鉴民法学还是法理学的定义，都难以自圆其说，因此不得不对"法律行为"的内涵重新界定。但这带来的问题是，违背法学界，尤其是民法学与法理学界的固有认知。所以，本书不主张使用"法律行为"的表述。

法令行为出罪论 >>>

"法令行为",尽管从各自的内涵上看,几乎与后者没有太大的差异,之所以造成这种现象,笔者认为可能与历史传承有着密切的关系。正如上文所述,古代的"法令行为"大都是依据法律规定实施的,基于这样的法律传承,我们便不自觉地用"依照法律的行为"替代了"法令行为"。至于使用"执行命令的行为"的表述,亦与古代皇权至上相关。因为在古代,很多时候"皇命"是高于"法律"的,因此依据"皇命"实施的某些行为,虽然在形式上符合某些罪名的构成要件,但也不做犯罪论处。例如,明朝的"厂卫制度",厂卫是直属皇帝的审讯机构,有自行处理犯罪的特权,对臣民拥有生杀予夺的权利;① 再如清朝大兴"文字狱",对知识分子的抓捕也是典型的依"皇命"打击异己的行为,尽管存在许多冤案,但是并不会追究官吏的刑事责任。现如今,虽没有"皇权、皇命",但是军人、公务员等接受的上级命令还是普遍存在,因此实施上级的命令亦不作为犯罪论处,还是有据可循的,进而可能导致一些学者不自觉地使用"执行命令的行为"的表述。尽管上述两种方式的替代使用并不会造成太大的障碍,但是使用"法令"的表述要明显优于"依照法律"或者"执行命令"。因为从文义解释出发,"法"自然解释为"法律、法规","令"也当然包括"命令、指令"。所以,使用"法令行为"的表述可以完全涵盖"依照法律的行为"与"执行命令的行为"。另外,少数学者使用"职务行为"的表述,在笔者看来则是对"法令行为"内涵的曲解,尽管从其定义上看,也涉及了"法律""命令"这样的叙述,但笔者认为这有明显的强词夺理、指鹿为马之嫌疑。其一,从词语字面意思上看,职务行为应当是指"职责、业务行为",很难直接得出其可以包括"法律"或"命令"的内容;其二,从实质内容看,尽管大部分职务行为是依据法律规定或上级命令实施的,但执行职务的正当性来源依然是法律规定或上级命令,"职务行为"只是"法律"或"命令"的外化方式,而不是"法律"或"命令"本身;其三,用"职务行为"的表述替代"法令行为",可能会

---

① 郝铁川.中国封建君主专制演进的规律[N].法制日报,2020-03-18:10.

*18*

与"业务行为"中"务"的内容相混淆,"业务行为"是指没有法律上的依据,仍可被视为正当的行为。① 而目前在学界,"业务行为"与"法令行为"是区别对待的。

第二,"法"的范围具体包括哪些?笔者认为,既然依照法令实施的行为不以犯罪论处,实际上涉及的是犯罪成立与否的问题。根据《中华人民共和国立法法》(以下称《立法法》)第八条之内容,规定犯罪的"法"只能是法律,行政法规、部门规章等均不得作为行为入罪的依据。然而,本书所指的"法令行为"乃是犯罪阻却事由,具有出罪的效果。所谓"入罪依法,出罪依理",这不仅可以从我国刑法关于"但书"的规定中看出端倪,亦能通过罪刑法定原则的本质窥探究竟。总之,分析行为能否出罪只要考虑实质合理性即可。② 因此,实现出罪的"法"并不局限于法律,也包括行政法规、部门规章,以及与规章具有同等效力位阶的其他法律规范,当然这些法律法规必须是有效的。此外,甚至有学者主张,"民族习惯法也有出罪功能"③,笔者尚且不对该结论做评价,但这至少也表明了"法令行为"之"法"并不限于法律,也包括其他法律规范。"令"的范围具体包括哪些?部分学者简单地将其界定为"上级命令",并不做具体"命令"的区分。笔者认为,这种表述是极其模糊的,甚至会扩大执行命令行为出罪的范围。例如,国家机关有上下级,企事业单位也有上下级,甚至某一个小团体(班级、社团)都会产生上下级,如果不对"命令"的内容加以限制,无疑会扩大"出罪圈"。故而,对于"令"的具体范围界定,笔者遵循学界主流观点,将其区分为公务员上下级之间的命令和军队内部上下级之间的命令。他们实际上代表着国家来实施具体的行为,是国家事务"人性化"的延伸,老百姓相信法治国家对公民人权的保障,即便做出某些看似违法、犯罪的行为,也是于法有据或是情有可原

---

① 陈家林. 外国刑法:基础理论与研究动向[M]. 武汉:华中科技大学出版社,2017:148-149.
② 梁根林. 罪刑法定原则:挑战、重申与重塑——刑事影响力案件引发的思考与检讨[J]. 清华法学,2019(6):82.
③ 苏永生. 论罪刑法定原则与民族习惯法[J]. 法制与社会发展,2009(5):3.

的，抑或是保障了其他某些更有价值的权益。

综上所述，本书对"法令行为"的界定是，依照法律（包括法规）、公务员或军人内部的上级命令实施的行为。

（二）类型的解构与建构

与"法令行为"的概念研究有所不同，对其具体类型的研究，必须从比较法的视角剖析。因为"法令行为"的概念可以在古典书籍中找到某些"影子"，根据本土法律的传承，自然可以进行本源性反思，进而得出相对准确的结论。但是，中国古代对"法令行为"的规定是一种"口袋式"做法，是以刑律"包打天下"的，并没有注重具体类型的划分，继续"闭门造车"显然不是明智之举。事实证明，国外刑法理论对"法令行为"类型的划分还是值得借鉴的，至少在目前国内受到不少学者的推崇。正所谓"中国的国情，世界的眼光"①。

1. 大陆法系刑法理论中的"法令行为"

本部分重点针对德国、日本及我国台湾地区刑法理论中"法令行为"的类型进行梳理，当然对俄罗斯、意大利、法国、韩国等国家也会有所涉及。

在德国，由于学界中没有明确提出"法令行为"的概念，因此在类型上的划分并不十分清晰，但这并不妨碍我们从中解构出具体的类别。李斯特教授将"法令行为"表述为"依据法秩序明示或默示的规定被视为排除违法性的情况"②，并重点罗列了以下几种"法令行为"：职务和职业义务、长官向下属发布之命令、各种形式的自助行为、父母对子女的教育权、公法或私法上的社团对其成员的纪律刑法，等等。耶赛克、魏根特教授将"法令行为"界定为"基于公务员职权的行为及相关情况"，具体有

---

① 陈泽宪. 关于我国刑法学研究转型的思考［J］. 法学研究，2013（1）：3.
② ［德］弗兰茨·冯·李斯特. 德国刑法教科书［M］. 徐久生，译. 北京：法律出版社，2000：239.

政府机构的许可、职务规定与军事命令、惩戒权、代替公共机关所为的行为。① 施特拉腾韦特、库伦教授从众多"法令行为"中挑选出几种主要类型：基于国家权力行使的行为、职务或官方指令、行政许可、代替国家机关实施的行为（临时逮捕和自助行为）和基于惩戒权的行为。② 韦塞尔斯教授对"法令行为"的列举限于"父母和教育者的责打权、刑事诉讼法和刑罚执行法中的拘捕权、公务员的依职务权利和义务行为"③。金德霍伊泽尔教授则在"其他正当化事由"中列举了"法令行为"的种类，具体是临时逮捕行为、民法上的自力救济、责打权与教育权。④

在日本刑法理论中，对于"法令行为"的研究不可谓不丰富，笔者认为，这可能与该国刑法第 35 条明确规定"依法令所实施的行为不处罚"密切相关。目前在学界，对于"法令行为"的划分以三分说为主流学说。根据三分说的主张，"法令行为"分为职务（职权）行为、权利（义务）行为，基于政策理由的行为和法令有明示适法性的注意性规定的行为。⑤ 主张四分说的学者在三分说的基础上增加劳动争议行为，⑥ 五分说则在此

---

① ［德］汉斯·海因里希·耶赛克，托马斯·魏根特. 德国刑法教科书［M］. 徐久生，译. 北京：中国法制出版社，2001：446、471-480.
② ［德］冈特·施特拉腾韦特，洛塔尔·库伦. 刑法总论：犯罪论［M］. 杨萌，译. 北京：法律出版社，2006：187-192.
③ ［德］约翰内斯·韦塞尔斯. 德国刑法总论［M］. 李昌珂，译. 北京：法律出版社，2008：161.
④ ［德］金德霍伊泽尔. 刑法总论教科书［M］. 蔡桂生，译. 北京：北京大学出版社，2016：201-207.
⑤ ［日］团藤重光. 刑法纲要总论［M］. 东京：创文社，1990：203；［日］川端博. 刑法总论讲义［M］. 东京：成文堂，1997：297；［日］野村稔. 刑法总论［M］. 全理其，何力，译. 北京：法律出版社，2001：256-259；［日］大谷实. 刑法讲义总论［M］. 黎宏，译. 北京：中国人民大学出版社，2008：228；［日］大塚仁. 刑法概说［M］. 冯军，译. 北京：中国人民大学出版社，2003：348-350.
⑥ ［日］内藤谦. 刑法讲义总论（中）［M］. 东京：有斐阁，1986：472；［日］松原芳博. 刑法总论重要问题［M］. 王昭武，译. 北京：中国政法大学出版社，2014：153；［日］前田雅英. 刑法总论讲义（第六版）［M］. 曾文科，译. 北京：北京大学出版社，2017：206-209.

前基础上增加一项宪法上的权利行为。①

在中国台湾早期的教科书中,将"法令行为"分为职务行为(直接执行法令和执行长官命令)、惩戒行为、监护行为、现行犯的逮捕,② 更有学者列举了近十种"法令行为",即现行犯之逮捕、利害关系人对通缉被告之逮捕、司法官之拘提羁押或搜集、惩戒行为、监护行为、中央及地方民意代表之言论及表决、诉讼程序上之行为、私法上权利之行为、依法核准之行为。③ 近年来,中国台湾学界对"法令行为"的分类大致形成二分说、三分说、四分说、五分说和六分说的立场。二分说认为"法令行为"分为下列两种:公务员之职务行为和私人之权利义务行为;④ 三分说主张借鉴日本刑法理论的主流观点;⑤ 四分说认为"法令行为"分为公务员职务行为、亲权者惩戒行为、现行犯逮捕行为和自助行为;⑥ 五分说则是在四分说的基础上增加"依法人工流产行为"⑦;六分说在此前基础上增加"警察依法使用警械的行为"⑧。

《俄罗斯联邦刑法典》第 38 条、第 42 条明确规定了"法令行为",因此在刑法理论中对"法令行为"的分类并无太多争议,通常在"排除行为有罪性质的情节"一章下将其分为拘捕犯罪人、执行命令或指令两种。⑨

---

① [日] 浅田和茂. 刑法总论(补订版)[M]. 东京:成文堂,2007:472.
② 赵琛. 新刑法原理 [M]. 北京:中华书局,1930:234-236.
③ 陈朴生. 刑法总论 [M]. 台北:正中书局,1970:79-85;高仰止. 刑法总则之理论与实用 [M]. 台北:五南图书出版公司,1987:219-221.
④ 陈子平. 刑法总论(修订版)[M]. 北京:中国人民大学出版社,2008:194-195.
⑤ 甘添贵. 刑法总论讲义 [M]. 台北:瑞兴图书股份有限公司,1993:128-129.
⑥ 韩忠谟. 刑法原理 [M]. 北京:中国政法大学出版社,2002:118-120;黄常仁. 刑法总论:逻辑分析与体系论证 [M]. 台北:新学林出版股份有限公司,2009:67-71;余振华. 刑法总论 [M]. 台北:三民书局股份有限公司,2011:229-234.
⑦ 林钰雄. 新刑法总则 [M]. 北京:中国人民大学出版社,2009:211.
⑧ 林山田. 刑法通论(上册)[M]. 北京:北京大学出版社,2012:362.
⑨ [俄] Н·Ф·库兹涅佐娃、И·М·佳日科娃. 俄罗斯刑法教程:总论 [M]. 黄道秀,译. 北京:中国法制出版社,2002:456-462,482-487;[俄] Л.В.伊诺加莫娃·海格. 俄罗斯联邦刑法:总论 [M]. 黄芳等,译. 北京:中国人民大学出版社,2010:156-177.

法国1810年《刑法典》曾规定"依法受命并有合法当局指挥之杀人、伤害与殴打,不构成重罪或轻罪",修改后的刑法典在第122-4条规定:"完成法律规定之行为的人,或者完成仅仅属于法律或条例的规定允许之行为的人,不负刑事责任。"因此,在法国刑法学界,对"法令行为"的分类也无太大争议,即划分为"法律的命令"和"合法当局的指挥"。① 根据《意大利刑法典》第51条所规定的内容,学界称之"履行义务行为"②,而不使用"法令行为",但在实质内容上并无区别。韩国刑法学界对于"法令行为"的划分主要包括公务员职务行为、惩戒行为、对现行犯的逮捕行为、劳动争议行为、人工流产行为、监护行为,③ 部分学者将自力救济、集会示威也一并纳入其中。④

2. 英美法系刑法理论中的"法令行为"

由于英美法系与大陆法系在犯罪构成理论上的差异,以往在大陆法系刑法理论中作为违法阻却事由的"法令行为",通常在英美法系刑法理论的"辩护理由"中探讨,但是"法令行为"是否可以作为一种辩护理由,理论上又存在否定论与肯定论的对立,⑤ 即便是主张肯定论的学者,"也仅限于上级下达的命令是正当的、合法的"⑥,至于对"法令行为"的分类,理论的探讨更是寥寥无几。例如,英国学者克罗斯和琼斯先生,将"法令行为"表述为"执行职务",具体包括警察调查和警察逮捕。⑦ 美国的德

---

① [法] 卡斯东·斯特法尼. 法国刑法总论精义 [M]. 罗结珍, 译. 北京: 中国政法大学出版社, 1998: 345-348.
② [意] 杜里奥·帕多瓦尼. 意大利刑法学原理 [M]. 陈忠林, 译. 北京: 法律出版社, 1998: 159.
③ [韩] 李在祥. 韩国刑法总论 [M]. [韩] 韩相敦, 译. 北京: 中国人民大学出版社, 2005: 245-250.
④ [韩] 金日秀, 徐辅鹤. 韩国刑法总论 [M]. 郑军男, 译. 武汉: 武汉大学出版社, 2008: 326; 金昌俊. 韩国刑法总论 [M]. 北京: 社会科学文献出版社, 2016: 95.
⑤ [英] J.C. 史密斯, B. 霍根. 英国刑法 [M]. 马清升等, 译. 北京: 法律出版社, 2000: 301-302.
⑥ 赵秉志. 英美刑法学 [M]. 北京: 中国人民大学出版社, 2004: 152.
⑦ [英] 克罗斯, 琼斯著, [英] 卡德修订. 英国刑法导论 [M]. 赵秉志等, 译. 北京: 中国人民大学出版社, 1991: 314-316.

雷斯勒教授把"法令行为"表述为"法律执行",具体包括警察拘捕、公民私人逮捕、使用武力预防犯罪三种。① 另一美国学者弗莱彻教授,在其著作中介绍了上级命令、执行逮捕和判决使用武力、执行军事命令、自救、医生堕胎等五种所谓的"法令行为"。② 中国香港学者宣炳昭教授列举了某些合法杀人行为,如依法执行死刑,拘捕或逮捕罪犯中的伤人、意外杀人等,③ 这实际上体现的就是依照法律实施杀人行为不为罪的情形。

3. 中国刑法理论中的"法令行为"

如前所述,我国在"法令行为"的问题上学习并借鉴了大陆法系刑法理论的一些东西,因此在学理上对其具体类型的划分就显得比较迷茫。主张借鉴俄罗斯刑法理论的学者,通常在"排除行为有罪性质"或"排除行为社会危害性"章节下讨论"法令行为",并区分为依照法律的行为和执行命令的行为;④ 主张借鉴德日刑法理论的学者,通常在"超法规违法阻却事由"或"正当化事由"中探讨,如张明楷教授借鉴了日本刑法理论中三分说,⑤ 并且获得了不少学者的支持,在国内引起巨大的反响,⑥ 并且有成为学界主流观点的趋势。

4. 域外理论分类的评判及新类型的提出

通过对域外"法令行为"种类的解构后发现,学者们对其分类既有重合、类似之处,亦有诸多不同。例如,德国学者通常在公务员的职务、官方命令、自助行为、逮捕或拘捕等类型上达成共识,但是对于父母惩戒或

---

① [美] 约书亚·德雷斯勒. 美国刑法精解 [M]. 王秀梅等,译. 北京:北京大学出版社,2009:249-258.
② [美] 乔治·弗莱彻. 反思刑法 [M]. 邓子滨,译. 北京:华夏出版社,2008:558-566.
③ 宣炳昭. 香港刑法导论 [M]. 北京:中国法制出版社,1997:171-173.
④ 马克昌. 犯罪通论 [M]. 武汉:武汉大学出版社,2016:812-818;贾宇. 刑法学(第三版)[M]. 北京:中国政法大学出版社,2017:129;赵秉志. 刑法总论 [M]. 北京:中国人民大学出版社,2007:400.
⑤ 张明楷. 刑法学(第五版)[M]. 北京:法律出版社,2016:232.
⑥ 刘艳红. 刑法学(第二版)[M]. 北京:北京大学出版社,2016:223;黎宏. 刑法学总论(第二版)[M]. 北京:法律出版社,2016:150.

责打、老师教育权是否可以作为"法令行为"的一种，则经历了从赞同到反对，直至目前的部分赞同的变化。日本学者对于"法令行为"的分类虽然更加细致，但是也造成了一定程度的交叉。例如，五分说的"宪法上的权利行为"完全可认为是"权利行为"的一种，并且就其本质而言，甚至可能是最重要的一种权利行为。纵使在三分说内部，笔者也不完全赞同。例如，"基于政策理由的行为"和"法律明示合法性的行为"实际上会在"依照法律的行为"所涵摄的内容下形成部分重合；再如，"职务（职权）行为"和"权利（义务）行为"之间如何界分，该论者并没有提供足够的依据。而事实上，依职权做出的行为很多时候也是某种义务的要求，如公务员从事公务的行为。中国台湾学者对"法令行为"的分类，一方面借鉴了日本的主流思想，另一方面又不乏自身创新，反而使"法令行为"的类型显得冗杂，细致有余、清晰不足。比如，学者提出的"警察依法使用警械的行为"完全可以归到"职务行为"之中，这种根据"职务"进一步的分类完全没有必要，如果将这种思想贯彻到底，恐怕会衍生出检察官行为、法官行为、外交官行为等一系列分类。俄罗斯、法国、意大利等国家对"法令行为"的分类，总体依据的是成文法规定，因此显得较为粗糙和简单。英美法系由于法典化程度不高，同时在犯罪论体系的构造上与我国大相径庭，因此就"法令行为"这一问题而言，于我们的借鉴意义不大。过去我们一直以苏俄刑法理论为楷模，但随着近年来刑法理论的德日转型，对苏俄刑法理论的批判日趋高涨，也许正如主张德日刑法理论的学者所说的那样，苏俄刑法理论的自洽性确实存在诸多问题。但我们又不得不承认，苏俄刑法与德日刑法本是同源，只是对犯罪成立条件的归纳和分类方法不同，实质上并没有什么区别，[①]"二者完全可能在共存的基础上形成一种拾遗补阙、良性互动的共生关系"[②]。中国作为"后辈晚生"，没有必要对任何一种理论都盲目崇拜，尤其在"法令行为"的分类这一点，笔者还是主张依据"立足本国、借鉴先进"的思维对"法令行为"的类型做

---

[①] 陈忠林. 现行犯罪构成理论共性比较 [J]. 现代法学, 2010 (1): 159.
[②] 周详. 四要件与三阶层犯罪论体系共生论 [J]. 中外法学, 2012 (3): 652.

出划分。

根据本书对"法令行为"的定义，我们可以将其划分为"依照法律的行为"和"（公务员或军人）执行命令的行为"。但对于前者，笔者认为有进一步细分的必要，因为法律门类包罗万象，必然涉及多个不同的法律部门，故而本书以法律内容的不同为标准，将法律划分为实体法与程序法。本书在借鉴域外"法令行为"种类的基础上对其提出新的分类方法，具体包括以下几方面：（1）依照实体法实施的行为，例如，宪法规定的人大代表言论豁免、民事监护制度中的惩戒行为、行政性法律规定的各类许可等；（2）依照程序法实施的行为，主要涉及刑事诉讼程序中实施的各类行为，如侦查、逮捕、扭送等；（3）执行命令的行为，也即公务员执行命令和军人执行命令。除此之外，在学界得到部分学者推崇的"职务行为"是否可以作为"法令行为"的一种，笔者在上文已经予以明示：即便将"职务行为"理解为根据法律实施的职务行为，或是根据上级命令实施的职务行为，本质上仍逃脱不了"依照法律的行为"或"执行命令的行为"的框架，因此也不宜单独罗列为"法令行为"的一种。例如，笔者将在后文提到的警察"职务行为"，其本质仍是"依照法律的行为"的一种，具体来说是依据《中华人民共和国警察法》（以下称《人民警察法》）及其相关法律法规实施的行为。

（三）效果的辨析与变通

"犯罪化是刑法理论中引人注目的话题"[1]，同样的，非犯罪化也是一个值得重视的问题。在本书开篇时便指出，"法令行为"在刑法理论上是一种非罪化的行为，也即具有阻却犯罪成立的效果，德国学者将这种效果称为"阻却违法性"，日本学者称之为"正当化"，苏俄学者则称之为"排除犯罪性"。我国刑法理论大多学习、借鉴上述国家，因此主张"阻却违法性""正当化"或"排除犯罪性"的学者都不在少数，尽管在实质内容上并无差别，但这种"和而不同"的现状总归有些让人不安。究其原

---

[1] 姜涛.社会风险的刑法调控及其模式改造[J].中国社会科学，2019（7）：128.

因，乃是上述各国在犯罪构成理论上存在差异。德日刑法主张阶层式犯罪构成理论，由于"法令行为"是依照法律或命令实施的行为，本质上具有正当性，因此在违法性阶层得以阻却犯罪成立，故而称之"阻却违法性"①；苏俄刑法主张平面式犯罪构成理论，在行为满足犯罪成立的四个要件后，通过例外的情形又将该行为排除在犯罪圈外，故而称之"排除犯罪性"；我国正处于从苏俄刑法转向德日刑法的过渡期，因此主张两种不同犯罪构成理论的学者便在这一点上产生了分歧。那么，是否有这样一种表述，既可以调和这种矛盾，又能维持这种效果？故笔者主张借鉴"出罪"这种表达，具体是指，"将原本已经符合犯罪构成的行为通过某种例外的事由排除出去，从而达到阻却犯罪成立的效果"②。笔者将"法令行为"的这种效果称作"出罪"，非但不是为了哗众取宠，反而有其特殊的意义。

第一，与"阻却违法性（亦称违法阻却）"相比，更具有现实意义。首先，"违法阻却"是德日刑法学中的概念，只有坚持阶层犯罪论体系，才能予以更为准确的理解，而四要件犯罪论体系并无单独违法性阶段的判断。尽管从某种程度上讲，德日刑法学知识的影响力不断扩大，但毕竟犯罪论体系是刑法学的一个基本范畴，③ 全面取代四要件犯罪论体系恐怕时机并不成熟，况且德日阶层犯罪论亦有诸多弊端，目前已有学者主张"以需罚性作为主导，由此重塑犯罪阶层体系"④。总之，各种迹象表明，目前在中国采取阶层犯罪论体系恐怕为时尚早。其次，在众多具体的"法令行为"中，绝大多数情形都有"阻却违法性"的效果，但也确实存在少数的例外。例如，当依据特别许可实施某行为发生认识错误时，只能起到"阻却责任"的效果，因为这牵涉到法定犯违法性认识的问题。比如，当下级

---

① 日本学者大部分主张"正当化"的表述，可能这些学者认为，既然行为不具有违法性，当然也就承认行为的正当性。

② 方鹏. 出罪事由的体系和理论［M］. 北京：中国人民公安大学出版社，2011：12.

③ 于阜民. 犯罪构成理论抑或犯罪成立模型——以刑法契合性为鉴［J］. 社会科学战线，2013（8）：171.

④ 劳东燕. 刑事政策与功能主义的刑法体系［J］. 中国法学，2020（1）：126.

执行上级违法命令时，大陆法系刑法理论一般视其为"阻却责任"情形。① 反之，若使用"出罪"的概念，则可以解决例外情形带来的弊端。因为在阶层犯罪论体系下，无论行为具备"阻却违法"还是"阻却责任"的性质，最终的结论都是否定犯罪的成立，因此使用"出罪"的表述也没有任何问题。

第二，与"正当化"相比，更加符合国民对法律的一般认知。"正当化"的表述在日本刑法学者中不乏少数，例如，大谷实、前田雅英、山口厚等人均持此观点，国内学者王政勋和田宏杰两位教授也持这一立场。笔者认为，使用"正当化"的表述意味着对某种行为的评价是积极的、正面的，是值得国民效仿的。但实际上，某些行为虽然不是犯罪，但也不意味着就是正当的，正当与犯罪之间还存在着违法的地带，径直使用"正当化"的表述可能包庇某些违法行为。例如，田宏杰教授在其《刑法中的正当化行为》一书中列举的诸多正当化行为，有些就可能存在着违法色彩。例如，不少人大代表建议将安乐死写入民法典人格权编，若这一建议被采纳，那当然在刑法上也会视其合法化。② 但目前，若将其视为一种正当的行为，恐怕难以为国民所接受，毕竟在"人命关天"这一朴素情感的驱使下，任何人绝无可能为致他人死亡的行为"唱赞歌"。比如，公务员依据上级违法的行政命令实施的行为，本质上虽不是犯罪行为，但也难以视其为正当的行为，并被推而广之。在很多时候，刑法之所以没有介入，并非一味地将其作为正当行为处理，乃是传统法律体系下违法犯罪行为的二元规制模式之使然，③ 当然这也是刑法谦抑性的现代化追求。

第三，"排除犯罪性"的表达，"有违最基本的汉语逻辑惯例，由此产生诸多文字使用上的别扭"④。从语义上讲，"排除犯罪"与"出罪"可能完全重合，但是从表达习惯上来说，显然"出罪"更加简明易懂，也能与

---

① 张小虎. 刑法学 [M]. 北京：北京大学出版社，2015：170.
② 刘艳红. 刑法理论因应时代发展需要处理好五种关系 [J]. 东方法学，2020 (2)：9.
③ 孙国祥. 新时代刑法发展的基本立场 [J]. 法学家，2019 (6)：3.
④ 杨兴培. 刑法学：诸多名词概念亟待斟酌 [J]. 法治研究，2018 (2)：51.

"入罪"形成对应,更加贴近法律的表达规范,"法律规范的语言表达决定着法律的品质,并进而直接影响法治"①。诚如主张"排除犯罪"这一表述的学者所说,"这一概念可以避免了正当化行为在社会危害性上的不统一"②,笔者对此予以赞同,但使用更为简洁的"出罪",同样具备这一效果。例如,即便对某种行为做出罪处理,但由于犯罪与正当之间存在违法的过渡带,因此完全可以将这种无罪但违法的行为视为具备社会危害性。

第四,"出罪"的表述与域外成文法的规定更加吻合。全球范围内,在立法上明文规定"法令行为"的国家,都视其为"不是犯罪""不处罚"或"不负刑事责任"。③ 基于这一现状,无论将"法令行为"的效果表述为"阻却违法性""正当化"或"排除犯罪性"都有不贴切、不全面的嫌疑。例如,假使我们认为"法令行为"具有"阻却违法性"的效果,但立法中规定的"不是犯罪"却是指行为人不具有主观可谴责性,又或者立法规定的"不负刑事责任"指的是不以刑罚处罚,这便造成刑法理论与立法规定的不协调。相反,若将"法令行为"的效果称为"出罪",尽管我们放弃了对出罪理由的具体辨别,④ 存在"眉毛胡子一把抓"的诟病,但最终目的都是表明"法令行为"不构成犯罪、不值得处罚,在本质上能与立法的规定最大限度地吻合。

## 二、"法令行为"出罪的理论根据:基于"二分制"的展开

承前所述,依照法令实施的行为具有出罪效果,并被广泛认可。据此,我们必须追问:为什么《刑法》没有明文规定的事由却可以成为具体案件中否定行为人成立犯罪的依据?针对这一问题的解释,学界大部分学

---

① 周少华. 刑法规范的语言表达及其法治意义 [J]. 法律科学,2016 (4):56.
② 陈庆安. 超法规排除犯罪性事由研究 [M]. 上海:上海社会科学院出版社,2010:5.
③ 世界各国立法上的详细规定将在第二章详述,此处先提出几项要点,以便论述的展开。
④ 按照四要件犯罪论体系,由于强调犯罪成立的主客观相统一,因此出罪理由可细分为主观出罪与客观出罪;按照阶层犯罪论体系,出罪理由可细分为阻却违法与阻却责任。

者主张根据"法令行为"的上位概念"超法规违法阻却事由"的基本理论予以回应。其基本逻辑是,"超法规违法阻却事由"不具有实质违法性,那么作为该种事由之一的"法令行为"自然也不具有实质违法性,故而以实质违法性理论为基石,形成了目的说、利益(法益)衡量说和社会相当性说三种立场,① 用来解释"法令行为"具有出罪效果的根据。少数学者提出不同于实质违法性理论的主张,他们认为,"如果对其他法令允许的行为而予以刑法处罚的话,会突破法秩序统一性的原理,其结果是人们无法实施该行为,同时也埋没该法令的旨意"②。笔者认为,上述两种主张都是切中要害的,不仅向我们传达了刑法学者针对案件事实进行依理出罪的学界共识,也为"法令行为"的出罪提供了法理性的支撑。但与此同时,无论是实质违法性理论,还是法秩序统一性原理,在笔者看来恐怕很难全面解释两类不同"法令行为"出罪效果之根据所在。换言之,依照法律的行为和执行命令的行为在行为本质上有所差异,很难只使用一种理论就将二者囊括,基于类型的差异分别阐述可能更具有说服力。

具体来说,依照法律的行为尽管在形式上符合某些罪名的犯罪构成要件,③ 具有"犯罪"外观,但由于该行为又是根据前置法——民商事、行政等法律规定实施的,本质上是属合法行为,那么基于行为在整体法秩序内不应当存在矛盾的这种共识,该行为也不应当被评价为具有刑事违法性。这正如刘艳红教授所说的,坚持法秩序统一原理是法定犯坚守罪刑法定原则出罪机制的重要路径,④ 而依照法律的行为与法定犯关系密切,尤其是那些获得行政特别许可后实施的行为。反之,执行命令的行为则不同,行为人在实施具体行为的过程中,并不存在一个作为行动依据的前置

---

① [日]山口厚. 刑法总论(第六版)[M]. 付立庆,译. 北京:中国人民大学出版社,2018:184.
② 王昭武. 法秩序统一性视野下违法判断的相对性[J]. 中外法学,2015(1):185.
③ 因为值得刑法研究的"法令行为"本身就要求在形式符合某些罪名的犯罪构成要件,这一点在前文就已经说明,此处"依照法律的行为"作为"法令行为"的下属情形,当然也有此要求。
④ 刘艳红. 法定犯与罪刑法定原则的坚守[J]. 中国刑事法杂志,2018(6):61.

法规定，因此难以运用法秩序统一性原理对该行为进行出罪。我们认为可能需要从行为本身出发，来解释这种具备"犯罪"外观，但最终又不能被评价为具有刑事违法性的"法令行为"。众所周知，刑事违法性是基于形式与实质的统一，实质的刑事违法性表明行为达到应受刑罚惩罚程度的社会危害性，而"苏俄刑法学中的社会危害性相当于大陆法系刑法学中的实质违法性"①。我国的犯罪成立理论源自苏俄刑法学，社会危害性理论亦是如此。② 故本书援引学界大多数人所主张的实质违法性理论，作为解释执行命令的行为具备出罪效果的理论依据。③

（一）"依照法律的行为"出罪的根据

日本学者团藤重光指出，将具有阶层构造而存在的法规范形成一个体系的时候，被称为"法秩序"。④ 法秩序的统一性则意味着，在现存的宪法、刑法、民法等规范体系内部不应当存在冲突和矛盾。⑤ 目前，"法秩序统一性无论是在立法还是释法中，都应当维护"⑥，并成为公理而被普遍接受。⑦ 那么，在法秩序统一性原理下，不同法律之间的违法性判断到底是必须保持一致，还是可以有所差别，显然与本书所研究的"依照法律的行为"出罪的根据密切相关，而这在理论上形成了三种不同的立场，即严格的违法一元论、缓和的违法一元论和违法的相对论。由于我国犯罪构成理

---

① 邵维国，郭剑锋. 论形式违法性与实质违法性之关系——兼论刑事违法性与社会危害性 [J]. 学术交流，2008（12）：104.
② 徐岱，韩劲松. 论俄罗斯刑法的犯罪本质之争及中国反思 [J]. 吉林大学社会科学学报，2017（4）：31.
③ 之所以不直接援用社会危害性的相关理论，一方面是因为"社会危害性"概念本身遭受诸多诟病，具有易变性和模糊性，并且常常被视为与罪刑法定原则相悖；另一方面也是为了迎合阶层犯罪论体系发展的趋势，尤其是目前中国学界对德日刑法理论转型的迫切。
④ [日] 曾根威彦. 刑法学基础 [M]. 黎宏，译. 北京：法律出版社，2005：212.
⑤ [日] 松宫孝明. 刑法総論講義 [M]. 东京：成文堂，2009：107.
⑥ 叶良芳. 法秩序统一性视域下"违反国家有关规定"的应然解释 [J]. 浙江社会科学，2017（10）：22.
⑦ 陈少青. 法秩序的统一性与违法判断的相对性 [J]. 法学家，2016（3）：16.

论的"平面耦合式"特征,违法性的判断缺乏独立地位,因此我国在该问题的研究上既没有引起足够重视,也缺乏深入思考。近年来,随着司法实务中"民刑""刑行"交叉案件的不断涌现,倒逼我国学者必须对该问题引起足够的关注。

1. 违法性判断的学说梳理

确切地讲,自德国学者卡尔·恩吉施(K. Engisch)提出"法秩序的统一性要求排除法规范之间的矛盾,而这必须要求违法判断的统一性"这一命题以来,违法一元论一直就是学界通说。① 彼时的"一元论"是指严格的违法一元论,该说强调,不同法领域对相同行为的定性应保持一致。例如,在刑法上被评价为犯罪的行为,那么在其他法领域也必须作相同的认定;反之,民法上认为是合法的行为,在事实不变的前提下,刑法上它也不是犯罪行为。② 简言之,"刑法附属于民法等其他部门法,只能作为补充法性质而存在"③。在德国,严格的违法一元论一直占据压倒性多数说的地位。④ 例如,德国学者宾丁(Binding)认为,财产权是否遭受侵犯应由财产法确定,而不是由作为保障法的刑法规定,所以在权利侵害的认定上,刑法从属于财产法。⑤ 此外,严格的违法一元论在对超法规违法阻却事由的判断中运用广泛,主要从刑法以外的其他法领域中寻找根据,这也被称作违法性统一的最大机能。⑥ 而"法令行为"作为超法规违法阻却事由的一种,该理论对此的适用效果也必然十分明显。

在日本,率先对违法性判断的学说之争进行分类的是前田雅英教授。前田教授指出,法秩序统一性下的违法一元论具有严格与缓和之分,区别

---

① [日]井田良. 刑法総論の理論構造 [M]. 东京:成文堂,2005:141.
② 曲新久. 刑法解释的若干问题 [J]. 国家检察官学院学报,2014(1):167.
③ [意]杜里奥·帕多瓦尼. 意大利刑法学原理 [M]. 陈忠林,译. 北京:中国人民大学出版社,2004:4.
④ 童伟华. 日本刑法中违法性判断的一元论与相对论述评 [J]. 河北法学,2009(11):169.
⑤ Binding, Lehrbuch des gemeinen Strafrechts, Besonderer Teil, Band II, 2. Aufl., 1902, S. 5.
⑥ Jescheck, Lehrbuch des Strafrechts, Allgemmeiner Teil, 3. Aufl., 1978, S. 262.

在于，前者的违法性判断自始没有违法相对性的存在余地，而后者则承认违法相对性。① 另有学者认为，严格的违法一元论完全抹杀违法相对性的判断，导致"可罚的违法性"无处安放，但就刑法的机能和目的来看，只有当行为达到值得科处刑罚的质和量，才考虑该行为具有刑法上的违法性。② 目前，严格的违法一元论在日本已经遭到了摒弃，缓和的违法一元论在日本学界得到广泛推崇，但违法的相对论在日本学界依然处于通说地位。

缓和的违法一元论的代表是宫本英脩和佐伯千仞等学者。③ 宫本先生认为，"作为一般规范违反的违法性在全体法秩序中是单一的，刑法和民法的违法概念是同一的"④ "成为犯罪的行为，首先要在法律上一般规范性地评价为违法，其次在刑法上进一步判断为可罚"⑤。佐伯教授则指出，作为国民行动基准的法律，对同一事实在不同法域中不应出现冲突，因此应当坚持法秩序统一性下的违法一元判断；但毕竟不同的法规范在目的上有所不同，并且在违法的"质量"上也有所差异，故而也不否认违法判断的相对性（并非指违法相对论中的相对性）。⑥ 根据缓和的违法一元论，可以得出：（1）被其他法律容许的行为，即便在刑法上具备构成要件该当性，也不应当视为犯罪；（2）被其他法律禁止的行为，即便在刑法上该当构成要件，也未必值得科处刑罚。⑦

违法的相对论，亦称违法的多元论，即不同法律基于各自目的，产生

---

① ［日］前田雅英. 可罰的違法性論の研究［M］. 东京：东京大学出版会，1982：401.
② ［日］曾根威彦. 刑法学基础［M］. 黎宏，译. 北京：法律出版社，2005：216.
③ 除此之外，曾根威彦、团藤重光、松宫孝明等人也是缓和一元论的支持者。具体参见黎宏. 日本刑法精义（第二版）［M］. 北京：法律出版社，2008：130.
④ ［日］宫本英脩. 刑法学萃［M］. 东京：成文堂，1985：511.
⑤ ［日］大塚仁. 犯罪论的基本问题［M］. 冯军，译. 北京：中国政法大学出版社，1993：121.
⑥ ［日］佐伯千仞. 刑法における違法性の理論［M］. 东京：有斐閣，1974：391.
⑦ ［日］曾根威彦. 刑事違法論の研究［M］. 东京：成文堂，1998：14.

不同法律效果。① 有学者进而指出,"规范之间的矛盾只要在法秩序目的所必要的范围内消除即可,没有必要将其绝对排除,民法秩序不等同于刑法秩序,即使是对同一概念的解释也可能存在不同;而且由于各个法域的不同目的和效果,导致作为违法性判断的内容当然也不同"②。简言之,在违法性的判断上,"应当基于立法模式与刑法目的进行独立评价"③。根据违法相对论的意旨,可以得出以下两个结论:(1)具备构成要件该当性的行为如果被其他法律容许,在刑法上仍有可能被视为犯罪;(2)被其他法律禁止的行为即便在刑法上该当构成要件,也未必值得科处刑罚。可见,违法的相对论与缓和的违法一元论在结论(1)上存在不同,究其原因在于,缓和的违法一元论的立足点是维持整体法秩序中"一般违法"的概念,在此基础上提出"可罚的违法性"之命题;而违法的相对论则直接根据刑法特有的违法性进行直接判断,主张将"可罚的违法性"概念消解在刑法违法性的判断中。

2. 违法性判断的学说检讨

应当说,上述三种学说都承认法秩序统一性的原理,但是在如何理解法秩序统一性的含义上出现了分歧,也就导致了在违法性的判断上立场不一。法秩序统一性具有逻辑的统一性、体系的统一性和目的的统一性三个层次,严格的违法一元论只注重法秩序逻辑的统一性,缓和的违法一元论注重体系和目的的统一性,违法相对论只注重目的的统一性。④ 有学者进而指出,法秩序统一性是指目的论上的统一。⑤ 因此,从形式上看,缓和的违法一元论和违法的相对论与法秩序统一性具有较高的契合度,而严格的违法一元论不是真正意义上的坚持法秩序统一性原理。

---

① 张明楷. 外国刑法纲要(第二版)[M]. 北京:清华大学出版社,2007:148.
② [日]京藤哲久. 法秩序の統一性と違法判断の相対性[M]//内藤谦. 平野龙一先生古稀祝賀論文集(上). 东京:有斐阁,1990:191.
③ 魏昌东. 行刑鸿沟:实然、根据与坚守——兼及我国行政犯理论争议问题及其解决路径[J]. 中国刑事法杂志,2018(5):7.
④ 于改之. 法域冲突的排除:立场、规则与适用[J]. 中国法学,2018(4):89.
⑤ [日]町野朔. 可罰的違法性の理論[J]. 法学教室,207:4-17.

(1) 严格的违法一元论的批判

不可否认的是,"严格的违法一元论确实在贯彻刑法体系性的思考、克服刑法工具主义倾向的立法思潮中具有重要价值"①。但是,该说主张"机械"的法秩序统一性,将作为犯罪成立的要件——客观违法的评价完全依附于全体法秩序的立场,并且忽视了刑法自有的目的与品格。

首先,严格的违法一元论在前提预设上过于绝对。该说将法秩序统一性立足于不同法域之间逻辑的统一性,也即在不同法律规范之间应当不存在矛盾,"一种行为不可能同时是合法与违法的"②。然而,现实的法秩序并非只是静态的符号,它更是不同法域的规范对社会治理时所扮演的动态角色,各个法域的规范之间必然存在矛盾。正如学者所言,"法秩序的统一性,并非意味着实定法中没有包含相互矛盾的要素"③"这一矛盾意味着逻辑法则上的矛盾"④。之所以可能产生逻辑法则上的矛盾,乃是因为任何法律规范都难以规避模糊的本质,刑法亦不例外,这种模糊性往往导致现实中不同法律规范之间产生冲突。况且,依照法律的行为所涉及的法律部门种类又如此繁多。

其次,严格的违法一元论在逻辑演绎上存在瑕疵。根据该说,被民法、行政法其他法律禁止的且该当构成要件的行为,具有刑事违法性。尽管刑事违法与一般违法在逻辑上具有从属关系,⑤ 但是直接根据一般违法推导出刑事违法存在明显的逻辑障碍。因为刑法具有事后法、保障法、制裁法的角色,其违法性程度以达到科处刑罚为必要,否则我们便没有必要坚守刑法的谦抑精神。此处正确的逻辑应当是,符合刑事违法的必然得出民事违法或行政违法,进而演绎出一般意义上的违法,必须是"前者向后

---

① 于改之. 法域冲突的排除:立场、规则与适用 [J]. 中国法学, 2018 (4):88.
② Engisch, Die Einheit der Rechtsordnung, 1935, S. 46.
③ 郑泽善. 刑法总论争议问题研究 [M]. 北京:北京大学出版社, 2013:134.
④ [日] 京藤哲久. 法秩序の統一性と違法判断の相対性 [M]//内藤谦. 平野龍一先生古稀祝賀論文集(上). 东京:有斐閣, 1990:199.
⑤ Günther, Strafrechtswidrigkeit und Strafunrechtsausschluβ, 1983, S. 101.

者保持一致、保持平行"①。正如日本学者佐伯千仞教授所言,"从特殊违法可以推导一般违法,但反之则不能成立"②。其中,佐伯教授所指的"特殊违法"就是刑法上的犯罪,而之所以会被视为犯罪,乃是在一般违法上赋予额外值,具体来说,就是违反了刑法规范。

再次,严格的违法一元论缺乏刑事违法性的判断。如果按照严格的违法一元论观点,行为的刑事违法性只能在全体法领域中判断,根据其他法律得出行为在刑法上是否具有违法性的结论,实际上等同于否定了刑事违法性的判断。因为这种根据其他法律进行利益衡量的方式,必然导致刑法法益衡量的不准确,最终的结局是其他法领域的违法性自动决定刑法中的违法性。③ 例如,民法中的通奸行为是导致夫妻双方离婚的原因,受害方可以主张民事赔偿,但通奸行为并非刑事违法,如果根据严格的违法一元论的立场,有可能根据民事法律得出该行为在刑法中也具有违法性,进而认定为犯罪,但事实并非如此。同样,行为人依照法律的行为也可能出现实施条件不齐全或存在程序上的瑕疵,则意味着该行为在全体法秩序内具有违法性,若据此就认定该行为具有刑事违法性显然不妥。因此,对行为违法性的实体进行合乎刑法规范旨趣的把握,以及对刑法规范制定的基本理念的诉求——刑事违法性判断是极为重要的。④

最后,主张严格的违法一元论的学者通常将法律规范仅视作行为规范。因为,如果法是作为行为规范发挥其指引人们行为作用的话,那么它必须是统一的,相互之间不能矛盾。⑤ 但通说为二元论,即认为"刑法规范是行为规范和裁判规范"⑥。这种漠视法律规范可以作为裁判规范的观点

---

① 时延安. 论刑事违法性判断与民事不法判断的关系 [J]. 法学杂志, 2010 (1): 94.
② [日] 佐伯千仞. 刑法講義 (総論) [M]. 东京: 有斐阁, 1977: 177.
③ 陈少青. 法秩序的统一性与违法判断的相对性 [J]. 法学家, 2016 (3): 22.
④ [日] 藤木英雄. 可罚的違法性の理論 [M]. 东京: 有信堂高文社, 1967: 14.
⑤ 童伟华. 日本刑法中违法性判断的一元论与相对论述评 [J]. 河北法学, 2009 (11): 170.
⑥ 刘远. 论刑法规范的司法逻辑结构以四维论取代二元论的尝试 [J]. 中外法学, 2016 (3): 801.

本身就具有一定的偏见。一味追求法律规范的行为指引功能，可能导致国民行动自由的限缩；反之，一味追求法律规范的裁判功能，实质上是允许甚至鼓励司法的专断。总之，应当并重法律规范的两个面相，而依照法律的行为所追求的正是如此。

（2）缓和的违法一元论坚守

如前所述，基于"合目的性"而对法秩序统一性的坚守，是缓和的违法一元论与违法相对论的共性。当然，法规范确实是目的的实现手段，不同法领域的目的需服务于整体法秩序的目的，可见，法秩序的统一性就是基于目的论的视角，消除各个法领域之间的矛盾。但是，两种理论之间也存在着本质区别，即是否承认"一般违法"的概念，进而主张"可罚的违法性"的命题。换言之，在判断犯罪成立上，是否坚持"一般违法+可罚的违法性=刑事违法"的模式。缓和的违法一元论对该模式持肯定回答，违法的相对论则对此予以否定。基于这种根本性的对立，有学者主张，"刑法学者如果只考虑刑法上的违法性，那是他们的懈怠"①。笔者赞成上述学者的观点，并认为，"一般违法+可罚的违法性"的犯罪成立判断模式具有以下优越性。

第一，"一般违法"的概念具有存在价值，理由如下：其一，法秩序的统一性表现为整体法域内不同规范合目的的统一，那么作为反法秩序的判断——违法性也可以在一般违法层面达成统一，"一般违法"的概念可作为违反统一法秩序目的下的抽象概念；其二，"一般违法"概念可以统筹所有法律部门中"违法"的概念，不同法律中违法性的判断基于各自部门的规范目的展开，当违反特定法律规范时，必然也违反整体法规范所保护的目的，抽象出"一般违法"的概念；其三，"一般违法"的概念为刑事违法性的判断提供必要前提，如果行为连"一般违法"都谈不上，那么该行为更不可能侵犯刑法所保护的法益，也就不可能进入刑事

---

① ［日］山口厚，井田良，佐伯仁志. 理論刑法学の最前線［M］. 東京：岩波書店，2001：94.

违法性的判断。① 只要否定了"一般违法"就能否定刑法中的违法，或者说，只有当行为符合了"一般违法"，才有进一步根据"可罚的违法性"理论进入刑事违法性的判断的必要。巧合的是，依照法律的行为对于是否存在"一般违法"的情形，尤其需要仔细检验。

第二，确立了违法性的"质"与"量"。"可罚的违法性"理论将相当一部分在"量"上尚未达到发动刑罚，在"质"上也不宜作为犯罪处理的情形予以非犯罪化，为解决微罪不罚提供了重要的理论支撑，又极大地限缩了犯罪圈，避免了"刑法工具主义观"的肆意扩张，是刑法谦抑品格的具体表现。与此同时，"可罚的违法性"所提供的"质量"区分，最大程度地契合了我国总则关于"但书"的规定，并且在分则罪名中亦有体现。例如，在我国众多民商事、行政法律规定中，存在大量"情节严重构成犯罪"的附属条款，这些"情节"在犯罪构成体系中，只能定位为违法性要素②，也即表明只有达到刑法违法性"质"的程度，才可依据刑法处罚，否则只需要承担民事或行政责任；再比如，我国《刑法》规定了大量的数额犯，如果尚未达到"数额较大"的均不得入罪，这充分表明了，只有在"量"上达到了值得刑罚科处的程度才构成犯罪。依照法律的行为如果出现实施条件缺失或程序瑕疵时，便例外地符合"一般违法"，那么是否最终被认定为具有刑事违法性，必须经过违法性"质量"的判断。

第三，明确了"一般违法"与"可罚的违法性"之间的逻辑关系。犯罪是对法本身的不法③，因此，"可罚的违法性"的判断必然凌驾于"一般违法"之上，一个行为只有符合了"一般违法"，才有可能进一步发展到"可罚的违法性"的程度，而不是相反。违法的相对论一方面抛弃了

---

① 尽管目前对于实质违法性的判断，有学者主张"规范违反说"，但他们也并不否认，法益侵害也是违法性判断的根据之一，如果行为不具有法益侵害性，不能仅根据行为的规范违反进行处罚。
② 陈洪兵."情节严重"司法解释的纰缪及规范性重构[J].东方法学，2019（4）：90.
③ [德]黑格尔.法哲学原理[M].范扬，张企泰，译.北京：商务印书馆，1996：95-96.

"一般违法"的判断,另一方面又认为"可罚的违法性"是刑法本身违法性的判断。这样的做法要么使"可罚的违法性"的判断成为"空中楼阁",因为直接运用刑法去判断"可罚的违法性",会使判断的内容抽象化;要么使"可罚的违法性"的判断结论"倒果为因",将刑罚适用的目的作为违法性判断的要素。① 以"赵春华非法持枪案"为例分析,违法的相对论在否定了"一般违法"的判断之后,对是否"非法持枪"的判断便脱离了行政法规与公安部的相关规定,而当以刑法本身的违法性作为"可罚的违法性"判断要素时,要想获得最终的结论又不得不回到公安部有关枪支的认定标准上,则有可能认为赵春华构成非法持有枪支罪。然而,对于非法持枪而言,只有当该行为造成不特定或者多数人的生命、健康或财产严重威胁时,才有刑法处罚的必要。由此可见,当我们遗漏"一般违法"或"可罚的违法性",甚至是颠倒两者之间的逻辑关系而对行为的刑事违法性进行判断时,都难以得出令人信服的结论。

第四,"一般违法+可罚的违法性"的犯罪成立判断模式,更加符合刑法在整体法秩序中的定位。众所周知,刑法在现代法律体系中扮演着"第二次规范"的角色。某一行为之所以构成犯罪,"乃是因为行为符合了刑法规定的犯罪成立条件,从而违反了作为强制性和禁止性行为规范的刑法规范要求"②,该行为真正违反的是那些以权利规范为基础的宪法、民法、商法等法律规定。刑法为了保障这些权利的实现,因此在可罚的限度内,对这些行为予以惩戒,这又可称为刑法的"补充性"。如果依照违法相对论的主张,不考虑"一般违法"并且消解"可罚的违法性",那么容易使刑法成为与宪法、民法等法律"平行"的规范,而依照法律的行为所强调的正是按照刑法之外的其他法律规范去实施具体的行为,刑法规定天然地扮演着"幕后"的角色,与违法的相对论所要追求各个法律"平行"的目标格格不入。由此可见,采用上述犯罪成立的判断模式并非单纯的"形式

---

① [日]曾根威彦. 刑事違法論の研究[M]. 东京:成文堂,1998:81.
② 余高能. 论刑事违法性作为犯罪本质的合理性[J]. 西北大学学报(哲学社会科学版),2006(4):86.

逻辑",而是对"实体逻辑"的追求。这种"实体逻辑"强调的是,对行为是否成立犯罪的判断逐步推进,从而形成鲜明的立体感。

通过上述四点的分析,可以清晰地表明笔者对于违法相对论的摒弃,但即便如此,也不能彻底表明,将缓和的违法一元论作为解构法秩序统一性原理的分析方法具有唯一正确性,因为目前学界依然存在少数对该说质疑的声音。尤其近年来,以王骏博士于2013年发表在《法学家》第5期上的论文——《违法性判断必须一元吗?》(以下称"王文")为首,对缓和的违法一元论的观点提出诸多商榷,并引起学界的巨大反响。笔者认为,上述学者确实推进了违法性判断的研究深度,也为缓和的违法一元论提供了宝贵的修正意见,但大多数的驳斥理由并不能成立,归结起来主要有以下五点。

"王文"对缓和的违法一元论提出的第一点质疑是,认为该说在逻辑上不可能自洽,其理由在于:"由于'一元'的存在,使得行为只要在任一法领域具备违法性,便有整体法秩序上的违法性,那么在民法上的违法不可能在刑法中合法,但是由于存在可罚的违法性的判断,导致刑法的违法性被阻却。"①"王文"进一步以盗窃一颗葡萄为例,认为缓和的违法一元论在逻辑上不能对该行为做出有无刑事违法性的判断。笔者认为,王骏博士之所以会对缓和的违法一元论提出上述质疑,是因为他误解了"可罚的违法性"中"违法"的含义。在"一般违法"与"可罚的违法性"之间,逻辑上是递进的,后者的违法性必须达到刑法可罚的程度,体现的是违法程度多少的问题,因此后者的"违法"实际上指的是"不法"。在这一点上,可以从"可罚的违法性"理论的发展史中一探究竟。百年之前,德国刑法理论率先提出"可罚的违法性",在古典犯罪论体系的支配下,对构成要件符合性的判断是纯事实的,因此对于违法性的判断也只区分"是与否"。但随着犯罪论体系的不断发展、完善,德国刑法学者发现,违法性不仅有"是否"的判断,更有"大小"的判断,而关于违法性程度大

---

① 王骏. 违法性判断必须一元吗?——以刑民实体关系为视角 [J]. 法学家,2013(5):140.

小的判断，最终被发展为"不法"的判断，从而与"违法"区别。因此，"可罚的违法性"理论在德国逐渐被抛弃，或者说，采用了"可罚的不法"代替了"可罚的违法"。日本刑法中"可罚的违法性"理论发展出一条与德国完全相反的道路。从目前日本刑法学界对该理论的理解——违法性的表现形态上存在种类、轻重之别，"这种质、量二分的构想，为可罚的违法性概念找到了生存空间"①。只要正确理解"可罚的违法性"中"违法"含义，上述质疑者提出的例证便可得出如下结论：盗窃一颗葡萄的行为，只具有一般的违法性，没有刑法的违法性，是因为没有达到科处刑罚的不法程度。故而，只要正确理解"可罚的违法性"中"违法"的真实含义，便不会产生所谓缓和的违法一元论在逻辑上不能自洽的结论。

"王文"提出的第二点质疑是，现实生活中根本不存在作为法秩序整体的"一般规范"，也不可能存在违反"一般规范"的违法行为。② 申言之，论者将上述违反"一般规范"中的"法"理解为抽象意义上的"法"概念，即自然法，并且认为这种应然的东西没有存在的必要。笔者认为，缓和的违法一元论中的"法"概念指的是前置实定法中的一般规范，例如，民法、行政法等，绝不是指自然法中的"法"；更何况，刑法学者恐怕也没有足够的能力与勇气从自然法方面予以论证。当然，退一步讲，如果确如"王文"所指那般，认可自然法的存在也没有什么坏处，它至少有以下几方面的价值。首先，自然法观念的历史更替，也不断促进法学研究的进步。众所周知，自然法经历了古希腊罗马自然主义、中世纪神学主义、近代理性主义和现代自由主义的发展，并总是随着时代的进步而实现理论的创新，从而解决社会面临的实际问题。可见，相比于其他社会意识形态，自然法具有延续性与持久性。正如有学者所说，在自然法学者的不

---

① 彭泽君.日本刑法中的可罚的违法性理论及其对我国的借鉴［J］.法学评论，2005（6）：129.

② 王骏.违法性判断必须一元吗？——以刑民实体关系为视角［J］.法学家，2013（5）：140.

断耕耘下，自然法体系得以与时俱进，才形成了近代宪法与国际法。① 其次，自然法观念为我们提供了评价实体法的重要标准。在任何自然法学家心中，自然法观念都具有极强的"包容心"，是一个囊括社会伦理、政治、制度价值的综合性观念，这种综合性的观念从本质上来说，是一种正义论、法治论的东西。因此，自然法观念是以追求绝对正义为使命的，它构筑了评价实定法规范的公平正义标准，也是实证法的终极根据。② 最后，自然法观念促使我们对法律树立信仰。正因为有了法律的信仰，才构成了西方法治思想这一独特标记。③ 我国目前正处于社会主义法治建设的初期，正沿着西方发达国家百年前的法治轨迹前行，建设法治社会的一项重要内容就是确立法律至上的观念，而要确立法律至上的观念就必须树立对法律的信仰。总之，承认自然法的时代意义与价值，对于当下的法学研究、法治建设都有着巨大的推动作用。

"王文"提出的第三点质疑是，既然承认了"可罚的违法性"概念，那么对违法性的判断便不再是"一元"的，乃是行"相对性"判断之实。④ 缓和的违法一元论的提出，是要解决严格的违法一元论在违法性的评价上完全依附于全体法秩序的立场，忽视了刑法自有的目的与品格的缺陷，因此它并不否认对"相对性"的判断。但是，这种"相对性"的判断是以前置法——民事、行政等法律的违法性判断为基础，进而赋予刑法"可罚"的判断；然而违法的相对论中"相对性"的判断，是将刑事违法性完全独立于其他法领域，在违法性的判断上否认前置法对刑法的从属关系。因此，质疑者以此来批判缓和的违法一元论是相对性的判断，

---

① ［英］劳特派特. 奥本海国际法（上卷）［M］. 王铁崖, 陈体强, 译. 北京：商务印书馆, 1971：63.
② 占茂华. 自然法观念及其对我国当代法治建设的意义［J］. 法治论丛, 2007（4）：20.
③ ［德］阿图尔·考夫曼. 当代哲学和法律理论导论［M］. 郑永流, 译. 北京：法律出版社, 2013：221.
④ 王骏. 违法性判断必须一元吗？——以刑民实体关系为视角［J］. 法学家, 2013（5）：140-141.

实际上是从违法的相对论的立场,赋予了"相对性"新的内容。但实际上,缓和的违法一元论之"相对性"是违法性评价之相对,而违法的相对论之"相对性"是法律规范内容之相对,它牵涉到不同法律部门间的"相对性"。

"王文"提出的第四点质疑是,认为缓和的违法一元论在某些具体问题的结论经不起推敲。① 例如,论者提到,获得一个心智成熟的限制行为能力人的同意而毁损对方财产的行为,因存在民事违法而需要承担赔偿责任。但是,在刑法上由于获得了符合条件的承诺,故而是刑法认可的正当化事由,既阻却刑事违法也阻却一般违法,最终对违法性的判断产生矛盾。笔者认为,质疑者之所以得出民事违法的结论,乃是坚持了被害人同意的正当化根据是"法律行为说"的立场。然而,该说在德国学界已经丧失了存在的价值,即便在日本得到一定程度的完善,但学界的认可度也不高。因此,根据"法律行为说"得出的结论不免缺乏正当性。至于该论者得出"既阻却刑事违法也阻却一般违法"的结论笔者亦认为有待斟酌。基于缓和的违法一元论的犯罪成立判断模式,纵使该行为没有达到刑法可罚的程度,至少也应当得出一般违法的结论,质疑者何来"阻却一般违法"的结论,笔者实在无从考证。再比如,论者还提到,按照缓和的违法一元论逻辑,一般违法性的结论一旦出来,便没有刑法上行为无价值与结果无价值争论的必要,扼杀刑法学自身的繁荣。② 笔者认为,行为无价值论与结果无价值论乃是对刑事违法性本身的判断,前者要求通过对行为与结果的双重检视来判断犯罪的成立,后者则只注重结果判断。但是,即便行为符合缓和违法一元论所说的"一般违法",只要没有达到"可罚的违法性",该行为依然不会进入刑事违法性的评价,也就不可能触及行为无价值与结果无价值的领域。究其根本,质疑者还是将"可罚的违法"与"一

---

① 王骏.违法性判断必须一元吗?——以刑民实体关系为视角[J].法学家,2013(5):141.

② 王骏.违法性判断必须一元吗?——以刑民实体关系为视角[J].法学家,2013(5):141-142.

般违法"中的"违法"同等视之。

"王文"提出的第五点质疑是，缓和的违法一元论可能使国民失去判断准则，限制行动自由。① 笔者在一定程度上赞成该论者的主张，因为缓和的违法一元论一方面肯定法律规范的行为指引功能，是一种行为规范；另一方面也承认法律规范的裁判功能，又是一种裁判规范。行为规范和裁判规范虽然都是法律规范的两个面相，但正如笔者前文提及，忽视任意一面都可能产生不良后果。但是，既然法秩序是"合目的性"的统一性，那么只要行为符合整体法秩序的目的，即便在不同法域之间产生矛盾，也是不可避免的。对立法者而言，通过制度的安排来消解这种冲突；对司法者而言，以正义为导向将原本冲突的多元目的相融合，追求个案公正。② 国民通过提升法律意识、法律素养，实现与立法者、司法者的法治轨道同步或者至少方向一致，那么所谓"失去判断方向""限制行动自由"也就不可能出现。

通过上述分析，本书认为，缓和的违法一元论与违法的相对论相比有其足够的理论优势，并且部分学者对于缓和的违法一元论的反驳也都于法无据、于理无立。当然，也许会有人怀疑，上述针对违法相对论学者的反批判，与论证依照法律的行为的出罪似乎并没有直接关联，何必大费周折？笔者认为，既然将法秩序统一性原理涵摄下的缓和的违法一元论作为方法论基石，我们就必须从整体上把握该理论，确保其在全领域内科学合理，杜绝任何可能存在的逻辑漏洞，这也是"防患于未然"。因此，根据缓和的违法一元论，依照法律的行为出罪的根据：行为人实施的某种行为虽然形式上该当犯罪构成要件，但由于该行为同时也符合民商事、行政等其他法律规定，故不宜作为犯罪处理。

---

① 王骏.违法性判断必须一元吗？——以刑民实体关系为视角 [J].法学家，2013 (5)：142.
② 王昭武.法秩序统一性视野下违法判断的相对性 [J].中外法学，2015 (1)：178.

<<< 第一章 "法令行为"的概述：基本内容及其原理

**（二）"执行命令的行为"出罪的根据①**

在过去，每当讨论实质违法性的问题，通常说行为是侵害社会的举动或对法益产生了威胁②，行为与国家所承认的文化规范不相容。③ 但是至今，在学说上讨论实质违法性时主要论及违法性阻却事由的有无。④ 如前所述，"法令行为"在外国刑法理论中被视为"（超法规）违法阻却事由"或是"正当化事由"⑤，因此不具有实质违法性。学界围绕违法阻却事由的本质，大致形成了目的说、优越利益说（法益衡量说）和社会相当性说。⑥ 详言之，"法令行为"之所以不具备实质违法性，是因其属于违法阻却事由之一，而从根本上讲，作为违法阻却事由，它或是符合某种目的，或是符合社会相当性，抑或是保护了更为优越的利益或法益。由于本书将"法令行为"进一步区分为依照法律的行为和执行命令的行为，并且在上文已经明确依照法律的行为出罪的根据主要源自法秩序统一性原理，而执行命令的行为在性质上与前者不同，因此下文基于实质违法性理论的视角，对"法令行为"中执行命令的行为出罪的根据做出说明。

**1. 目的说的梳理与批判**

早期的目的说认为，如果行为是实现国家所承认的共同生活目的的适

---

① 该部分所述的"执行命令的行为"是指执行合法的命令。对于下级执行违法的命令，学界的多数说主张阻却责任，理由是该行为不具有期待可能性而不值得谴责，最终的效果也是非罪化处理；少数说主张与该违法命令的发布者构成共同犯罪。总之，学界对于违法命令的争议点在于是否出罪，若主张出罪则在出罪根据上没有分歧，但对于执行合法命令的出罪根据学界具有争议。

② Liszt, Lehrbuch des Strafrechts, 23. Aufl., 1921, S. 218ff.

③ Mayer, Der allgemeine Teil des Deutschen Strafrechts, Lehrbuch, 2. Aufl., 1923, S. 133ff.

④ Maurach-Zipf, Strafrecht Allgemmeiner Teil, 8. Aufl., 1992, S. 292.

⑤ 本书之所以使用"出罪"的表述，而非沿用"违法阻却"或"正当化"的表述，原因已经在前文阐释。但本书也没有否认"法令行为"阻却违法或具有正当化的效果，只是考虑在某些情形下，使用"出罪"来表述"法令行为"具备阻却犯罪成立的效果更加贴切。

⑥ ［日］大塚仁. 刑法概说 [M]. 冯军, 译. 北京：中国人民大学出版社, 2003：319-320.

当手段①，那么就可以被视为是正当的，缺乏实质违法性的行为就是适例。后来，"目的说发展为衡量型目的说和重视手段型目的说"②，其中，前者是多数说，后者是少数说。③ 之所以衡量型目的说居于多数说的地位，是因为该说兼顾手段与目的、行为与结果的双重检视，更具全面性。但笔者认为，不管以何种目的说作为执行命令的行为不具有实质违法性的根据，都可能存在如下障碍。

首先，"目的"概念天然的带有主观的内容，而违法性的判断一般是客观的。当我们说执行命令的行为目的是正当的，则意味着该行为的意图或动机可能是正当的，当然也有可能结果是正当的，但终究不可避免地考虑了主观的要素。其次，"目的"的内涵过于抽象，难以成为解释的指导原理或一般准则加以适用；同时，附加在目的之上的所谓"国家承认的"，则更加难以厘清其含义，因为国家所承认的东西也可能因时而变。如此一来，目的说的内涵将处于一种浮动的状态，完全没有说服力，并且很有可能只强调国家立场，将一种否定行为实质违法性进而追求保障国民自由的理论根据，沦为国家治理的工具。最后，无论是多数说还是少数说，他们都考虑手段的适当性，但这也是一个不明确的问题。手段本身表现的是一种客观行为，当然被要求适当，但问题是，适当的手段未必造成适当的结果，反之亦然。如果基于不适当的手段却意外造成良好的结果，我们是否还能认为这种行为是符合目的说的宗旨？现实中可能发生的，比如，公务员被迫执行存在程序违法的上级命令，不仅未造成实害结果反而推动了公务的开展，大陆法系刑法理论一般视其仍具备实质违法，只是不值得谴责而已。④ 实际上，任何违法阻却事由都可能存在手段或行为不适当，但却造成恰当的结果，如正当防卫中的偶然防卫行为，目的说难以准确判断类

---

① 陈朴生. 刑法专题研究 [M]. 台北：三民书局，1988：183.
② 张明楷. 外国刑法纲要（第二版）[M]. 北京：清华大学出版社，2007：151.
③ 陈家林. 外国刑法：基础理论与研究动向 [M]. 武汉：华中科技大学出版社，2017：123.
④ 张小虎. 刑法学 [M]. 北京：北京大学出版社，2015：170.

似行为是否符合正当化的基本内涵。

2. 优越利益说（法益衡量说）的梳理与批判

该说认为，如果符合构成要件的法益侵害行为，是以牺牲低价值的利益而拯救高价值的利益为结局的，① 那么该行为就是正当的。优越利益说与法益衡量说虽然目前在同种意义上使用，但二者仍有细微差别：前者是单纯的两种法益之间的大小判断，后者区分"利益阙如"和"优越的利益保护"。② 在日本，内藤谦、前田雅英、曾根威彦等人倾向于前者；平野龙一、中山研一、山口厚等人则倾向于后者。

笔者认为，把优越利益说（法益衡量说）作为判断行为不具有实质违法性的根据，可能存在如下障碍。

第一，两种称谓能否在相同意义上使用。从定义上看，法益衡量似乎也能转化为利益衡量，因为该说的最终结局是两种利益或法益之间的大小比较。但是，利益是否等同于法益，这是一个不得不深思的问题。从"法益"概念史上看，自德国学者首创起，关于"法益"到底是什么的争论便从未停息，历经百余年的发展，"现已成为很多国家刑法学的最基础性概念"③"也是方便教学中使用的重要术语"④。在我国，对法益的定义一般是指法律所保护的利益。由此看来，法益必须受到法律的保护，蕴含着规范的要素，而利益仅仅具有事实的判断，法律是否保护以及是否值得被法律保护，都犹未可知。事实上，现实生活中有太多的利益并不值得法律保护，非法行为产生的债权债务关系就是适例。尽管从"优越利益说"的内容上看，这些利益都是指值得法律或者是刑法保护的，但笔者还是认为，两种称谓不能在同等意义上使用，至少"法益衡量"在概念的界定上更加确切。

第二，即便使用"法益衡量"的表述，在诸多问题上依然有待商榷，

---

① Schmidhäuser, Strafrecht Allgemmeiner Teil, 1982, S. 282.
② 张明楷. 外国刑法纲要（第二版）[M]. 北京：清华大学出版社，2007：152.
③ 陈家林. 法益理论的问题与出路 [J]. 法学，2019（11）：3.
④ 冯军. 刑法教义学的立场和方法 [J]. 中外法学，2014（1）：185.

或者说,"法益衡量说"不足以作为解释行为阻却违法的理由。首先,从发生论上考察,"法益衡量说"肇始于结果无价值论①,尽管结果无价值论在我国的影响力日益扩张,然而结果无价值论并非不可置疑的"权威",这种以结果本位的考察方式,不可避免地造成在行为价值比较上产生遗漏,这便不符合价值衡量所要求的全面性标准。其次,"法益衡量说"将所有涉及违法性价值判断的内容,统统转化为法益间的比较大小。以这种"眉毛胡子一把抓"的方式去解决违法性实质的问题,一方面不得不让人感叹并钦佩其勇气与胆略,但另一方面也不得不让人怀疑其所得出结论的妥当性。因为价值判断何其复杂,它必须考虑以下因素,甚至不止于这些因素:利益在基本法中的价值顺位,所保全法益的危险程度,侵害手段的必要性程度,手段或方法对法益侵害的危险程度。② 最后,"法益衡量说"在具体问题的判断上存在缺陷。当发生利益冲突时,"法益衡量说"仅狭隘地立足于双方具体法益的价值比较,而忽视法益的层次结构。因为在刑法领域,从利益的层次结构来看,除了当事人的利益之外,还有制度利益与法治国的基础利益需要考虑,这可以从刑法规定了破坏社会秩序利益和破坏国家利益的犯罪中得到印证。如此一来,可能导致对违法性的判断缺乏整体性的视野,分明犯了"因缺少对利益结构的整体衡量而导致的滥用"的错误。③ 而对于执行命令行为的正当性判断,尤其应当重视国家行政法规与制度,以及公务员或军人内部体制结构与运行的复杂性,这种忽视利益层级结构的"法益衡量说"在解决该问题上而产生的缺陷可能是致命的。

3. 社会相当性说的梳理与借鉴

韦尔策尔(Welzel)认为,行为缺乏实质违法性是因其符合社会相当性,即该行为处在历史形成的社会伦理秩序之内,为该秩序允许。④ 在日

---

① 劳东燕. 法益衡量原理的教义学检讨 [J]. 中外法学, 2016 (2): 361.
② 黎宏. 日本刑法精义(第二版)[M]. 北京: 法律出版社, 2008: 129.
③ 梁上上. 利益衡量的界碑 [J]. 政法论坛, 2006 (5): 66.
④ Welzel, Das Deutsche Strafrecht, 11. Aufl., 1989, S. 55ff.

*48*

本理论界，社会相当性说受到了福田平、团藤重光等人的支持。在日本许多判例中，如1978年针对"外务省秘密泄露事件"做出的最终判决，就是采用了一定程度的社会相当性说的判断基准。①当然，不可否认的是，自韦尔策尔提出社会相当性说以来，在德国学界就一直饱受争议与争论，论战最为激烈的两个领域：社会相当性说的判断标准过于模糊，不利于法治国所要求的法律的明确性；社会相当性说在功能上完全可以被其他的理论替代。②我国学者对社会相当性展现了浓厚的兴趣并引发格外的关注，也时常将之作为论证的理据，当然争议与批判同样不容小觑。例如，有学者针对社会相当性说的内涵做出反驳，认为"社会伦理秩序"明显违反"法和道德应当严格区分"这一近代法要求。③但事实上，"法律都不可避免地与伦理、道德和民意有着十分紧密的关系"④。那么，社会相当性说能否作为缺乏实质违法性行为的出罪根据？

笔者认为，执行命令的行为常常与"军令如山"的要求相联系，尤其对军人而言更是如此，而这种要求不仅在中国历史上代代相传，是历史发展过程中逐步形成的社会伦理秩序，而且在当下依然适用。而社会相当性说所追求的，正是要求某种行为必须符合特定历史阶段的社会伦理秩序。因此，将社会相当性说作为阐释"执行命令的行为"不具有实质违法性的根据，可令二者在"社会伦理秩序"方面直观地联系在一起。除了这种最为直观的联系外，社会相当性说可能比前述两种学说在方法论上也更加有优势，具体表现在以下几方面。

首先，社会相当性说更加符合我国通说关于犯罪本质的理解，而执行命令的行为又作为阻却犯罪成立的事由，两者之间的亲密性一目了然。我

---

① [日] 山口厚. 刑法总论（第三版）[M]. 付立庆，译. 北京：中国人民大学出版社，2018：184-185.
② 参与这场论战的德国学者包括 H. Mayer、Thomas Würtenberger、Hans Joachim Hirsch、Claus Roxin、Ulrich Klug、Karl Peters 等人。
③ 黎宏. 行为无价值论批判 [J]. 中国法学，2006（2）：165.
④ 田宏杰. 立法扩张与司法限缩：刑法谦抑性的展开 [J]. 中国法学，2020（1）：169.

国学界通说认为,"严重社会危害性是犯罪的本质特征"[1]。因此,当行为缺乏社会危害性时便不构成犯罪,而具备社会相当性的行为自然没有社会危害性。在"行为具有社会相当性"和"行为欠缺社会危害性"之间天然的具有契合性。[2] 当然,也有学者对此质疑,认为社会危害性的判断包括了主客观所有要素,而社会相当性只限于客观要素,甚至只限于行为无价值的判断;同时还指出,欠缺社会相当性的行为未必具有社会危害性,并以"迷信犯"为例。[3] 本书认为,上述学者的质疑是没有道理的。其一,那种认为社会危害性的判断包含了主观要素的观点略显陈旧,将主观要素作为社会危害性的判断基础,既违背客观主义刑法观,也导致了刑法理论中不法与责任的混乱。[4] 因此,当下只要是坚持社会危害性理论还有存在必要的学者,都不会将主观要素作为判断要素之一。当然,即便仍然坚持认为,社会危害性的判断包括主客观要素,也并不与社会相当性矛盾,因为具备社会相当性的行为必然缺乏客观违法要素,这就足以使该行为不具有社会危害性。其二,建立在犯罪的本质是严重的社会危害性前提下,社会相当性与社会危害性的逻辑命题是"行为具有社会相当性→行为欠缺社会危害性",因此其成立的逆否命题是"行为具有社会危害性→行为欠缺社会相当性",是一种充分必要的判断;而质疑者的结论却是,欠缺社会相当性的行为最终是否具有社会危害性不得而知,这不仅在逻辑上难以说通,结论也是不正确的。其三,以"迷信犯"为例质疑社会相当性对犯罪本质——(严重的)社会危害性的理解,欠缺足够的说服力。众所周知,不论是在德国或是我国台湾地区,"迷信犯"都称不上实现犯罪构成要件的决意,只能说是一种行为人个人的欲望,本质上不成立犯罪、不处罚。[5] 由此可见,尽管"迷信犯"确实不具有社会相当性,也没有社会危害性,

---

[1] 马克昌. 犯罪通论 [M]. 武汉:武汉大学出版社,2016:19.
[2] 于改之. 社会相当性理论的体系地位及其在我国的适用 [J]. 比较法研究,2007(5):32-33.
[3] 陈璇. 社会相当性理论的源流、概念和基础 [J]. 刑事法评论,2010(2):296.
[4] 黎宏. 判断行为的社会危害性时不应考虑主观要素 [J]. 法商研究,2006(1):99.
[5] 林钰雄. 新刑法总则 [M]. 北京:中国人民大学出版社,2009:290.

但由于它难以进入犯罪的评价,更勿论可以回应犯罪本质的问题。

其次,社会相当性说的体系地位更加契合我国犯罪论体系的构造,以至于执行命令的行为,甚至其上位概念"法令行为"都更能在犯罪成立理论中准确定位。在阶层犯罪论体系下,社会相当性说的定位存在很大争议,有的学者主张"构成要件该当性阻却说",有的则主张"违法阻却说"①,即便是同一学者的观点,也出现前后摇摆。例如,韦尔策尔教授在其早期的教科书中支持"构成要件该当性阻却说"②,此后转而支持"违法阻却说"③。笔者认为,之所以产生这样的争议,主要是由于在阶层犯罪论体系下通常遵循"从客观要件(违法要件)到主观要件(责任要件)的判断次序"④,使违法性的判断具有独立地位,而是否在构成要件该当性层面坚持对违法性的实质判断,就在观点上产生了分歧。但是,在我国"平面耦合式"犯罪论体系下,不存在独立的违法性判断,自然不可能对犯罪构成要件的解释出现学说上的争议。同时,要使犯罪成立则必须兼顾四个要件的有机统一。因此,犯罪成立本身,就是决定行为社会危害性及其程度的一个实质标准,也即实质违法性的判断。⑤ 而执行命令的行为正是欠缺这种实质的违法性,也称欠缺社会危害性,故而目前"法令行为"在我国犯罪论体系中居于排除犯罪性事由中,是在犯罪成立之外探讨的例外情形。

最后,社会相当性说是在坚持行为无价值论的基础上展开的,这与优越利益说(法益衡量说)建立在结果无价值论之上有本质的区别。由于结果无价值论过于重视"法益"的概念,而在法益衡量时又进行狭隘的价值

---

① 前者是德国刑法理论的通说,为 Jescheck、Roxin、Zipf、Schaffstein、Hirsch、Stratenwerth 以及 Dölling 等大多数学者所赞同,该说在日本得到福田平、藤木英雄等人支持;主张后者的德国学者主要有 Ulrich Klug、Eberhard Schmidhäuser,在日本则受到平野龙一、木村龟二、井上正治、前田雅英等人推崇。
② Welzel, Das Deutsche Strafrecht, 4. Aufl., 1954, S. 62.
③ Welzel, Dasneue Bild des Strafrechtssystems, 4. Aufl., 1961, S. 25.
④ 彭文华. 犯罪构成论体系的逻辑构造[J]. 法制与社会发展, 2014(4): 124.
⑤ 于改之. 社会相当性理论的体系地位及其在我国的适用[J]. 比较法研究, 2007(5): 32.

判断，导致没有合理地处理"应当对哪些利益进行衡量的问题"；与之相反，社会相当性说立足于行为无价值论，是一种价值的综合判断，不仅考虑被损害的法益的结果，也考虑损害法益的行为本身。目的说中重视手段型目的说，虽然也考虑了行为无价值的内容，但首先从形式上看，只是学界中的少数说，没有引起更多的关注；其次从本质内容上看，对"国家承认的目的"的内涵的理解恐怕比"社会相当的秩序"更难把握，因为后者至少从公民的普世观念上判断没有任何障碍。例如，在军人执行命令的场合，普通民众几乎难以准确知晓这些命令所包含的国家目的，但基本都能知晓这些命令是为了保卫国家安全、维护社会秩序。退一步讲，即便承认"社会相当的秩序"的内容具有不可避免的抽象性或模糊性，但只要具备实质性的要素，依然不妨碍其存在的合理性。例如，有学者表示，"社会相当性回应了刑法公众认同的要求"[①]。因此，以含义的模糊且不明确来指责社会相当性存在的合理性是没有道理的，更何况法学属于社会科学，它天然的不可能像自然科学那样得出唯一、准确的命题。

综上所述，社会相当性说相较于目的说或法益衡量说而言，其与执行命令行为的内在要求更具有直观的联系，并且从方法论角度考察，它在解释该行为不具有实质违法性的原因上更加符合我国刑法理论。因此，根据社会相当性说，执行命令的行为出罪的根据：依据上级命令做出的行为符合一定历史阶段所形成的社会伦理秩序，是具有社会相当性的行为，可不做犯罪处理。

### 三、本章论要

"法令行为"是一个具有浓厚历史积淀与民族传承的刑事法律概念，它发轫于先秦，盛兴于唐宋，对当代中国刑法制度的发展亦有重要影响。对"法令行为"内涵的界定，目前虽仍尚有纷争与歧义，但正所谓"学术的争鸣才能促使学术的繁荣"，本书试图在梳理当下各种著述、学说的基

---

① 周光权. 论刑法的公众认同 [J]. 中国法学, 2003 (1)：117.

  <<< 第一章 "法令行为"的概述：基本内容及其原理

础上，总结"法令行为"的内涵，即是指依据法律（包括法规）、公务员或军人内部的上级命令而实施的行为。就具体的"法令行为"种类来看，我们没有必要完全照搬德国、日本或俄罗斯等国家的规定，还是应本着"立足本国、借鉴先进"的理念，将其区分为依照法律的行为与执行命令的行为，并且进一步将前者分解为依实体法实施的行为和依程序法实施的行为，而执行命令的行为仅限于公务员执行命令和军人执行命令。不管是在国外还是中国，依照法令实施的行为都具有阻却犯罪成立的效果，但并将这种阻却犯罪成立的效果表述为"出罪"。当然这并非哗众取宠，而是更有现实意义，更符合国民对于法律的一般认知，更符合表达习惯，同时与域外通行的成文法规定也更加吻合。

  尽管"法令行为"的出罪效果已经为中外学界所广泛承认，但我们仍有进一步追问的意义：为什么《刑法》没有明文规定的事由可以成为否定被告人成立犯罪的依据？故而本章以法秩序统一性原理和实质违法性理论对"法令行为"的出罪根据做出阐释。这种"二分制"的论证路径，乃是基于"法令行为"不同类型而展开的。在法秩序统一性原理下，不同法域之间对违法性判断的关系如何，显然与依照法律的行为出罪的根据联系密切。严格的违法一元论与违法的相对论存有诸多不适与矛盾，故而不被笔者采纳。缓和的违法一元论在刑事违法性的判断上坚持"一般违法+可罚的违法性=刑事违法"的模式，确立了违法的"质"与"量"，并明确了"一般违法"与"可罚的违法性"的逻辑关系，从而使《刑法》在法秩序整体中的定位更加清晰，因而值得提倡。因此，根据缓和的违法一元论，依照法律的行为出罪的根据：行为人实施的某种行为虽然形式上该当犯罪构成要件，但由于该行为同时也符合民商事、行政等其他法律规定，故不宜作为犯罪处理。执行命令的行为的性质与依照法律的行为有着不同之处，因此难以采用法秩序统一性原理探究其出罪的理论根据，而更宜采纳实质违法性理论。其中目的说、优越利益说（法益衡量说）和社会相当性说都不乏赞同者，但笔者更倾向于社会相当性说。该说与前两种学说相比，其与执行命令行为的内在要求更具有直观的联系，并且从方法论角度考察，它在解释该行为不具有实质违法性的原因上更加符合我国刑法理论。因此，依据社会相当性说，执行命令的行为出罪的根据：依据上级命令做出的行为符合一定历史阶段所形成的社会伦理秩序，是具有社会相当性的行为，可不做犯罪处理。

# 第二章 "法令行为"的中外立法：系统梳理与分析

如前所述，值得刑法研究的"法令行为"在外观上与犯罪行为极其相似，但由于该行为或符合法秩序统一性原理，或不具有实质违法性，因此在理论上对其出罪效果的认可已经达成一致。尽管如此，"法令行为"在我国依然逃脱不了"超法规"的事实，故而在司法实践中，仍有被认定为犯罪的风险。因此，面对成文法上的欠缺，我们的刑事立法应作何等的回应，毕竟它对犯罪圈的合理划定起着至关重要的作用。[1] 与之相反，域外不少国家和地区在"法令行为"的规定上却显得尤为明确、具体，或许值得我们借鉴。

## 一、中国刑法中"法令行为"的立法例

总体而言，我国大陆地区刑法总则中没有将"法令行为"明文规定为犯罪阻却事由的一种，但在理论上早已默认其是不具有社会危害性，相反是形成社会法秩序所必需的[2]，也即具有出罪的效果。但是，在刑法分则中，有大量罪名的罪状出现了"违反国家规定"的表述，以及不少以"非法"为前缀的罪名，如果与之相对应的行为符合国家的法律规范，则不应当视为犯罪。故而有学者指出，我们可以间接地认为在刑法分则中承认了

---

[1] 陈伟. 刑事立法的政策导向与技术制衡 [J]. 中国法学，2013（3）：121.
[2] 高铭暄. 新编中国刑法学 [M]. 北京：中国人民大学出版社，1998：292.

"法令行为"的出罪。① 中国香港地区由于遵循英美法系国家的法律传统，因此不可能存在成文的刑法典，具体"法令行为"的规定只可能存在于刑事条例或司法判例中。中国台湾、澳门地区则在刑法中明文规定了"法令行为"的内容。

（一）大陆刑法中"法令行为"的梳理与分析

如前所述，大陆刑法中"法令行为"只是隐藏在刑法分则的规定中，以依照法律的行为为例，通常以罪状中的"违反国家规定"或者涉及"非法"的罪名为主。例如，《刑法》第286条破坏计算机信息系统罪中，就有"违反国家规定"的内容。换言之，如果行为得到了国家某部具体法律的允许，即便行为人实施的行为符合本罪的犯罪构成要件，依然可以不做犯罪处理。如依据《中华人民共和国反恐怖主义法》（以下称《反恐怖主义法》）的规定，电信业务经营者、互联网服务提供者应当对含有恐怖主义、极端主义内容的信息及时予以停止传输并删除，或关闭相关网站。在此过程中，行为人不可避免地删除或修改了计算机信息系统中存储、传输的数据，但由于该行为得到《反恐怖主义法》的允许，并不构成破坏计算机信息系统罪。另外，以"非法"为前缀的罪名也不在少数。例如，《刑法》第238条规定的非法拘禁罪，只有当行为人是非法拘禁或者以其他非法方法剥夺他人人身自由的，才构成本罪。换言之，如果行为人剥夺他人人身自由的行为得到其他法律的允许，则行为人并不构成犯罪，比如，根据《人民警察法》第8条的规定，对严重危害社会治安秩序或者威胁公共安全的人员可以依法拘留。

另外，执行命令的行为在刑法分则中规定极少，笔者梳理了整个分则罪名，唯独在《刑法》第403条做出了明示，该条指出："上级部门强令登记机关及其工作人员实施前款行为的，对其直接负责的主管人员，依照前款的规定处罚。"换言之，即便登记机关的工作人员进行了违法登记，但因其是在执行上级部门的强制性命令，故而仍然不构成犯罪，而应当由

---

① 王政勋. 正当行为论 [M]. 北京：法律出版社，2000：280.

做出该命令的直接主管人承担刑事责任。对于本条的规定，正如王政勋教授所说的那样，"该规定的普遍性意义在于，它实际上在刑法中确立了执行命令的行为不构成犯罪的原则"①。但实际上，由于本罪的主体仅限于国家机关工作人员，因此在非国有企业、事业单位中，因执行上级命令而得以出罪这种规定并不具有适用性。当然，笔者也并不否认本条规定的开创性意义。但是，由于《刑法》本身的内容并不具有行政管理的职能与属性，因此对执行命令而不为罪之规定始终显得匮乏。但《刑法》在这方面的缺失，也并未造成难以弥补的不利后果，因为《中华人民共和国公务员法》（以下称《公务员法》）在其第60条对执行命令的行为做出了一般意义上的出罪规定。② 可能引起争议的是军人执行命令的行为，是否存在出罪可能，尤其对该命令的性质很难做出违法与否的判断时。例如，根据《中华人民共和国现役军官法》（以下称《现役军官法》）第8条的规定，军人必须听从命令、服从指挥。那么，当上级军官的命令是错误的，甚至是违法的，那么下级军官是否必须执行，对于执行的后果，是可以参照《公务员法》的规定予以出罪，抑或是同上级构成共同犯罪？当然，如果下级军官不予执行该违法命令，是否可能构成刑法中军人违反职责类的犯罪？如果在作战时，是否还可能构成战时违抗命令罪？对于上述可能出现的争议，或许需要大量的笔墨予以梳理与分析，故在后文展开详述。

（二）香港地区刑法中"法令行为"的梳理与分析

香港刑法是指在香港地区作为处理犯罪和适用刑罚根据的成文法和普通法的总和。③ 但由于香港地区刑法承袭了英美法传统，同时在"一国两制"的背景下，并没有成文法典，而是以刑事判例和刑法条例的形式存

---

① 王政勋. 正当行为论 [M]. 北京：法律出版社，2000：280.
② 《公务员法》第60条："公务员执行公务时，认为上级的决定或者命令有错误的，可以向上级提出改正或者撤销该决定或者命令的意见；上级不改变该决定或者命令，或者要求立即执行的，公务员应当执行该决定或者命令，执行的后果由上级负责。"
③ 李卫红. 香港刑法关于犯罪与刑罚的规定（上）[J]. 山东法学，1997（5）：97.

法令行为出罪论 >>>

在。例如，常见的有《刑事罪条例》《侵害人身罪条例》《杀人罪条例》《公安条例》《公共秩序条例》《偷盗罪条例》等。① 基于这样的现实，香港刑法中自然不可能直接规定"法令行为"，但是在某些具体的刑事条例中，还是能挖掘出依照法律或命令执行某种行为，可以不做犯罪论处的规定。例如，《侵害人身罪条例》中规定的谋杀罪要求恶意预谋地非法杀害他人，如果是合法杀人，则不构成犯罪。其中合法杀人分为三类：一是为防止犯罪或拘捕违法者时伤害人命；二是意外杀人，而杀人者当时所做出的举动是合法的；三是在普通法里，为保护自己或家人而杀人。② 笔者认为，合法杀人中的第一项规定就暗示着，依照法令实施杀人行为的不论罪规定，典型情形便是警察拘捕犯罪嫌疑人时致人伤亡。《侵害人身罪条例》中另外规定的殴打罪，要求客观上对被害人实施了非法暴力，"但如果经过被害人同意或者具备合法理由，则不属非法"③。其中，具备合法理由的体罚就蕴含着，依照法令殴打被害人不为罪之内容。如父母对子女的惩戒，老师对学生的教育，由于香港法例中并无禁止体罚之规定，因此父母、监护人、学校老师有权对儿童施以适度与合理的体罚，④ 在此限度内使用暴力殴打并不构成殴打罪。又如，《公安条例》《公共秩序条例》中规定的非法集会罪，客观上要求三人以上的非法集会行为包括应通知警方而未通知、遭受警方禁止仍举行、应领取许可证件而未领取等情形，但是另有款项规定，如果"这三个以上的人不听从命令采取的行动，是为了促使其他人听从命令，则这三个以上的人可不受非法集会罪的指控"⑤。可见，这是香港刑法中为数不多的关于执行命令行为不论罪的规定。再如，《偷盗罪条例》中规定了入屋犯法罪，客观上表现为擅自进入建筑物，意图窃取、毁坏其中的物件或伤害他人身体的行为，但如果被告人的入屋行为并非擅自，而是法律许可进入的，则不能构成本罪，典型情形便是警察基于

---

① 宣炳昭. 香港基本法与香港刑法和中国刑法 [J]. 法律科学，1994 (3)：45.
② 李宗锷. 香港日用法律大全（二）[M]. 北京：商务印书馆，1995：212-215.
③ 赵秉志，杨正根. 香港刑法论述（下篇）[J]. 南京大学法律评论，1996 (3)：114.
④ 李昌道. 香港法律实用全书 [M]. 上海：复旦大学出版社，1997：663.
⑤ 李昌道. 香港法律实用全书 [M]. 上海：复旦大学出版社，1997：675.

<<< 第二章 "法令行为"的中外立法：系统梳理与分析

逮捕犯罪嫌疑人的需要而进入或者得到合法的上级命令进屋搜查的行为。

事实上，香港刑法中基于具体刑事条例而对某些行为不论罪的规定并非少数，本书亦不可能逐一列举，上述四个例证可算是典型：既包含了依照其他法律的规定，也包括了执行上级的命令，最终使本该构成刑法中犯罪的行为予以"出罪化"。

（三）台湾地区刑法中"法令行为"的梳理与分析

"台湾"刑法于总则中明文规定了"法令行为"，即"依法令之行为，不罚"，它与正当防卫和紧急避险制度同成为法定的犯罪阻却事由。但是，由于条文中没有进一步明确依照的是哪些法律，执行的又是哪些命令，因此在"台湾刑法"学界对"法令行为"具体种类的认定存在分歧，目前大致形成二分说、三分说、四分说、五分说和六分说的立场。① 第一，公务员的职务行为。根据"台湾公务员服务法"之规定，公务员的第一义务便是执行职务，其中职务的内容，既可以由法律规定，也可以由其长官指示而定，并且对于该长官的命令应予服从。② 有学者举例道，"随车宪警为处理无票乘客，以便交站办理手续，如将其带至车房，亦为依法令之行为，而非妨碍自由"③。第二，亲权者的惩戒行为。根据"台湾民法"第1085条之规定，父母有权加以惩戒以教养未成年子女，但惩戒权必须在必要范围内行使，且与子女的痛苦相当；④ 此外第1112条第二款还规定了，父母、同居之祖父母或其他监护人有权将被监护人送入精神病院疗养或监禁于私宅之内，对于此等监护行为，不得以伤害罪、妨碍自由罪或非法拘禁罪等论处。第三，对现行犯的逮捕行为。根据"台湾刑事诉讼法"第88条之规定，对于现行犯，不问何人，都可以直接逮捕他。如遇抗拒逮捕或

---

① 本书第一章已经对"法令行为"理论上的分类做出介绍，本部分的重点，将是具体甄别哪种分类是合理的，对于每一种情形至少需要在成文法上找到依据。当然从每种学说所受到的支持来看，四分说是多数说。
② 陈安．台湾法律大全[M]．北京：中国大百科全书出版社，1998：950-951.
③ 陈朴生．刑法总论[M]．台北：正中书局，1969：79.
④ 陈安．台湾法律大全[M]．北京：中国大百科全书出版社，1998：214.

逃脱之情形,可以使用强制力,但不得逾越必要之程度。对于被逮捕之人,应立即押送至指定处所。① 可见,依该法之规定,履行逮捕之职责,亦不构成刑法上的犯罪。第四,自助行为。根据"台湾民法"第151条之规定,成立自助行为的前提是为了保护自己的合法权利,且在当时情境下来不及请求公力救济。对于因自助行为导致他人人身、财产权益遭受侵害的,不负赔偿责任。可见,依民法实施的自助行为,不构成侵犯人身或财产法益的犯罪。第五,依法实施人工流产行为。根据"台湾优生保健法"第9条之规定,如果怀孕妇女经诊断后有不适合分娩之情形,可以实施人工流产。由此可见,尽管人工流产行为在形式上符合刑法中有关堕胎犯罪的规定,但是由于得到法律的允许,不论是堕胎者本人,还是教唆或帮助实施堕胎者,均不构成犯罪。第六,警察依法使用警械的行为。警察在执行职务时,根据警械使用条例的规定,使用警棍、枪械而致使他人受伤或者死亡的,只要使用警械的行为是符合比例原则,可以认为构成台湾地区刑法第21条的"法令行为"②。

通过上文结合特定法律的规定,对"台湾刑法"学界关于"法令行为"具体种类的梳理,我们不难发现,上述种类的划分确实是于法有据的,但存在某些交叉,例如,所谓"警察依法使用警械的行为"可以视为公务员执行命令的一种特殊方式;也存在某些遗漏,例如,"台湾刑事诉讼法"不仅规定了逮捕现行犯的行为,同时也规定了其他强制措施,如拘提、通缉、搜索、扣押等,这些行为在形式可能也符合"台湾"刑法中有关侵犯人身法益或财产法益犯罪的规定,但是由于得到了刑事诉讼法的允许,可不做犯罪论处。因此,在分类时使用"对犯罪嫌疑人的强制措施"比"现行犯的逮捕"可能更加适合。当然,正如台湾学者林钰雄所言,"依法令行为而阻却违法之行为,种类繁多,无法一一列举"③。笔者对此深表赞同,但是也认为,以下几种"法令行为"也应当引起关注,而不得

---

① 陈安. 台湾法律大全 [M]. 北京:中国大百科全书出版社,1998:1172-1173.
② 林山田. 刑法通论(上册) [M]. 北京:北京大学出版社,2012:362-363.
③ 林钰雄. 新刑法总则 [M]. 北京:中国人民大学出版社,2009:208.

被忽视。

其一,"台湾国民大会"代表及"立法委员会"的言论与表决。根据台湾地区宪制性规定第32条和第73条,"国民大会"的代表或在会议时发表言论或行使表决,均不负责任。从某种程度上讲,台湾地区宪制性规定可能在该地区具有最高的法律效力,其规定的议会代表所享有的言论豁免权,在整体法秩序的规范内都无须负责,因此符合"法令行为"出罪的基本原理,应当被视为出罪情形之一。

其二,工人罢工行为。劳动权是公民的基本权利之一,罢工则是最为激烈的劳资纠纷情形,它可能对雇主的收入、劳动者的劳动条件以及社会稳定三方面产生影响。根据"台湾工会法"之规定,劳资间的争议,必须先经调解,而且还需全体公会成员过半数的同意,方得举行罢工,且在罢工时不得妨碍公共秩序安宁,以及不得危害他人生命财产、身体自由,否则将受刑法规定处断。① 由此可见,工人罢工行为虽然在外观上可能符合刑法中某些犯罪的客观表现,但是只要严格按照工会法的规定,就属于合法罢工,符合"法令行为"出罪的基本原理,也应当被视为出罪情形之一。

其三,依法获得许可或核准的行为。在台湾,附属刑法占据重要的地位,与大陆地区"依照""比照"等刑法立法模式截然相反,它是直接在其他法律中规定法定刑,并且涵盖了司法、国防、内政、财政、经济、交通、卫生、科技等各个领域。② 如果在上述各个领域中,行为人的行为是得到了许可或核准而实施的,那么便不可能触犯有关承担刑事责任的规定,具备"法令行为"的出罪效果。例如,"台湾水利法"第93条规定,行为人违反水利管理命令,擅自取水、用水或者排水者,构成刑事犯罪。换言之,如果行为人的行为依照水利法的规定得到有关许可,便不能称之"擅自",当然不构成犯罪。类似的规定还可见于其他自然资源法规、经济性法律法规中,不再一一赘述。

---

① 常征. 台湾现行法律概述 [M]. 西安:陕西人民出版社,1990:373.
② 于志刚. 简论台湾地区的附属刑法 [J]. 云南大学学报(法学版),2001(2):93.

总之，基于"台湾"刑法对"法令行为"的成文规定，那么任意一种根据其他法律规定或上级命令做出的行为，都应当引起理论界与实务界的重视与反思，尽可能地做到不偏不漏。与此同时，我们也应当注重其对大陆地区刑法理论与实务研究的借鉴意义，从而体现比较法研究上的价值。

（四）澳门地区刑法中"法令行为"的梳理与分析

一般认为，《澳门刑法典》效仿《葡萄牙刑法典》之规定，将执行正当命令列入法定的阻却违法事由，① 并分别规定在第 30 条第二款 c 项，第 35 条第一款和第 36 条。② 应当说，《澳门刑法典》对命令行为的规定是极为详细的，并且同样将其规定在刑法总则中，这样便可以对刑法分则罪名产生制约和指引作用，在每一种犯罪的判断上，必须考虑行为人是否最终构成犯罪，可以产生类似于大陆刑法中的正当防卫与紧急避险制度的效果。

当然，《澳门刑法典》也仅仅规定了执行命令的行为，而忽视了依照法律的行为，这与本书所指的"法令行为"还是不完全相同的。那么，在澳门地区，依照其他法律实施的行为是否具备出罪的效果，也确实是一个值得探讨的问题。从其刑法所规定的罪名上看，也存在不少以行为的"非法"性为前提的犯罪。例如，非法入境罪，以行为"非经官方移民，或没有法律规定的证件入境"为构成要件的内容，换言之，如果行为人的入境行为得到官方许可或者根据相关法律办理了入境证件，则不构成犯罪。总之，《澳门刑法典》虽然在总则中未规定依照法律的行为，但是从其分则的罪名中还是能窥探一二，在这一点上，与我们大陆地区的刑法规定颇为相似。

---

① 赵国强．澳门刑法概说（犯罪通论）［M］．北京：社会科学文献出版社，2012：254．
② 这三个条文的内容分别是"履行法律规定之义务或遵从当局之正当命令，非属不法""在遵从当局之正当命令时出现冲突情况，而遵从之命令之价值相等或高于被牺牲而不遵从者，所作之事实非属不法""公务员遵从一命令而不知该命令导致实施犯罪，且在其知悉之情节范围内，该命令导致实施犯罪并不明显者，其行为无罪过"。

## 二、外国刑法中"法令行为"的立法例

本部分以法系的划分为依据,对外国刑法有关"法令行为"的规定做更为细致的考察。总体而言,大多数大陆法系国家均在刑法典中规定了"法令行为";而英美法系国家基于其判例法的传统,"法令行为"作为诉讼中的合法辩护理由。

### (一)大陆法系国家刑法中"法令行为"的梳理与分析

《德国刑法典》第36条规定:"联邦议会或者州立法机关的成员,任何时候都不允许因为在其团体或者在其委员会之一中所做出的表决或者表达而在团体之外被追究责任。"第37条规定:"忠实于会议的真实报道,同样不承担责任。"① 由此可见,德国刑法虽然没有直接规定"法令行为"的内容,但是我们认为,议会成员言论、表达的刑事豁免权,是符合《德意志联邦共和国基本法》规定的,② 因此从本质上看,刑法所规定的内容就是对"法令行为"的具体化。另外,也有学者表示,《德国刑法典》324条之后的针对环境的犯罪行为,体现了官方的批准或核准对此类犯罪的出罪效果,因为上述犯罪具有行政附属性。③ 笔者认为,经过官方的批准或核准而做出的行为,要么是符合其他法律规定的,要么是符合上级命令的,本质上也是"法令行为"的具体情形之一。

《俄罗斯联邦刑法典》规定了六种排除行为有罪性质的情形,其中符合"法令行为"的有两种,分别是第38条"拘捕犯罪人时造成损害"和第42条"执行命令或指令"。前者之所以有如此规定,乃是其本质上符合《苏俄刑事诉讼法》第122条有关拘捕犯罪嫌疑人合法化之规定。④ 对于后

---

① 德国刑法典 [M]. 冯军,译. 北京:中国政法大学出版社,2000:15.
② 《德意志联邦共和国基本法》第46条:"议员不得因其在联邦议会投票或发言,对之采取法律或惩戒行为,亦不对联邦议会以外负责。"
③ [德]克劳斯·罗克辛. 德国刑法学:总论(第一卷)[M]. 王世洲,译. 北京:法律出版社,1997:526.
④ [俄]Н·Ф·库兹涅佐娃,И·М·佳日科娃. 俄罗斯刑法教程:总论 [M]. 黄道秀,译. 北京:中国法制出版社,2002:457-459.

者，指令或命令的强制力通常由其他法律规定，并且因对象不同而有所区别。例如，对军人而言，命令的强制性由《俄罗斯联邦兵役法》规定；对公务员而言，对其能产生强制性的命令却由《俄罗斯联邦国家公务基本原则》规定。《俄罗斯联邦刑法典》第42条第二款进一步规定，如果执行者明知命令或指令违法而仍然执行的，则应承担刑事责任；若不执行，则不需要承担刑事责任。

法国早在1810年颁布的刑法典，即《拿破仑刑法典》就有关于"法令行为"的规定，不过彼时的规定只存在于刑法分则的具体罪名中。例如，该法第三卷第327条规定："依法律及长官命令而杀人、伤害或损害之行为不为罪。"① 现行法国刑法第122-4条对《拿破仑刑法典》做了新的修订，"法令行为"被提升到总则性的规定，对分则各项罪名都有制约和指引作用；并且同时包含了依照法律的行为和执行命令的行为两个方面，可谓是大陆法系刑法中规定较为全面的国家之一。

意大利一直沿用1930年颁布的刑法典，并在2006年修订。根据2006年最新修订的《意大利刑法典》之内容，该法第51条规定："行使权利或履行由法律规范或公权力机关的合法命令赋予的义务，排除可罚性。如果构成犯罪的行为是根据主管机关的命令实施的，由发布该命令的公务员承担罪责，除非执行该命令的下属不存在事实认识错误。当法律不允许对上级命令的合法性审查时，执行非法命令亦不处罚。"② 笔者认为，现行《意大利刑法典》在总则中对"法令行为"予以明确，体现其对"法令行为"之重视，甚至尤胜于正当防卫、紧急避险制度，这从法条规定之顺序便有所反映。同时，还对认识错误、非法命令等特殊情形予以规定，也体现了立法技术的精准、细致与全面。

在欧洲的其他国家中，还有不少在刑法典中规定"法令行为"的，它

---

① 许鹏飞. 比较刑法纲要 [M]. 北京：商务印书馆，2014：108.
② 意大利刑法典 [M]. 黄风，译. 北京：北京大学出版社，2007：23.

>>> 第二章 "法令行为"的中外立法：系统梳理与分析

们分别是瑞士刑法第32条①，丹麦刑法第13条第三款②，瑞典刑法"犯罪编"第24章第八条③，等等。

在亚洲，许多国家也在刑法中规定了"法令行为"。例如，《日本刑法典》第35条规定："根据法令以及正当业务而实施的行为，不处罚。"④该规定中的"法令"就是指刑法之外的其他法律。在日本学理上，通常承认依照《刑事诉讼法》《民法》《学校教育法》《优生保护法》等法律来实现行为不处罚的效果。⑤《韩国刑法》第20条规定："依照法令的行为，……不违背社会常规的行为不处罚。"⑥《菲律宾刑法》第11条规定了正当化事由的情形，其中第五项和第六项规定："履行义务的行为或者合法行使权利的行为；执行上级基于某一合法目的而发布的命令的行为。"⑦另外，在《泰国刑法》第70条⑧、《蒙古国刑法》第44条第一款⑨、《土耳其刑法》第24条⑩均有类似规定。

在非洲和拉丁美洲等地，也有不少国家规定了"法令行为"的内容。《尼日利亚刑法》第31条规定："行为人对下列情形中的作为或不作为不负刑事责任：（1）执行法律；（2）服从根据法律应当服从的主管当局的命

---

① 具体规定："法律或职务义务或职业义务要求之行为，或者法律许可之行为或申明不处罚之行为，不构成重罪或轻罪。"
② 具体规定："以合法方式采取必要行为执行法律命令、执行合法逮捕、防止囚犯或者犯罪人从监所脱逃之行为，可参照正当防卫之规定，不受处罚。"
③ 具体规定："依照行为人应当服从之人的命令实施犯罪行为，如果考虑服从的正当性、行为的性质以及总体情况，行为人有义务遵守命令的，不处罚。"
④ 日本刑法典 [M].张明楷，译.北京：法律出版社，2006：19.
⑤ 王政勋.正当行为论 [M].北京：法律出版社，2000：283.
⑥ [韩] 李在祥.韩国刑法总论 [M].[韩] 韩相敦，译.北京：中国人民大学出版社，2005：244.
⑦ 菲律宾刑法典 [M].陈志军，译.北京：中国人民公安大学出版社，2007：5.
⑧ 具体规定："依公务员命令的行为，不予处罚。即使其命令违法，如果有服从的职责或者善意认为有服从的职责的，也不处罚，但是明知其违法的除外。"
⑨ 具体规定："在执行法令和裁判的过程中损害本法典保护的权益的行为，不构成犯罪。做出非法法令和裁判的人应当对其因此所造成的危害负刑事责任。"
⑩ 具体规定："1.执行法律规定的行为，不承担刑事责任。2.有义务而执行有权主体发布的命令的行为，也不对其行为承担刑事责任。"

65

令，除非该命令明显非法。"①《喀麦隆刑法》第76条规定："按照法律实施的作为和不作为，根据有权机关授权实施的行为以及按照法律实施的行为为合法行为。"②《智利刑法》第10条规定了阻却刑事责任的情形，其中第十项规定："在履行义务或者合法行使权利、权力、职业、职务中之行为。"③《古巴刑法》第25条规定："履行义务、合法行使权利、履行职业、履行职务、履行职责或者执行上级命令的行为所造成的损害，不承担刑事责任。"④《哥伦比亚刑法》第32条规定的不承担刑事责任的情形之一便是"履行有权机关依据法定程序发布的合法命令的行为"⑤。

（二）英美法系国家刑法中"法令行为"的梳理与分析

英美法系基于判例法的传统，大多数国家没有成文的刑法典，因此依照法令的行为自然鲜有规定在法律条文中。在英国，理论与实务界普遍认为依法实施的行为是抗辩事由的一种。以杀人罪为例，一般情况下应当构成犯罪，但如果是为了制止犯罪或者逮捕犯罪人而使用了武力，并给他人带来了严重的身体损伤甚至死亡的危险，即使是杀人也可能是正当的。⑥比如，警察依据《1964年警察法》《1977年刑事法》之规定，以调查犯罪为目的而进入私人房屋的，并不是非法侵入或非法搜查行为。对于上级命令能否成为一种辩护理由存在以下两种不同的主张："否定论"的观点认为，在执行上级的命令时，对于被告人而言，不论是军事或是民事的，都不能成为辩护理由；"肯定论"则主张，下级军官可以完全地设想他们的上级军官有正当理由下达命令，如果他们不知道命令违法，且命令本身的

---

① 尼日利亚刑法[M]．张旭辉，译．北京：北京大学出版社，2007：34．
② 喀麦隆刑法典[M]．于志刚，赵书鸿，译．北京：中国方正出版社，2007：85．
③ 智利刑法典[M]．陈志军，译．北京：中国政法大学出版社，2015：7．
④ 古巴刑法典[M]．陈志军，译．北京：中国人民公安大学出版社，2010：17．
⑤ 哥伦比亚刑法典[M]．陈志军，译．北京：中国政法大学出版社，2015：11．
⑥ [英]J.C.史密斯，B.霍根著．英国刑法[M]．马清升等，译．北京：法律出版社，2000：290-291．

违法性不明显，他可以此为辩护理由。①

美国刑法对于"法令行为"的规定基本上遵循着英国刑法的态度。例如，对于警察实施逮捕行为而使用暴力的，造成被逮捕者损伤的，一般否认犯罪的成立，当然前提是暴力的程度在合理限度内。② 比如，堕胎行为在美国刑法上被视为犯罪，但法律规定了三种合法堕胎行为：因被强奸而怀孕，不堕胎会危及孕妇健康和胎儿可能严重缺陷。换言之，合法堕胎不视为犯罪。③ 但由于《美国模范刑法典》的存在，"法令行为"在某种程度上又与英国刑法有所不同，因为毕竟有成文法的依据。该法第2.10条规定："行为人实施被指控构成犯罪的行为，如果只是执行武装部队中上级的命令，并且行为人不知道该命令违法时，军事命令可作为积极抗辩。"另外，该法第3.03条还规定了五种依照其他法律、判决或命令、程序上的许可而执行公务行为的抗辩理由。

同样属于英美法系的以下国家，但在各自刑法条文中规定了"法令行为"。《新加坡刑法》第76条至第79条，连续四条内容都呈现有关"法令行为"的内容，④ 是目前英美法系中对于"法令行为"规定最为全面的。此外，《澳大利亚刑法》第十节第五条⑤和《新西兰刑法》第64条⑥也有类似的、较为简洁的规定。

### 三、域外"法令行为"规定之比较与启示

通过上文对两大法系20多个国家和地区刑法规定的梳理与分析，我们不难发现，大陆法系的国家和地区基本上对"法令行为"做出明文规定，

---

① [英] J.C. 史密斯, B. 霍根著. 英国刑法 [M]. 马清升等, 译. 北京：法律出版社, 2000：301-302.
② [美] 约书亚·德雷斯勒. 美国刑法精解 [M]. 王秀梅等, 译. 北京：北京大学出版社, 2009：249-256.
③ 储槐植. 美国刑法 [M]. 北京：北京大学出版社, 1996：172、214-217.
④ 新加坡刑法 [M]. 刘涛, 柯良栋, 译. 北京：北京大学出版社, 2006：13.
⑤ 具体规定："如果构成犯罪的行为是法律所允许的或者宽恕的，则行为人对于该犯罪不负刑事责任。"
⑥ 具体规定："依据国家制定或实施的法令实施行为时，不承担刑事责任。"

并且出现在刑法总则的规定中,相当于正当防卫与紧急避险在刑法中的地位;英美法系的国家和地区秉持判例法的传统,一般不对"法令行为"作成文法的规定,当然也有少数国家借鉴了大陆法系立法的特点,比如,新加坡和澳大利亚。两大法系中各个国家和地区关于"法令行为"的共性不言自明,但是也存在不少差异。

(一)大陆法系国家和地区"法令行为"的总体差异和聚焦重点

1. 总体差异

从大陆法系国家和地区所规定"法令行为"的总体差异上看,主要就是对"法令行为"本质的认定存在分歧。一部分国家将"法令行为"规定为不承担刑事责任的情形,具体包括俄罗斯、瑞典、瑞士、斯洛伐克、保加利亚、土耳其、蒙古以及拉丁美洲的四个国家;另一部分国家将"法令行为"规定为正当化事由,① 具体包括德国、法国、日本、意大利、葡萄牙、丹麦、菲律宾、泰国,以及中国的台湾和澳门地区。那么,"法令行为"的本质到底为何?毕竟两者还是有所差别的:不负刑事责任意味着不需要承担犯罪责任,但是否需要承担其他违法责任,还犹未可知;正当化的行为意味着在统一的法秩序内,该行为就是合法的,不仅不需要承担犯罪后果,亦不需要负违法责任。本书认为,之所以出现这样的分歧,可能与各国之间的法律传统或社会制度有关。例如,我国台湾和澳门地区,各自学习了日本和葡萄牙刑法理论,因此在刑法典的制定上自然也受其影响,而日本刑法又源自德国,与此同时,德国与法国又深受罗马法的影响,而意大利现今所处的地理位置恰好又是公元5至6世纪的罗马帝国的疆域。上述一连串的法律传承表明,这些国家均将"法令行为"的本质视为正当化事由则并非巧合,实属必然。比如,上述将"法令行为"的本质视为不负刑事责任的国家,有相当一部分国家具有社会主义制度的性质,

---

① 尽管日本、意大利和我国台湾地区在法条上表述为"不处罚",似乎符合"不负刑事责任"的情形,但是在日本、意大利和我国"台湾刑法"理论界,无一例外地视"法令行为"为正当化事由。

而俄罗斯作为苏联的唯一继承国，其刑法规定更是保留着苏联社会主义制度的浓厚气息，不可避免地成为各个小国家效仿、学习的对象，因此在法律制定上达成某种"共识"也并非难以想象的事情。

2. 聚焦重点

从大陆法系国家和地区所规定"法令行为"的聚焦重点上看，有的国家同时重视依照法律的行为与执行命令的行为，如日本、法国以及我国台湾地区；有的国家较为重视依照法律的行为，如德国；有的国家较为重视执行命令的行为，如俄罗斯、泰国和我国澳门地区。当然，如果从"法令行为"的内涵上看，自然应兼具二者，忽视任意一种情形都是对"法令行为"全貌的曲解或疏漏。对规定依照法律的行为的刑法条文进行分析，笔者发现以下两点问题：第一，主要集中在宪法上的代表言论、表决刑事豁免，以及刑事诉讼法上的逮捕等强制措施，涉及民法、行政法、经济法的情形还比较少见；第二，对于依照法律实施行为的限度条件不加约束，例如，《德国刑法典》规定了议会代表的言论、表决刑事豁免，但是没有进一步规定发表言论的程度。对规定执行命令的行为的刑法条文进行分析，笔者发现部分国家的规定值得学习，以《葡萄牙刑法典》为例：第一，规定了执行命令的前提条件，也即下级公务员对其上级具有服从义务，这也体现了公权力机关上下级的行政属性；第二，规定了执行命令的正当性条件，也即下级所执行的命令应当是合法正当的，如果下级执行的命令是违法甚至犯罪的，一般应由发布命令的上级承担罪责，当然如果下级明知命令违法而执行的，则一同受罚；第三，规定了执行命令的限度条件，也即遵守命令是为了追求更高的价值，或者至少是同等价值，这种规定与紧急避险制度极其相似，也进一步证明了执行命令的行为在刑法中的地位。当然，对于涉及公务员或军人上下级之间的命令，笔者将会在本书第五章重点阐述。

（二）英美法系国家和地区"法令行为"的总体差异和聚焦重点

1. 总体差异

英美法系自然以英国和美国为首，由于两国均是不成文法的传统，因此不可能在刑法典中规定"法令行为",从两国的诉讼程序上看,某些具体的"法令行为"可成为合法的辩护理由。我国香港地区早年作为英国的殖民地,自然深受英美法传统的熏陶,即便在1997年回归祖国后,由于"一国两制"的国家政策,香港地区依然保留了1997年之前的法律传统,因此与英国并无太大差异。同时,在将具体的"法令行为"作为辩护理由上,大都是把刑事条例作为依据的,故确切地讲,是把其他法律的规定作为不负刑事责任的抗辩。除此之外,部分英美法系国家也深受大陆法传统的影响,不仅制定了成文的刑事法典,同时在法典中规定了"法令行为",亚洲的新加坡和以澳大利亚为首的大洋洲诸国,就是这方面的典型,这也成了英美法系国家在"法令行为"规定中的最大差异。实际上,英美法系国家之所以仿照大陆法传统制定成文的法典,并非偶然,而是认为成文法典也有其独特的优势,试图将法典与判例结合,达到更好的法治效果。例如,美国过去一直致力于制定统一的刑事法典,尽管尚未成功,但是《美国模范刑法典》在全美范围内已极具影响力,美国各州也效仿该法典制定各自的州法典。笔者认为,在英美法系内部,各国之间有无制定刑事法典,并在法典中规定"法令行为"的差异会逐渐变小,最终很可能与大陆法系一样,走向趋同。当然,即便英美法系国家制定了刑法典,也并不否认其仍属英美法国家。

2. 聚焦重点

不过,就目前各国和地区聚焦"法令行为"的重点上看,亦有很大的不同。以英国、美国和我国香港地区为例,能作为诉讼中合法辩护理由的,通常是依照法律的行为,即根据其他法律实施的行为,最为典型的就是逮捕犯罪人使用暴力或武器的行为,只要在合理限度内,均可以作为不负刑事责任的辩护理由。至于执行命令的行为能否作为辩护理由,在美国与英国的判例中,并未形成统一的意见,支持与否定的观点都具有其合理性。以大洋洲诸国为例,尽管这些国家通过刑事法典明文规定"法令行为",但是从内容上看,亦有不少与英国和美国相似之处。例如,《澳大利亚刑法》第十节第五条规定了依照法律的行为不负刑事责任的情形;新西兰和库克群岛刑法虽然没有明示依照法律的行为,但是规定了大量有关"逮捕""合理使用暴力"的条文,并且上述内容均规定在"免责事由"之下。当然,在这些国家的刑法中也有明确规定执行命令的行为,例如,《新西兰刑法》第64条的规定:"依据国家制定或实施的命令实施行为的,不承担刑事责任。"

笔者重点分析《新加坡刑法典》,因为它是规定"法令行为"最为详细的一部法律。该法有关"法令行为"的规定共有四个条文,甚至比所有大陆法系国家的规定都更为细致:第76条规定了任何人依照法律实施行为不处罚的情形,并且还规定了因事实认识错误导致错误执行法律规定的行为也不为罪;第77条和第78条在前条的基础上,具体化到法官个人,只要法官在裁判过程中,依法律或者命令实施某行为的,均不构成犯罪;第79条规定了只要主观上行为人善意地认为自己是在实施法律允许的行为,不管客观情况如何,均不构成犯罪。首先,《新加坡刑法典》规定的依照法律实施的行为而产生"事实认识错误"与意大利、葡萄牙等大陆法系国家的规定一脉相承,该错误的发生对行为人而言具备阻却其行为违法的作用,进而切实起到阻却犯罪成立的效果。其次,该法典在一般主体之外又重点突出法官实施"法令行为"的规定,这一规定既可以让法官在裁判过程中毫无顾忌地履行司法裁判权,又为他们提供了一条有效的免责机制。最后,该法典在处理行为人发生法律认识错误的情形时,也遵循主观善意的标准,最大限度地放宽行为人出罪的条件。综合上述规定,也进一步表明了,新加坡虽然实行英美法系的传统,但是法典的全面性、精确性已经不容小觑,侧面反映了英美法系国家在立法技术上的先进性,甚至令不少法典化国家都叹为观止。

(三) 域外"法令行为"的规定对我国立法的启示

通过上文对两大法系立法规定的比较不难发现,各个国家和地区由于社会制度、法律传统等各方面的差异,对于处理"法令行为"这一问题的侧重点存在明显差异。例如,对于"法令行为"的本质表述为不构成犯罪还是不负刑事责任还略有争议；对于"法令行为"的内容到底应当重视依照法律还是执行命令，不同国家和地区的做法也不尽相同。此外，不同国家在对"法令行为"规定的详略程度上也各有特点。有的国家简单明了，如日本、法国；有的国家纷繁复杂，如新加坡、斯洛伐克。但总体而言，这些国家及地区对"法令行为"的立场是坚定的，成文法上的明文规定，抑或是不成文法中的判例支持，都使其在各自的司法实践顺利实行。

与此形成鲜明对比的是，我国刑法对"排除犯罪性情形"只规定了正当防卫和紧急避险，除此之外的其他事由或情形，如被害人同意、义务冲突、违法性认识、期待可能性等只能在学理上承认其阻却犯罪成立的性质，或承认其具有出罪的效果。然而，刑法理论上的认可，不足以使某种事由成为司法实务中排除被告人构成犯罪的有力依据，在个案的裁判过程中，只能期待法官具备深厚的理论功底，并且心中充满了实质的正义，类似于"法官造法"的形式使被告人出罪。从长远来看，这种法律规定的缺乏势必产生司法乱象，同案异判、异案同判都有可能产生。例如，现实生活中较有争议的情形之一是，警察基于防卫的需要，依法使用枪械，造成被害人重伤、死亡的行为应当如何定性。这在大陆法系国家，通常就以"法令行为"的明文规定视其为正当化行为，或至少不应当作为犯罪处理；在英美法系国家，通常作为合法的抗辩事由，依照先例，免除被告人的刑事责任。但是，在中国大陆，由于没有刑法典的明文规定，也不承认判例制度，因此在该行为性质的认定上存在分歧。有的学者认为这种行为属于正当防卫，符合正当防卫的成立条件[1]，并且认为这是一种特殊形式的正当防卫[2]；有的学者则认为在现行《刑法》规定之下，将警察防卫视为正当防卫存在疑问，并将此视为"法令行为"[3]。笔者认为，将上述行为视为正当防卫的做法，可能在出罪上是于法有据的，但从行为性质本身而

---

[1] 于改之，蒋太珂. 论警察防卫行为正当性的判断——以"庆安火车站警察枪击事件"为例的分析[J]. 法律科学，2016（1）：198.
[2] 陈兴良. 正当防卫论[M]. 北京：中国人民大学出版社，2006：220.
[3] 张明楷. 刑法学（第五版）[M]. 北京：法律出版社，2016：232.

言，它与正当防卫还是有很多区别的；然而视其为"法令行为"，在行为性质的判断可能更加合理。但是，如何实现被告人的出罪却又是一个棘手的问题，毕竟我国现行《刑法》中并无"法令行为"的规定，要让法官在实践中采取"依理出罪"的机制恐怕并不容易。

从我国法律的发展史来看，不可谓不悠久、不繁荣，"法令行为"的规定早在先秦时期就有了萌芽，尤其是依照法律实施的行为不以犯罪论处的规定，经历了秦、汉、唐、宋等朝代上千年的发展，然而现行《刑法》却在"法令行为"的规定上不见踪影，着实与其他国家和地区有着不小的差距。尽管"法令行为"在整个刑法理论中占据的比重并不大，理论深度也不能同正当防卫、紧急避险相比，但基于其悠久的法律传承，立法上的视而不见总归说不过去。笔者之所以对诸多域外立法例赋予浓墨重彩，就是为了借助别国的经验来凸显"法令行为"的重要地位，希望带给我国立法者一些启示，从某种程度上讲，也是给历史一个交代。总之，"刑法要求提高立法技术，以使静态的刑法典更具形式理性"①。那么，我们应当如何在刑法典体系中确定其定位，并且准确规定"法令行为"的具体内容，就成为一个现实迫切的问题。

本书认为，从体系上讲，对"法令行为"的规定可放在《刑法》第21条紧急避险之后，因为"法令行为"的效果也是使被告人的行为出罪。当然，《刑法》第16条规定的不可抗力与意外事件也是被告人出罪的情形，将"法令行为"置于其后似乎也能说得通。但笔者认为，"法令行为"重在体现被告人做了什么，而不可抗力与意外事件重在体现被告人遇到什么，前者是积极作为的，后者是消极面对的，因此存在质的差别；同时，"法令行为"包含了行为人的主观意图和目的，而不可抗力与意外事件是一种纯客观的东西。与之相似，紧急避险也是包含行为人主观内容，从而积极地去做什么，尽管作为的内容可能是无奈的、被迫的，但绝不是消极地面对纯客观的东西，并且两者都得到刑法理论的肯定，在这一点上具有

---

① 刘艳红. 网络犯罪的刑法解释空间向度研究［J］. 中国法学，2019（6）：216.

更大的相似性。另外，做这样总则性的规定，理由有三：第一，从全球范围的刑法规定来看，无一例外地将"法令行为"规定在刑法总则中，"随波逐流"的做法并非都是错误的，因为至少有先例可循，而非毫无根据的臆造；第二，"法令行为"的效果是出罪，这与我国《刑法》第二章"犯罪"的规定是较为契合的，因为它规定的是不以犯罪论处的情形；第三，将其规定在总则中，能对分则的各个罪名起到制约与指引的作用，正如笔者上文所述，《刑法》中存在许多涉及"违反规定"或者"非法"的罪名，如果得到了法律或者命令的允许，则均不构成犯罪。

从内容上讲，我们没有必要像新加坡、斯洛伐克那样规定的如此烦琐，因为新加坡本质上还是秉持英美法传统，以判例法为主，刑法典中的规定只是为了配合判例的做法，而判例本身也是复杂烦琐的；斯洛伐克与我国相比，法律制度更加落后，法治建设也不如我们，理应规定得更细致一些。但是，我们也不宜直接照搬日本或台湾地区做法，规定得过于简单。我们的宗旨是，"在动态中兼顾明确性与适应性之间的平衡"①。此外，在法条中表述"法令行为"的本质时，将其规定为"不负刑事责任情形"还是"正当化情形"？笔者认为，既然上文将"法令行为"的法律效果概括为出罪，那么便不宜采用"正当化情形"的表述，毕竟出罪与正当化并不能画等号，况且从《刑法》对正当防卫和紧急避险的规定来看，也更宜规定为"不负刑事责任情形"。故本书认为，"法令行为"可在《刑法》第22条并比照紧急避险做如下规定：依据其他法律或上级命令而实施的行为，造成损害结果的，不负刑事责任；所实施的行为明显超过必要限度造成不应有损害的，应当负刑事责任，但可以减轻或免除处罚。

### 四、本章论要

《刑法》对"法令行为"缺乏总则性的规定，但并不意味着我国刑法不承认它，相反，我们在理论上已经基本达成了"不为罪""不处罚"的

---

① 陈伟，蔡荣. 刑法立法的类型化表述及其提倡［J］. 法制与社会发展，2018（2）：115.

一致性结论。《刑法》分则中许多罪名被冠以"非法""违反……规定"等前缀,意在指明,如果某行为是基于合法的规定或上级的合法命令,就不构成本罪,这便侧面反映了"法令行为"的基本内涵。与之相对的,域外国家和地区的刑法对"法令行为"的规定则要详细得多,并且大多数国家和地区在总则条文中予以明确,典型的如日本、法国、意大利和我国台湾地区等。英美法系的国家虽然没有成文法的相关规定,但在诉讼中基本都将"法令行为"作为合法的辩护事由。我们认为,有必要将"法令行为"的内容规定在《刑法》中,这不仅是在借鉴域外法治发达国家和地区的先进经验,也符合中国几千年来刑律文化的历史传承。当然,如何在《刑法》体系中准确定位"法令行为"还有深究的空间,笔者主张将其规定在《刑法》第21条紧急避险之后,作为一种独立的出罪事由。至于在条文的表述上,我们认为不宜采纳新加坡、斯洛伐克那般用过于烦琐的表达,但也不宜照搬日本这种过于简单的做法,而是应当参照紧急避险的规定。具体可以做出如下规定:"依据其他法律或上级命令而实施的行为,造成损害结果的,不负刑事责任;所实施的行为明显超过必要限度造成不应有损害的,应当负刑事责任,但可以减轻或免除处罚。"

# 第三章　依照法律的行为：以实体法为分析对象

如上文所述，笔者将"法令行为"分为依照法律的行为和执行命令的行为两个方面进行研究，同时将前者进一步划分为依照实体法实施的行为和依照程序法实施的行为。本章立足实体性的法律规范，进而对依照不同实体法实施的行为展开研究。

**一、《宪法》及其相关法律中规定的人大代表"发言、表决行为"**

正如美国学者科恩（Cohen）曾说："民主社会是讲话的社会，我们把最能体现民主特性的机构称为议会，这个词的本义就是谈话、互相交谈的地方。议会的重大功能就是把问题谈透。"① 想要实现此目的，必须给予代表（议员）言论的特殊保障，使他们能畅所欲言并且无须担心由此带来的打击或迫害。我国作为社会主义民主国家，自不例外。《中华人民共和国宪法》（以下称《宪法》）第75条规定："全国人民代表大会代表在全国人民代表大会各种会议上的发言和表决，不受法律追究。"与此同时，《中华人民共和国全国人民代表大会组织法》（以下称《组织法》）第43条、《中华人民共和国地方各级人民代表大会和地方各级人民政府组织法》（以下称《地方组织法》）第34条以及《中华人民共和国全国人民代表大会和地方各级人民代表大会代表法》（以下称《代表法》）第31条对此做了

---

① [美]科恩.论民主[M].聂崇信、朱秀贤，译.北京：商务印书馆，1988：170.

更为细致的规定。目前学界,将"人大代表的发言、表决不受追究"的规定称为人大代表的"言论免责权"[1],根据相关法律的规定,这里的人大代表包括全国和地方各级人大代表及其常委会组成人员。

(一) 中外"言论免责权"制度略考

议员(中国称之为"代表")的"言论免责权"起源于"宪政之母"的英国。在14至16世纪王权至上的英国,议员们在国会上发表的言论或做出的表决,时常被认为触犯王权而遭受法院非法的控诉,这使得国会应有的职能严重萎缩。1629年,查理一世将John Eliot爵士和另外八名议员逮捕并作有罪判决,有历史学家认为,该起逮捕事件是导致英国内战和查理一世被处决的重要原因[2],不过该判决在新王即位时被废弃而未执行。为避免议员豁免权再受践踏,1688年光荣革命之后通过著名的"人权清单",并在第九条规定"议会内之演说、自由、辩论或议事之自由,不在议会以外之任何法院或任何地方,受到弹劾或询问"[3]。到了18世纪中叶,英国议员的"言论免责权"得以完全确立,并逐渐为西方国家所承认。据统计,约有85.2%的国家将"言论免责权"条款规定在宪法中。[4] 纵观各国宪法文本,"言论免责权"条款亦有诸多差异。有的国家既规定了"言论免责权",又对该权利的内容予以限制。例如,《日本国宪法》将言论免责的地点限定在会议内部,《葡萄牙共和国宪法》对免责的范围进行明确规定,《德意志联邦共和国基本法》规定了免责的例外情形。另有一些国家只是笼统地规定了议员的"言论免责权",如《法兰西共和国宪法》。

我国自清末立宪以来,"言论免责权"首次出现在《中华民国临时约法》中,根据该法第25条规定:"参议院议员于院内之言论及表决,对于

---

[1] 苗连营. 民意代表的言论免责权之研究 [J]. 法律科学,1999 (5):12.
[2] Robert J. Reinstein&Harvey A. Silverglate. The Legislative Privilege And The Separation Of Powers, Havard Law Review. Vol. 86, p. 1128.
[3] 张佛泉. 自由与权利:宪政的中国言说 [M]. 北京:清华大学出版社,2010:420.
[4] [荷] 亨利·范·马尔塞文. 成文宪法的比较研究 [M]. 陈云生,译. 北京:华夏出版社,1987:132.

院外不负责任。"中华人民共和国成立后，直到 1982 年《宪法》才规定"言论免责权"，可谓是我国宪法领域的一次"拨乱反正"。同年 12 月，《组织法》第 43 条将"言论免责权"的适用范围进一步扩大到了全国人大常委会。2015 年修订的《代表法》第 31 条规定："代表在人民代表大会各种会议上的发言和表决，不受法律追究。"同年 8 月修订并通过的《地方组织法》第 34 条将"言论免责权"的主体扩大到地方各级人大代表。至此，"言论免责权"在我国《宪法》及其相关法律中的规定可谓日趋完善。

（二）"发言、表决行为"出罪效果的涵摄范围

如前所述，"法令行为"具有出罪的效果，但是不同类型的"法令行为"在阻却具体犯罪的成立上也会有所不同，因此对其出罪效果所涵摄的范围应当加以甄别。申言之，人大代表的发言、表决可以避免构成哪些犯罪？

1. 煽动型犯罪

煽动型犯罪的特殊性在于，它常常与"言论自由"挂钩，而本章所指的人大代表的发言、表决当然具备了"言论自由"的特征，具体来说属于对"言论自由"主体的限定。因此，发言、表决不可避免地与煽动型犯罪产生联系。所谓"煽动犯"，是指鼓惑他人，使他人产生犯意并实施犯罪的人。[1] 通常情况下，煽动性言论是行为人出于故意的心态，通过自己言谈举止的方式来影响他人，以达到改变他人想法或者意图，并使其最终付诸行动；少数情形下也可能是出于过失的心态，即行为人本身并无煽动他人的意愿，但其言词论调引起或促进了他人实施犯罪的意图。煽动性言论的载体包括口头表达、书面文字，甚至还可以是视频图像。[2] 人大代表在发言的过程中，可能蓄意发表煽动性言论，也可能因情绪激动或失控而发表煽动性言论，当然其发言的方式可以口头表达，也可以形成书面文字，甚至还可以进行图像展示，因为法律对于发言的形式并无规定。但由于存

---

[1] 高铭暄，马克昌. 刑法学（第七版）[M]. 北京：北京大学出版社，2016：322.
[2] 陈兴良. 刑法各论精释 [M]. 北京：人民法院出版社，2015：145.

在《宪法》及其相关法律的规定，即便人大代表发言的内容涉及煽动分裂、颠覆国家，民族仇恨，实施恐怖活动等，其行为也不构成相应的犯罪。

2. 侵犯秘密类犯罪

所谓秘密，通常是指不为人知的东西，但对于秘密的所有者而言具有极高的价值，一般不愿让他人知晓。以商业秘密为例，知晓秘密的权利人与那些不知道该商业秘密的竞争对手相比，能获得更多经济利益的机会或者在经济竞争中具有更大的优势，知晓该商业秘密的范围仅限于因业务需要的特定人，且知悉者负有保密义务。人大代表从事的行业形形色色，其中不乏大商人、企业家，他们基于各自的职业而知晓某些商业秘密并不稀奇，一旦他们在会议中的发言触及某些商业秘密，也并非完全没有可能，尤其在如今瞬息万变的商业浪潮中，更不乏"跳槽""反水"的现象。但由于存在《宪法》及其相关法律对人大代表"言论免责权"的规定，便排除上述行为构成侵犯商业秘密罪的可能。除此之外，根据人大代表的言论所涉及秘密性质的不同，还可以区分为国家秘密和军事秘密。虽然从形式上看符合故意或过失泄露国家秘密罪、故意或过失泄露军事秘密罪的构成要件，但同样因为其发言、表决行为所具备的出罪效果使之免于刑事追究。

3. 侮辱、诽谤罪

一般认为，侮辱、诽谤罪保护的法益是公民的名誉，其中名誉又细分为三种：社会的名誉、内部的名誉和主观的名誉。① 作为侮辱罪保护的名誉，应当是社会的名誉，即社会上不特定多数人对特定主体的评价或判断。人大代表在各种会议的发言，例如，辱骂他人"脑子不好使"的行为完全有可能符合侮辱罪的构成要件，从而导致特定人的社会评价降低、社会形象毁损。诽谤罪与侮辱罪的最大区别是，通过捏造并散布他人虚假的事实来损害他人名誉。例如，人大代表在讨论有关婚姻方面的法案时，故

---

① 张明楷. 刑法学（第五版）[M]. 北京：法律出版社，2016：916.

意捏造其他代表的婚外情事实,并在会议上散布,这便符合了诽谤罪的构成要件。但由于存在"言论免责权"的规定,上述侮辱、诽谤行为最终都不会以犯罪论处。

(三)"发言、表决行为"出罪的条件

人大代表的发言、表决不受法律追究,这里的"不受法律追究"当然包括不承担刑事责任。但也正如上文所述,人大代表的发言、表决在形式上可能符合某些犯罪的构成要件,因此必须对实施该行为所具备的条件予以明确,否则动辄适用发言、表决的出罪效果,有可能使一部分"以假乱真"的行为逃脱法律的制裁。

1. 主体条件

根据相关法条的规定,发言、表决得以出罪的主体条件是"人大代表"。众所周知,我国人大代表的任职时间采取期限制而非终身制,这便产生两种意义上的人大代表,即现任人大代表和卸任人大代表。对于现任人大代表而言,其当然是"言论免责权"的主体,符合出罪的主体条件,但对于已经卸任人大代表职务之人,是否还享有出罪的资格,则不无争议。笔者认为,根据《宪法》及其相关法律的立法宗旨来看,设立人大代表"言论免责权"制度是为了更好展开民主讨论,充分征集民主意见。如果已经卸任人大代表,但对其过去会议中的发言、表决进行事后追责,不仅是对过去民主自由的否定,也是对当下民主自由的否定,因为"现任"的人大代表在几年之后也会成为"卸任"的人大代表,试问当他们看到眼前这一幕时,还能充分发言、民主进言吗?因此,对于已经卸任的人大代表仍然享有出罪的资格。当然,需要说明的是,这种资格是其担任人大代表期间所享有的"言论免责权",而不是针对其卸任之后的,况且在卸任之后也无发言、表决的机会。

目前,学界有主张将发言、表决出罪的主体范围扩大至立法助理等与立法行为密切相关的人。[1] 应当说,在多变、发展的社会中,立法事务日

---

[1] 喻少如,张运昊. 人大代表豁免权研究 [J]. 党政研究,2015 (2):82.

趋复杂,通过设置立法助理来协助完成一部分立法工作逐渐成为常态,这在我国有些地方已有尝试。例如,2002 年深圳市在我国首次实行立法助理制度;2003 年 12 月,西南政法大学博士生李寿廷成为重庆市首位立法助理。① 那么,立法助理是否可以成为享有发言、表决出罪效果的主体? 以西方经验来看,美国联邦最高法院在 1972 年 Gravel v. United States 案中认为,立法助理对立法工作能起到相当的助力,可以被视为议员的替身。虽然宪法规定议员才有"言论免责权",但本院不受宪法文义解释之限制,完全着眼于其功能的实现,将适用对象作扩大解释并不违宪。② 本书认为,不宜将发言、表决的出罪主体范围扩大至立法助理。首先,两类主体的性质存在不同,立法助理充其量是人大代表的替代者或协助者,其所享有的权利以及承担的义务都与后者存在巨大的差别;其次,根据立法助理所承担的职能,主要体现在某些法律的制定过程,使立法科学、立法优化,但并未赋予其列席会议发言、表决的职能;最后,根据笔者上文对于"法令行为"出罪的限制,虽不必遵循罪刑法定原则,但仍需坚持实质合理,既然《宪法》及其相关法律只规定了人大代表的"言论免责权",而立法助理和人大代表本身就属于两类不同主体,这种接近于类推的解释不具有实质合理性。

2. 时间条件

根据相关法条的规定,发言、表决的时间限于"各种会议上"。因此,各种会议闭会期间,如果人大代表的发言、表决构成犯罪的,当依法处置。应当说,这一理解是有道理的,因为我国的人大代表大多数都是兼职代表,除了参加会议之外,都有自己特定的工作,其所从事的工作未必与列席会议时讨论的事项有所关联。因此,有必要在闭会期间剥夺其"言论免责权"。但也有学者提出,由于我国各级人民代表大会的会期比较短,

---

① 田必耀. 2003 年人大主动回应公民民主诉求的四项制度 [R/OL]. 新浪网,2020-03-20.
② 陈伯礼,郑凌. 议员免责制度研究——兼论我国人大相关制度的完善 [J]. 江苏社会科学,2005 (6):131.

在相对简短的时间内难以充分地发表其对某一问题的看法,"相比于会上发言,以其他方式执行代表职务的行为反而更多"①。简言之,人大代表在执行职务过程中的任何行为,均不被视为犯罪,也不用追究刑事责任。上述学者之所以提出这样异议,乃是借鉴了西方国家在宪法中规定的"在院内"制度,②并且通常对"院内"做扩大解释——不限定时间,而以职务行为的相关性为判断标准。

笔者对该问题的看法:不宜机械地将时间限定在"各种会议上",但也不宜过分扩大到行使任何与职务相关的活动中。其一,从现实情况看,人大代表执行职务的时间远超过列席各项会议发言、表决的时间,而根据《代表法》第6条规定,人大代表列席会议发表言论的行为又可以被包括在执行职务中。因此,将"言论免责权"扩大解释到执行职务中,并没有太大的问题,况且这也是一种有利于被告人的解释,也即起到扩大出罪范围的效果。另外,如果对于人大代表在执行职务中的发言、表决不予以保护,那么同样无法使他们知无不言、言无不尽,不能从根本上贯彻民主。其二,也不宜将执行职务的范围过分扩大,因为在人大闭会期间,人大代表从事的职务是非常繁杂的,仅就"组织和参加人大代表小组学习"这一项就包含许多内容,况且在执行职务的过程中还会牵涉到其他关联职务行为,这又是一个非常复杂的问题。因此,笔者将执行职务的范围限制在"与会议中讨论事项相关的职务行为",这一方面可以使某些人大代表没能在会议中发言、表决的事项进一步阐释或实施,另一方面也符合执行职务所期待的"言论免责权"的扩张。

3. 范围条件

根据相关法条的规定,"言论免责权"的范围限于发言和表决两种方式,但对发言、表决的性质究竟做何解释,我国尚无明确的法律规定。学理上一般认为,无论发言正确与否,甚至是完全错误的;也不论投赞成

---

① 赵晓旭. 人民代表豁免权制度研究 [D]. 吉林大学硕士学位论文, 2008: 24.
② 孙莹、陈雨梦. 人大代表的言论自由与免责 [J]. 人大研究, 2018 (7): 10.

票、反对票、弃权票，都不应受到法律追究。① 此外，对于发言、表决所涉及的内容，法律亦无明确规定，国外大多将"言论免责权"的适用限定在与议员职务有关的发言和表决。例如，日本学者认为，"在会场的奚落和议员之间的单纯私语，并不被视为可免责的发言、表决"②。美国1805年哥芬控哥芬案（Coffin V. Coffin, Msssachussetts）中，马萨诸塞州最高法院也认为，非对议院内正讨论的议题而发的言论，不受议员言论自由权利的保障。③ 笔者认为，上述观点均具有借鉴意义，进而得出以下结论。

所谓发言，应当是指在会议上发表与所讨论国家事务相关的言论，而不包括与国家事务不相关的内容，纯粹"东拉西扯""毫无章法"的发言，如果侵犯公民、社会或国家利益的，应当被追究法律责任，构成犯罪的依法处置。其中，发言的方式既可以是口头形式，也可以是提交书面议案的方式。另有学者指出，人大代表的发言内容就其性质而言应当是具有批判性的，而不应当是对国家工作、事务"歌功颂德""大唱赞歌"的行为。④ 笔者对此持赞同意见。因为只有批判性的言论才有可能值得法律追究，甚至可能构成犯罪，进而体现发言、表决行为的出罪效果；那些歌唱祖国美好东西，不可能被视为是"荒谬的""违法的"，自始与"言论免责权"毫不相干。所谓表决，也应当事关所议重大事务而做出的赞成、反对或弃权的态度，表现方式包括无记名投票、举手表决或电子表决。当然，与所议事务毫无关系的内容，不可能被提议表决，因此可以忽略。

综上所述，通过在发言、表决的主体、时间和范围上对各级人大代表做出限定，才能使其实质上符合"不受法律追究"的规定，也是确保发言、表决的出罪效果不被滥用。

---

① 蔡定剑. 宪法精解 [M]. 北京：法律出版社, 2004：325.
② [日] 宫泽俊义，芦部信喜. 日本国宪法精解 [M]. 董蕃舆, 译. 北京：中国民主法制出版社, 1990：338.
③ 曾繁康. 比较宪法（第六版）[M]. 台北：三民书局, 1985：264.
④ 陈亚军. 人大代表言论免责权之探索 [J]. 人大研究, 2011（4）：32.

## 二、民事监护中的"惩戒行为"

所谓监护,"是指对非于亲权照护之下的未成年人以及丧失或部分丧失民事行为能力人的成年人,为其人身、财产权益而设置的民事法律制度"①。监护制度设立的初衷,是为了使限制或无民事行为能力的人更好地实现其应有的权利,但与此同时,上述两类主体由于心智不健全,对社会上的某些事物认识不充分,可能做出一些错误甚至非法的举动,监护人必须对其加以教育或惩戒。由于严厉的惩戒可能侵犯被监护人的身心健康,此时监护人的行为是否存在边界,如果超过某一临界点是否构成犯罪。例如,杭州某父亲因发现女儿作业抄袭,将其吊打致死。② 实际上,父母打着"监护"的旗号,惩戒孩童的案例不在少数,此时的监护行为便有可能进入刑法评价视野,履行监护行为是否可以实施严厉的惩戒行为(包括限制自由、禁食、殴打等)?下文将对此做进一步的展开。

### (一)中外"惩戒行为"的制度略考

下文针对父母对子女的惩戒行为作简单的梳理,既要逐本溯源,也要有全球眼光。

#### 1. 我国"惩戒行为"的前世今生

许慎在《说文解字》中指出:"父,矩也,家长率教者,从又举杖。"中国古代之所以如此重视父亲的权力,很大程度在于宗法社会的体制和社会成员的广泛认同。《吕氏春秋》载有"家无怒笞,则竖子、婴儿之有过也立见",《颜氏家训》亦有"笞怒废于家,则竖子之过立见;刑罚不中,则民无所措手足。治家之宽猛,亦犹国焉"。那么,当惩戒行为致人死伤时,是否还能得到法律的允许,则是一个值得注意的问题。在汉代,据《后汉书》的相关记载,法律规定父母杀子与杀人同罪;到了晋代,经程

---

① 杨立新. 《民法总则》制定与我国监护制度之完善 [J]. 法学家, 2016 (1): 95.
② 张珍珍. 女儿抄作业被发现,父亲将其拖进车棚吊打致死 [R/OL]. 半岛网, 2020-03-24.

树德先生考证，晋律中承认父母对于违犯教令、敬恭有亏子女的生杀权。① 迨及唐代，《唐律疏议》中曰："有违犯教令，祖父母、父母依法决罚，邂逅致死者，各勿论。"② 唐代法律规定，在特定条件下父母杀死子女可以刑事免责，这对后世产生重大影响。直至明清时期，父母并非绝对不能杀子孙，子孙若有殴骂、不孝行为或违反教令的，父母可将其杀死并免罪。③

近代以来，我国于1911年9月编纂完成《大清民律草案·亲属编》，借鉴西方法制引入现代意义上的亲权制度，其中惩戒权为亲权效力之一，分别规定在第1372条"护养教育"和第1374条"惩戒子女"，同时在第1378条和1379条还规定，若行亲权之母再嫁，则惩戒权丧失；若女儿出嫁，则行亲权之父母丧失惩戒权。④ 民国初期，袁世凯政府颁布《暂行新刑律补充条例》，其中规定，行亲权之父母惩戒其子女时得请求法院实施。⑤ 北洋政府倒台后，有关父母惩戒权的内容被编入《民国民律草案》之中；到了南京国民政府时期，颁布的《六法全书》取消了"父母送惩权"，并改为《民法·亲属篇》第1084条、1085条之规定。⑥《六法全书》的这一规定一直为目前我国台湾地区的法律所延续，同时台湾学界也对惩戒的范围、方式等做了进一步的解释。⑦ 我国大陆的现行法律对于教育子女（未成年）是有所规定的，但对于惩戒子女则没有规定。例如，《民法典》第26条规定："父母对未成年子女有抚养、教育和保护的义务。"第1068条规定："父母有教育、保护未成年子女的权利和义务。"《中华人民共和国未成年人保护法》（以下称《未成年人保护法》）第二章用七个条文规定了父母对子女的教育和保护。另外，《中华人民共和国反家庭暴力

---

① 程树德. 九朝律考 [M]. 北京：商务印书馆，2010：140，348.
② [唐] 长孙无忌等. 唐律疏议 [M]. 刘俊文，点校. 北京：法律出版社，1999：447.
③ 瞿同祖. 中国法律与中国社会 [M]. 北京：商务印书馆，2010：8-9.
④ 杨立新. 大清民律草案·民国民律草案 [M]. 长春：吉林人民出版社，2002：175-176.
⑤ 黄源盛. 晚清民国刑法史料辑注 [M]. 台北：元照出版有限公司，2010：511.
⑥ 中国法规刊行社编审委员会. 六法全书 [M]. 上海：上海书店出版社，1948：94.
⑦ 林山田. 刑法通论（上册）[M]. 北京：北京大学出版社，2012：357.

法》(以下称《反家暴法》)规定了家庭成员之间不得实施暴力,这是否从侧面表明,我国现行法律否定了父母可以对子女实施惩戒,值得进一步思考,至少已有学者提出,"从刑法对风险的认知和决策机制视角思考,上述定论(笔者注:对惩戒行为的法律制裁)存在疑问"[1]。目前刑法学界一般认为,"家长的惩戒行为,在符合一定条件下是正当化事由"[2]。

2. 国外"惩戒行为"的岁月传承

公元前5世纪,古罗马时期的《十二铜表法》较为全面地记载了父权与监护制度,其中《第四表》第二条规定:"家属终身在家长权的支配下。家长得监察之、殴打之、使作苦役,甚至出卖之或杀死之。"到了公元2世纪初,国家权力的逐渐扩张使得国法开始对家长权进行干预,家长对家属的生杀权被废除。例如,康士坦丁帝时期法律规定:"倘若杀戮家子,即以弑亲罪处以极刑。"[3] 这一规定直到公元5世纪之后的日耳曼法时代仍然被遵守。在古印度时期,《摩奴法典》也有类似父权的规定,该法第二卷第227条规定:"在生育和教养方面,母亲和父亲所受痛苦,虽几百年也不足以补偿。"第228条规定:"青年要经常在各种情况下做可以博得父母、师长欢心的事情,三者都满意时,一切苦行也就顺利完成而获得果报。"[4] 上述对父权的规定虽不及《十二铜表法》那般直接,但从子女必须对父母孝顺以报答父母的生养之恩,子女必须永远顺从父母的心意,不能做任何让父母伤心的事,便可映射出父权之旨趣,如果子女做出有悖父母心意,甚至违法之事,父母对子女当然可以行使惩戒权。

现代西方不少国家的法律,均对父母惩戒子女的行为予以认可。美国《侵权行为法》规定:"父母于其合理地认为正当管束、训诫或教育其未成

---

[1] 刘涛、蔡道通. 风险的决策与决策的风险:社会系统论下的风险刑法 [J]. 江海学刊, 2019 (4): 159.
[2] 李东海. 刑法原理入门 (犯罪论基础) [M]. 北京: 法律出版社, 1998: 95.
[3] 江平、米健. 罗马法基础 [M]. 北京: 中国政法大学出版社, 1991: 85.
[4] 摩奴法典 (法) [M]. 迭朗善, 译. 马香雪, 转译. 北京: 商务印书馆, 1982: 51.

年子女之必要，有对其未成年子女施以合理力量或拘禁之免责特殊权利。"① 根据英国 2005 年 1 月 15 日生效的新法案，允许父母施以温和的惩戒，但若惩戒过重则可能面临最多五年的监禁。② 《法国民法典》对父母惩戒权也持肯定态度，该法第 375 条至第 377 条规定，父对子女行为有重大不满时，可以对其实施拘禁，但因子女年龄不同而在期限上有所差别。③ 受《拿破仑法典》的影响，《德国民法典》第 1631 条第二款规定："子女有受非暴力教育的权利，但体罚、心灵上的伤害和其他侮辱性的教育不被允许。"④ 由此可知，《德国民法典》有限度地承认惩戒权。

《日本民法典》第 820 条、第 822 条分别规定："行使亲权的人，为子女的利益享有监护、教育的权利，并负有义务。""行使亲权的人，在依第 820 条的规定监护及教育子女时，可以在必要限度内对其进行惩戒。"⑤ 《韩国民法典》第 915 条也规定了，"亲权人在保护或教育其子女可以实施必要的惩戒行为"⑥。可见在亚洲法治发达的国家，也在法律上承认亲权人在教育子女中实施必要的惩戒。

3."惩戒行为"的比较与启示

在历史上，无论是古代中国还是外国，均承认父母在教育子女时可以使用惩戒手段，甚至具备生杀大权，这与古代父权至上不无关系。随着国家权力的扩张，国家对私人行为的约束逐渐加强，因此惩戒也受到一定的限制，至少生杀权已经被完全否定。从近现代各国及地区的法律规定上看，大部分国家对于父母惩戒子女的行为都是允许的，惩戒权人的惩戒行

---

① 美国法学会. 美国法律整编·侵权行为法 [M]. 刘兴善, 译. 台北：司法周刊杂志社, 1986：108.
② 朱永斌. 英国新法律规定体罚孩子违法 [R/OL]. 新华网, 2020-03-29.
③ 拿破仑法典（法国民法典）[M]. 李浩培, 吴传颐, 孙鸣岗, 译. 北京：商务印书馆, 2011：54-56.
④ 德国民法典（第 4 版）[M]. 陈卫佐, 译注. 北京：法律出版社, 2015：506.
⑤ 日本民法典 [M]. 刘士国, 牟宪魁, 杨瑞贺, 译. 北京：中国法制出版社, 2018：202.
⑥ [韩] 金日秀, 徐辅鹤. 韩国刑法总论 [M]. 郑军男, 译. 武汉：武汉大学出版社, 2008：325.

法令行为出罪论 >>>

为作为正当行为可以阻却违法①，但是必须在客观上允许的范围内进行，即是出于教育的目的，并且手段在合理限度之内。②然而在我国大陆地区，父母惩戒权并未在法律中明确规定，相关法律只是表明父母具有教育子女的权利，那是否意味着我们对父母惩戒子女的行为持否定态度？笔者认为，我国法律虽未直接明文规定父母对子女的惩戒权，但也不意味着否定该项权利。

首先，受中国传统"孝"文化的影响，"棍棒底下出孝子"的观念始终印刻在国民心中。父母在教育孩子的过程中，尤其当孩子犯了严重的错误时，严厉的惩戒从来都是不可避免的。中国青少年研究中心在全国范围内进行的"中小学生人身伤害基本情况调查"结果表明：有3.6%的人在家里"经常"被家长打，"偶尔"挨打的更占被调查者的57.3%，表示"从未"被家长骂过的只有16%。③这一现实状况正如费孝通先生在《生育制度》一书中略带嘲讽的描述那样，"在最专制的君王手下做老百姓，也不会比一个孩子在最疼他的父母手下过日子更为难过"④。根据广州近四年来对家暴危害性调查，超过六成的家长认为打骂孩子是天经地义的事，不属于家庭暴力。⑤由此可见，在国民心中，家长对孩子的惩戒并非"冒天下之大不韪"，更何况很多时候打得并没有那么严重。

其次，从法律规定上看，我们也难以全面否定父母对子女享有的惩戒权。尽管《民法典》仅规定父母对子女的教育权，《未成年人保护法》则将父母教育子女限制于"适当的方法"，但什么才是适当的教育方式却没有明确规定。笔者认为，必要的惩戒是教育权行使过程中不可或缺的，施

---

① ［韩］李在祥. 韩国刑法总论［M］.［韩］韩相敦，译. 北京：中国人民大学出版社，2005：247.
② ［德］克劳斯·罗克辛. 德国刑法学：总论（第一卷）［M］. 王世洲，译. 北京：法律出版社，2005：521.
③ 郗杰英，鞠青. 家庭抚养和监护未成年人责任履行的社会干预研究报告［M］. 北京：中国人民公安大学出版社，2003：23.
④ 费孝通. 乡土中国［M］. 上海：上海人民出版社，2006：348.
⑤ 徐瑞莹. 广州妇联调查：超六成人认为打孩子不是家暴［R/OL］. 搜狐网，2020-03-30.

以适当的惩戒是符合法律规定的。因为民事法律是私法，只要"法无禁止即自由"，但同时这种自由也应当受到限制，具体而言就是不能严重地侵犯子女的合法权益，如生命权、身体健康权等。实际在我国立法史上，也曾有将惩戒权立法化的主张。《中国民法典草案建议稿及说明》第 466 条规定，父母对未成年子女有管教的权利；对未成年子女违反法律或生活准则的行为，父母应当给予必要的约束。① 另在《中国民法典草案建议稿》第 1737 条规定，父母可以适当的方式管束子女。② 上述立法建议虽然未使用"惩戒"的表述，但是"管教""约束""管束"所蕴含的，当有惩戒之意。不过，上述立法建议均未能形成最终的法律条文。因此，根据现行法律关于父母对子女教育权的规定，可视为对惩戒权的间接授权。

最后，从学理上看，我们也并没有否认惩戒权存在。余延满先生在《亲属法原论》一书中写道："惩戒权，又称管束权，是基于保护教育权的权利，是指当未成年子女不听从父母管教，犯有劣迹时，法律赋予亲权人在必要范围内，可对子女进行适当的惩戒。"③ 李志敏教授在《比较家庭法》一书中将惩戒权界定为"保护教育权引申的权能，当未成年子女不听从父母管教，犯有劣迹时，法律赋予亲权人在必要范围内，得对子女进行适当的惩戒"④。从上述民法学者的论述中不难发现，惩戒权通常被作为教育权的延伸，只要惩戒的实施方式没有超过限度，应当予以认可。刑法学者亦"不甘寂寞"，有人提出所谓"家事主义刑法观"，它强调家庭伦理秩序对刑法上定罪量刑的制约作用。例如，父母在教育子女时使用暴力，这在亲情义务和法律义务之间便产生冲突，但前者对后者的阻却作用仍然有效；⑤ 还有人主张，虐童行为的犯罪化宜奉行刑法"最后手段"原则，⑥

---

① 王利明. 中国民法典草案建议稿及说明 [M]. 北京：中国法制出版社, 2004：68.
② 梁慧星. 中国民法典草案建议稿 [M]. 北京：法律出版社, 2003：349-350.
③ 余延满. 亲属法原论 [M]. 北京：法律出版社, 2007：457.
④ 李志敏. 比较家庭法 [M]. 北京：北京大学出版社, 1988：232.
⑤ 姜涛. 刑法如何面对家庭秩序 [J]. 政法论坛, 2017 (3)：37-40.
⑥ 魏昌东, 刘志伟. "虐童"入刑的正当根据与路径选择 [J]. 青少年犯罪问题, 2013 (2)：4.

这从侧面表明，适当程度的惩戒刑法需保持应有的克制。

(二)"惩戒行为"出罪效果的涵摄范围

父母惩戒子女是其履行监护职责的方式之一，被认为是依照民事法律规范而实施的行为，也是"法令行为"出罪效果在民事领域的体现，具体来说，可以避免构成以下犯罪。

1. 侵犯身体、健康权的犯罪

从惩戒的实施方式上看，"殴打"可能是目前适用最为普遍的手段。立足于惩戒制度的历史渊源和基本精神，并借鉴域外相关立法及其司法实践，对于造成轻伤后果的，我们认为应当尽可能地否定惩戒行为构成犯罪；对于造成重伤，甚至死亡结果的，我们认为应当依法追究惩戒者的刑事责任，但基于惩戒这一特殊背景，可以适当从轻或减轻处罚。但从目前我国司法现状来看，惩戒过程中造成的任何轻伤、重伤或死亡结果的，一律被认定为犯罪，并且对个案的有罪论证也不考虑惩戒行为的特殊性。例如，河南新野县申某中午回到家后发现厨房里的铁锅被砸得稀烂，将六岁的女儿毒打至轻伤一级。新野县人民法院判决其构成故意伤害罪，处有期徒刑一年，缓刑一年。[1] 我们认为这种有罪判决并不合适。再如，湖南怀化一男子因女儿不肯写作业，就用竹条对女儿进行了抽打，并扇了女儿两耳光，随后又朝女儿的右腿踢了一脚。结果女儿倒在地上出现翻白眼症状，并且四肢僵硬，不能言语，该男子立马将女儿送往医院，但最终因抢救无效死亡。法院判决其构成过失致人死亡罪，处三年半有期徒刑。[2] 我们认为，该男子虽然因为惩戒的方式、手段过于强硬，过失造成了他人的死亡，但毕竟事出有因，而且事后也立马采取了救助措施，可以认定其构成"情节较轻"的过失致人死亡罪，并判处 3 年以下有期徒刑。

当然，现实生活中除了殴打这一常见的惩戒方式外，还存在"不给吃

---

[1] 王海锋. 父亲暴打淘气孩子被判刑 [R/OL]. 大河网，2020-03-30.
[2] 陈轩. 父亲失手将女儿打死，作业就这么成了夺命符 [R/OL]. 搜狐网，2020-03-30.

饭""做家务""面壁"等新奇的惩戒方式,一般也不构成遗弃罪或虐待罪。遗弃行为是指对于没有独立生活能力的人,负有抚养义务而拒绝抚养,只有长期"不给吃饭"才符合遗弃罪中拒绝抚养的行为特征;虐待行为一般是以冻饿、强制过度劳动、限制自由等手段,对共同生活的家庭成员从肉体和精神上进行摧残或折磨,只有长期强迫子女从事与其年龄、体力不相符的家务,才可能构成虐待罪。

2. 非法拘禁罪

在未成年子女犯错时,父母也可能采用"禁闭""关小黑屋""捆绑四肢"等方式对其进行惩戒,上述方式可能造成对未成年子女人身自由的限制或剥夺,但一般也不构成非法拘禁罪。首先,绝大多数父母采取的惩戒措施是将未成年人的人身自由控制在一定范围内,例如,只能在自己的卧室内活动,或不准走出家门,该惩戒行为尚不构成非法拘禁罪中的"剥夺自由"。其次,即便承认父母的惩戒措施属于"剥夺自由",但如果对孩子拘禁的时间没有达到24小时以上,或次数为三次以上,也不构成非法拘禁罪。最后,被剥夺的人身自由必须是现实的人身自由,例如,将一个没有完全独立行走能力的孩童禁闭24小时以上,也不应当认定其父母构成非法拘禁罪,因为该孩童本身就不可能有自由行走的能力,拘禁与否对他而言没有区别,这是得以学界普遍承认的"现实自由说"立场。① 简言之,该说以行为人具备移动的自由为前提,完全不具有自由移动的行为人,谈不上被拘禁。

3. 故意毁坏财物罪

现实中,未成年子女沉迷于手机、电脑游戏的例子不胜枚举,这不仅影响未成年人的身心健康成长,更可能毁掉孩子的一辈子。例如,四川省泸县一名17岁少年,因蒙面持刀入室抢劫被法院判决四年零十一个月的有期徒刑,事后查明,其抢劫动机竟是为了抢钱玩手机游戏。② 面对这些网

---

① [日] 西田典之. 日本刑法各论 [M]. 刘明祥, 王昭武, 译. 北京: 中国人民大学出版社, 2007: 62.
② 邵小乔. 网游毁掉了多少孩子?[R/OL]. 南方周末网, 2020-03-30.

瘾少年，父母怨声载道，屡禁不止却也收效甚微，最终只能无奈地选择将手机、电脑等毁灭。被毁损的游戏机、手机或电脑往往价值不菲，若达到了故意毁坏财物罪的入罪标准，是否应当构成犯罪？本书认为，依照惩戒行为的特殊性，还是应尽可能地否定其构成犯罪。首先，如果被毁损的财物是父母赠予子女的，应当视为子女的个人财产，此时父母毁损的就是"他人的财物"，形式上构成故意毁坏财物罪，但基于《民法典》第35条的有关规定，"监护人除为维护被监护人利益外，不得处分被监护人的财产"，此处父母故意毁坏财物的行为可视为对被监护人利益的维护，具体来说是维护子女的身心健康，因此父母具有处分权，可不视为犯罪。其次，如果被毁损的财物是父母所有，则子女仅有使用的权利，那么父母毁损的就是"自己的财物"，当然不构成故意毁坏财物罪。最后，如果父母为了加强惩戒效果，让子女自行毁掉游戏机、手机或电脑，则无论该物品所属何人，都基于被害人同意的法理而不构成犯罪。①

（三）"惩戒行为"出罪的条件

由于父母惩戒子女的行为被视为"法令行为"的具体情形，因此原则上继承了"法令行为"的出罪效果。但从现实案例来看，父母实施惩戒的方式、程度往往因情绪激动或恼羞成怒而丢了分寸，如果我们一律否定其构成犯罪显然不合时宜，因此必须对实施该行为所具备的条件予以明确。

1. 必要前提：主体适格

如前所述，明示惩戒权的各国家法律，均把实施惩戒的主体限定为父母，因此在学理上也基本否定了其他主体作为惩戒的实施者。在德国，早先在习惯法上承认的教师惩戒权目前也不再有人支持②，任意第三人也无权对他人小孩进行体罚，即便能推测出小孩的父母会同意，也不能阻却违

---

① 如果物品所有权归子女，则是自我（也即被害人）同意而毁损个人财物；如果物品所有权归父母，则是父母（也即被害人）同意而毁损他人财物。

② [德] 汉斯·海因里希·耶赛克，托马斯·魏根特. 德国刑法教科书 [M]. 徐久生，译. 北京：中国法制出版社，2001：478.

法①,"只有父母或者监护人才有权对未成年子女进行惩戒"②。在韩国学界则呈现完全不同的局面,通说对于教师的惩戒行为与父母适用相同的理论,③并且这一立场得到了韩国大法院判决的支持,具有争议的是惩戒权的委任问题。④我国台湾地区主要受德国刑法界的影响,理论和实务也认为教师实施惩戒行为应构成犯罪,但个别学者对此提出反驳,主张"教师也应当有惩戒权,因而是合法行为"⑤。目前在我国,由于缺乏民事法律对惩戒权的直接规定,因此刑法学界对此也就未给予足够的关注,但社会现实告诫我们不应对此忽视。从国外学者的研究现状来看,要对该问题开展研究,应格外关注以下两点:教师能否成为惩戒主体,以及惩戒主体能否委任他人。

（1）教师能否成为惩戒主体

我国自古便有"一日为师,终身为父"的说法,并且基于"爱之深、责之切"的情感,老师对学生的惩戒似乎也是天经地义。那么如今,父母将未成年子女送往学校学习,如果学生在学校犯错,教师是否可以对其加以惩戒？从近年来多发的校园欺凌事件来看,肯定教师对违纪、犯错的学生加以惩戒似乎应理所当然。但事实上,对校园欺凌事件的防治,可能需要从公众舆论引导、社会文化防控等多个方面展开,并非加强教师对学生的教育力度就能实现的,不适当的惩戒反而可能异化为教师虐童事件,并且发生的频率相当之高。⑥退一步讲,即便我们赋予教师的惩戒权,他们

---

① Maurach/Zipf, Strafrecht Allgemeiner Teil, 8. Aufl., 1992, § 28 Rn 31.
② [德] 冈特·施特拉腾韦特,洛塔尔·库伦. 刑法总论：犯罪论 [M]. 杨萌,译. 北京：法律出版社,2006：193.
③ [韩] 李在祥. 韩国刑法总论 [M]. [韩] 韩相敦,译. 北京：中国人民大学出版社,2005：248.
④ [韩] 金日秀,徐辅鹤. 韩国刑法总论 [M]. 郑军男,译. 武汉：武汉大学出版社,2008：325.
⑤ 林东茂. 一个知识论上的刑法学思考（增订三版）[M]. 北京：中国人民大学出版社,2009：113.
⑥ 狄小华. 构建儿童权利防护网——兼论虐童的多元治理 [J]. 青少年犯罪问题,2013（2）：14.

敢不敢用,该怎么用,都将成为棘手的问题,甚至可能会把教师逼向"绝路"。① 对此,笔者还是基于学界多数说的主张,否定教师作为惩戒行为的实施主体,除了为教师人身安全、职业风险的考虑,主要还是基于以下理由。

首先,如果我们追溯惩戒权的源头便会发现,惩戒权最初源于亲权,原则上属于亲权内容之一,② 而亲权是以血缘关系为纽带的,所以才有了父母或其他亲权人对子女或被监护人的惩戒权。教师与学生之间一般不存在血缘关系,两者之间也就不具备亲权关系,惩戒权自始不存在。如果我们再从教师惩戒权的产生上看,它是以教师的职业身份为基础,并以国家名义、为国家利益,培养和教育学生的一种方式,其正当性源于国家意志的强制必要,③ 可见这与父母惩戒权源自亲权是不一样的。

其次,从现实的法律规定上看,父母对子女的惩戒权是基于监护主体的教育权而延伸出来的,依据的是《民法典》和《未成年人保护法》。而根据《中华人民共和国教师法》(以下称《教师法》)的规定,教师对学生只有教育的义务,④ 义务本身就是权利的对立面,因此作为教师义务的"教育"自然不能与作为父母权利的"教育"等量齐观。那些主张将"教师在校园内行使惩戒权,同样也是教育上的考虑"⑤,是没有注意教育权利与教育义务的区分。

最后,从主张教师具备惩戒权的依据上看,无非是"未成年人一旦离开家庭置身校园,若无教师惩戒,恐怕会无法无天"⑥。笔者并不反对上述

---

① 林孤. 被扇耳光、被逼道歉、被索要赔偿后,周安员老师投江自杀了[R/OL]. 搜狐网,2020-03-30;王雪. 老师用课本抽打逃课学生被停职,两个月后又遭追罚[R/OL]. 澎湃网,2020-03-30.
② 林秀雄. 惩戒权[J]. 月旦法学杂志,2002(7):14.
③ 程莹. 教师惩戒行为的刑法规制研究[M]. 郑州:郑州大学出版社,2018:26.
④ 根据《教师法》第7条规定,教师也享有教育权,但我们从条文内容上看,教师的教育权与学生无关。
⑤ 林东茂. 一个知识论上的刑法学思考(增订三版)[M]. 北京:中国人民大学出版社,2009:114.
⑥ 辛年豊. 浅论教师惩戒权之违法性问题[J]. 立法院院闻,2006(8):62.

理由和结论，但这似乎是"有没有"惩戒权和"应不应有"惩戒权两个独立的问题。论者想要表述的是，校园或教师应当有惩戒权，否则将产生各种不利后果，是一个应然性的问题；而笔者所讨论的是，教师在理论上是否有惩戒权，是一个实然性的问题。如果是基于社会政策或刑事政策的考量，可能承认教师惩戒权在治理校园暴力事件中更加有效，但这种所谓的"惩戒权"实难在理论上找到依据。有学者主张英美国家的"代为父母"理论，认为监护权可部分转移给教师，[①] 从而认为教师可对学生实施惩戒。但根据《民法典》第 36 条的规定，学校获得监护人身份的前提是，原监护人怠于履行监护职责，并具有严重侵犯被监护人合法权益的行为。可见，将子女在学校学习视为监护权被转移至学校的观点是没有法律依据的，在笔者看来，学校或教师只起到代为监管的作用，并非监护权的转移。

（2）惩戒主体的委任

如前所述，父母对子女实施的惩戒是作为监护人教育权的延伸，而根据《民法典》之规定，监护人的产生包括法定、约定和指定三种方式。依此逻辑，通过双方约定或有权主体的指定改变监护人，那么作为监护人享有的教育权自然会随之转移，从教育权中衍生出的惩戒权自然也能委任他人。笔者认为，从形式上看似乎并无不妥，但我们还是应当从惩戒权发生的本质考量，它自始至终都是亲权的内容，因此能够行使惩戒的主体必须符合民法有关"近亲属"的规定，而不能随意约定或指定监护人。所以，当父母难以履行监护职责时，只能委任或通过有权机关的指定，让其他近亲属作为监护人来行使对未成年子女的惩戒权，非近亲属的第三人或政府机关，如被监护人所在的村委会、居委会或民政部门，都无权实施惩戒行为。例如，现实中时有发生继父母惩戒孩子的情形，依本书主张，继父或继母不享有惩戒权，不能对子女实施惩戒。

由此可见，适当的主体是实现惩戒行为出罪效果的必要前提，并且该

---

① 程莹. 教师惩戒行为的刑法规制研究 [M]. 郑州：郑州大学出版社，2018：26.

主体仅限于父母（包括养父母）① 和基于约定或指定的其他近亲属监护人，教师、非近亲属的第三人和被监护人所在的村委会、居委会或民政部门不能成为惩戒的实施者。

2. 基本内容：教育目的

实施惩戒必须以教育为目的，② 而父母教育孩子的前提必须是后者具有过错，③ 有错才有罚，否则无从谈起教育。因此，对孩子"过错"的判断就成为核心内容。

在古代，子孙要遵从父祖的意志，受父祖的管束，否则父祖可以行使权威加以惩治，④ 这是典型地受到"孝道"文化以及"父权"主义的影响，正如瞿同祖先生在其论著中所描述的那样："我错了因为我是他的儿女，他的话和行为是对的，因为他是我父亲。"⑤ 但如今，虽然传统"孝道"文化不能被否定，但是父权中心的思想必须被摒弃，因为将决定权完全交给父母，既不利于未成年人的身心健康成长，也有违法律面前人人平等的宪法原则。目前有学者主张将"过错"限定在《中华人民共和国预防未成年人犯罪法》第14条规定的九种不良行为。⑥ 但笔者认为，上述不良行为是一种列举式的规定，这不免有所疏漏，同时也与《民法典》以及《未成年人保护法》中对未成年子女的教育权的规定不相符。根据《婚姻法》规定的内容，我们认为应将教育解释为"父母按照法律和道德规范的要求，采取适当的方法对未成年子女进行教育"⑦，根据对《未成年人保

---

① 根据《婚姻法》和《收养法》的规定，养父母与亲父母身份相同，与未成年子女形成拟制血亲。因此，可以实施惩戒行为。
② [德] 约翰内斯·韦塞尔斯. 德国刑法总论 [M]. 李昌珂，译. 北京：法律出版社，2008：209.
③ 虽然父母对子女的教育也包括传授知识、技能、生活经验等不以过错为前提的东西，但此种类型的教育自始不可能与惩戒挂钩，故本书也不予讨论。
④ 王长金. 传统家训思想通论 [M]. 长春：吉林人民出版社，2006：29.
⑤ 瞿同祖. 瞿同祖法学论著集 [M]. 北京：中国政法大学出版社，1998：16.
⑥ 梁武彬. 徘徊在罪与非罪之间——父母行使惩戒权的刑法思考 [J]. 青年探索，2007（1）：69.
⑦ 王丽萍. 亲子法研究 [M]. 北京：法律出版社，2004：269.

护法》第 11 条有关家庭教育规定的释义,"教育的基本功能之一是预防,父母除了要对未成年人的不良行为进行预防外,还要对其他失当行为如吸烟、沉迷网络等进行预防"①。因此,本书认为,未成年子女的"过错",是指未成年人实施的一切违反现行法律和道德规范的行为。

总而言之,只有当未成年子女做出违反法律或道德规范的行为时,父母基于教育子女的目的可以对其施以惩戒,任何不以教育为目的的惩戒行为,例如,随意打骂、侮辱、虐待子女的,都不具有出罪效果。

3. 具体限制:言行与权利

父母以教育为目的的惩戒之所以会被认可,很大程度在于惩戒权的行使符合必要的限制,这也成为实现惩戒行为出罪效果的最大保障,因此如何限制惩戒行为的程度,很多时候成为认定其罪与非罪的分水岭。

(1) 语言限制

言语批评是最轻微的惩戒方式,但也不能使用伤害子女尊严或者侮辱其人格的过激言语,否则极有可能构成侮辱罪。有时候,看似轻微的口头批评,却有意想不到的杀伤力。在泰国就发生过这样一个真实的案例:一个十多岁的孩子整日情绪低落、不知所措,父亲看不惯孩子这副样子便终日辱骂,有一次又对孩子破口大骂,没想到孩子随即拿起一把上了膛的枪,将自己打死。同样在国内也有类似事件,四川达州渠县的高三毕业生小斯,在刚刚结束高考的第三天,因被父亲辱骂,当天失踪,三天后,人们在渠江发现其尸体。②据儿童心理专家分析,孩子的内心世界是很脆弱和微妙的,讽刺、挖苦和恶语谩骂远远超越了未成年子女的心理承受力,这些言语容易使其产生自卑心理,轻则不利于其身心健康的发展,重则致伤致命。因此,在进行言语上的责备时,应尽量保持耐心,并选择较为温和的沟通方式。即便需要严厉训斥,例如,使用"怎么生出你这个笨东

---

① 信春鹰. 中华人民共和国未成年人保护法释义[M]. 北京:法律出版社,2007:38-39.
② 郎咸平. 因为父亲辱骂,儿子开枪自杀:语言暴力的危害,远超你我的想象![R/OL]. 金融界,2020-03-30.

西""看看人家，再看看你自己"等具有侮辱性言辞，又或者"翻老本""找旧账"，换个花样继续苛责孩子的，也只能偶尔为之。我们认为，对于长期性的严厉训斥应当受到限制，若因此造成的严重后果行为人应当负责。

（2）行为限制

父母殴打子女是生活中最为常见的惩戒，有学者在2013年对辽宁某城市两所普通小学1164名一到六年级的小学生父母进行问卷调查，结果显示，在调查前的三个月内有53.1%的父母曾对孩子有过躯体暴力，其中轻度躯体暴力比例51.0%，重度暴力比例为19.8%。① 暴力程度的界分不仅与殴打行为本身有关，也与未成年人自身状况有关。就殴打行为本身而言，徒手打击与使用戒尺、木棍，甚至是铁棍等杀伤性道具相比，显然不至于造成更为严重的结果；就被打对象而言，对一个3岁的幼儿掌掴显然比对一个13岁的少年掌掴更具有杀伤力，更容易造成重伤结果。因此，本书的初步结论是，应当对殴打婴幼儿、小学生和中学生区别对待，对待婴幼儿不得使用一切殴打行为，对待中、小学生可适当放宽，但不得使用杀伤性道具，并且不得殴打头部、腹部等重要身体部位。

（3）权利限制

所谓权利限制，是指父母在惩戒子女时不得过分限制或剥夺其行使某种权利。例如，"罚跑罚站""面壁思过"等限制自由的方式。2012年在温州就发生一起，父亲惩罚6岁的女儿跑步6小时，最终该名女孩劳累致死。② 笔者认为，有时为了达到教育子女的目的，适当限制或剥夺自由是被允许的。比如，在子女不听话、大吵大闹时，父母可责令其在某一地点罚站，以示惩戒。但这种惩戒方式的实施仍应注意几个方面：首先，处罚地点不应在太明显的地方，例如，不宜在人群流动的广场或马路，因为将

---

① 陈晶琦. 小学生父母对子女躯体暴力行为的现况调查 [J]. 中国心理卫生杂志，2015（9）：703.
② 张乐. 温州"狼爸"体罚6岁女儿跑步，致其6小时后夭折 [R/OL]. 中国青年网，2020-03-30.

受罚的孩子公然暴露在大众视野下，可能令其自尊心受伤；其次，惩戒的时间不宜太久，以免孩子体力透支出现昏迷等危及生命的状况。再如，对于逃学打游戏、沉迷网络的孩子，父母可以将其关在房间里，让其认识到自己的错误并进行反省。当然在禁闭时，应该给孩子一个相对宽松、自由的环境，既要时刻关注其心理状况的变化，也要保证"衣食不愁""吃住自由"。

综上所述，只有父母（包括养父母）和基于约定或指定的其他近亲属监护人，并出于教育子女的目的而实施的行为才是真正意义上的惩戒行为。对于惩戒行为是否一律按照"法令行为"的基本法理并承认其出罪效果，关键就是看行为是否超越了具体的限制。对于不具有惩戒主体资格或出于非教育目的的惩戒，自始与"法令行为"无关，直接依据《刑法》有关规定判断行为是否构成犯罪即可。

### 三、《人民警察法》中规定的"警察防卫行为"

根据《人民警察法》有关警察职权的规定可知，警察作为维护国家治安、解决社会矛盾的中坚力量，决定了警察工作具有暴力性的特点。当然，职业风险亦不容忽视，"公安部数据显示，改革开放以来全国共有近1.3万名警察因公牺牲，近18万名警察因公负伤；中央政法委数据显示，十八大以来公安系统牺牲2061人"。[①] 要想降低警察的执法风险，有效的途径是扩大警察权的限度，例如使用警械、开枪射击等，但这又不得不面临的问题是，如何保证警察不滥用武力，侵犯相对人的合法权益。因为警察一旦在执法中过渡使用武力，将不可避免地激化公权力与私权利之间的冲突，反而会使执法行为更加束手束脚，警察可能会面临更加被动的局面。警察防卫行为造成相对人伤亡的，是否仍然具有正当性、合法性？若没有，则该防卫行为的限度在哪里？上述内容都将直接涉及执法行为是否需要承担刑事责任的问题。

---

① 邓君韬. 警察使用武器行为之正当性判断[J]. 法学，2019（3）：154.

## （一）"警察防卫行为"的类案比较

**案例一：**

2010年1月12日下午，郭永华等人与代寸忠等人因先前子女婚嫁赔偿事宜发生冲突，民警张磊、王道胜出面制止，并将一干人等带回派出所处理。途中，遇到醉酒的被害人郭永志，郭永志得知与代家发生打斗的情况后欲上前殴打代寸忠等人。民警张磊、王道胜立即出面制止，郭永华和郭永志即上前抓打张磊，将张磊推到街道边沟里。张磊起身后，掏出手枪朝天鸣枪示警，但郭某二人并未停止并继续向张磊扑去，张磊再次鸣枪示警无效后，朝郭永志的右大腿开出第三枪，并在挣脱郭永志继续抓扯时发射第四枪，击中郭永华左面部，后者倒地死亡。郭永志见状仍继续扑向张磊，张磊发射第五枪，击中郭永志的左额颞部，后者倒地死亡。一审法院认为，张磊在依法出警过程中，遭到郭某二人暴力阻挠和攻击时，经鸣枪示警无效后，予以开枪射击，是执行公务的行为，但张磊在郭某二人并未危及其生命安全的情况下，近距离射击被害人要害部位，造成其当场死亡的严重结果，系属防卫过当。最终，法院认定被告人张磊构成故意杀人罪，并判处有期徒刑八年。①

**案例二：**

2010年12月20日，谢某某、扬某、求某与扎某（民警）及其姐弟因先前交通事故赔偿事宜发生争执，并用刀刺伤扎某及其弟次某，打伤其姐泽某，扎某在自己及亲属遭受不法侵害时使用佩带的公务用枪，向求某、谢某某射击，导致求某死亡，谢某某轻伤。一审法院认为，扎某的行为系属正当防卫，但明显超过必要限度，依法追究其故意伤害罪的刑事责任。上述一审当事人均不服判决提请上诉，阿坝州中级人民法院支持一审法院的判决理由与结论，裁定驳回上诉，维持原判。②

---

① 陈兴良. 张磊职务正当防卫过当案的定罪与量刑 [J]. 刑事法判解，2014（1）：54-58.
② 四川省阿坝藏族羌族自治州中级人民法院（2013）阿中刑终字第5号刑事附带民事判决书.

<<< 第三章 依照法律的行为：以实体法为分析对象

**案例三：**

2014年5月15日，方九书与其兄方九成到云南镇雄县罗坎镇镇政府上访，就其与当地火电公司赔偿事宜未达成一致而反应情况。兄弟二人与政府人员发生冲突，罗坎派出所接报出警，兄弟二人与警方发生对峙，其间警方总共鸣枪四次。第一次鸣枪警告：方九书拿出一把长刀砍向特警，在此危情下，特警鸣枪警告；第二次打破轮胎：方九成关闭车门，发动车子，特警开枪打破轮胎；第三次鸣枪再警告：特警开枪打破车轮胎后，方九书并没有停车，车辆继续向前行驶，撞到特警的车，特警再次鸣枪警告；第四次开枪：方九书仍没停车，并继续向前行驶，特警开枪射击方九书，该男子经抢救无效死亡。当地警方通令表彰了"果断依法开枪击毙犯罪嫌疑人的民警"，时任镇雄县外宣办副主任熊涛表示："方九书在情绪激动的情况下，开车冲向群众，存在严重危及公共人身和财产安全的威胁，警察在这种危急情况下开枪射击，是基于形势的正确选择。"① 检察院形成的报告结论称：方九书涉嫌以危险方法危害公共安全，警察为保护人民群众的生命和财产安全，依法开枪。②

上述几则案例清晰地表明了，实践中对于警察防卫行为的处理未见统一：有的根据《人民警察法》中警察职权的相关规定判断其行为是否合法；有的根据《刑法》正当防卫条款判断其行为是否合法；还有的兼具《人民警察法》与《刑法》的规定做出综合判断。造成这种混沌局面的根本原因在于，学界没有认真对待并思考警察防卫行为（主要是造成伤亡结果的防卫行为）的本质是什么，警察防卫行为的免责（刑事责任）界限在哪里。本书拟针对上述问题展开分析，并希望引起学界关注。

**（二）"警察防卫行为"的本质**

承上所述，对于人民警察在执行任务的过程中制止了正在实施违法犯

---

① 萧辉，曾庆雪. 镇雄官方：系依法击毙男子 [N]. 新京报，2014-05-20：A20.
② 曾俊菠. 云南镇雄上访者堵政府被击毙，官方回应：合法 [R/OL]. 红星新闻网，2020-04-11.

罪的行为，如何依据刑法法理进行合理出罪，一直以来都是学界与实务界的难题，有必要深入研究。

1. "警察防卫行为"的全球视野

世界上不少国家和地区，对于警察防卫行为都有刑事法上的规定，这对于认识防卫行为的本质提供了依据。英美法系国家，一般称之为"警察执法防卫"。在英国，"保护人身和财产权利的正当防卫分别由普通法和《1971年刑事损害法》调整；而逮捕或者防卫犯罪的正当防卫由《1976年刑事法》调整"，[①] 人们称后者为"执法防卫"。但事实上，这种"执法防卫"与本书所指的警察防卫行为并非完全一致，后者的主体仅限于警察，但英国法规定的"执法防卫"主体是任何人。故而在英国，警察"执法防卫"一般被包含于正当防卫之中，是由具体法律调整的一种类型。美国的执法防卫就是警察或者协助警察的阻止犯罪嫌疑人逃跑或抓捕犯罪嫌疑人使用暴力被认为是正当合法的，执法防卫又可细分为三种情况：第一，实行合法逮捕；第二，防止已被逮捕的人犯从监所逃跑；第三，预防犯罪和制止犯罪。[②]

大陆法系国家或地区一般不把警察防卫行为纳入正当防卫之中。在德国，警察在执行职务的过程中，为了实现警务目的，必要条件下可以实施体罚，使用警棍、催泪弹等，法律上称之"警察职权行为"。[③] 日本刑法第35条规定"依法令实施的行为不处罚"，故而是一种与正当防卫并列的犯罪阻却事由。中国台湾地区刑法借鉴日本，也明确了依照法令实施的行为不处罚的原则，与此同时，台湾地区"警察职权行使法"规定了警察职权的概念与类型，《警械使用条例》明确了警察使用警械的范围、依据和必要性限度。[④] 此外，俄罗斯、西班牙、意大利等国家也都将警察制止他

---

① 张明楷. 论作为犯罪阻却事由的职务行为 [J]. 北方法学, 2007 (1): 59.
② 储槐植, 江溯. 美国刑法（第四版）[M]. 北京：北京大学出版社, 2012: 80-81.
③ [德] 克劳斯·罗克辛. 德国刑法学总论（第一卷）[M]. 王世洲, 译. 北京：法律出版社, 2005: 508.
④ 翟金鹏, 史全增. 大陆与台湾地区警察武力使用法律规范比较研究 [J]. 中国人民公安大学学报（社会科学版）, 2014 (5): 121-122.

人实施犯罪的行为视为"法令行为",并具有实现警察出罪的效果。① 例如,《意大利刑法典》第51条规定的履行职务行为与第52条规定的正当防卫行为是截然区分的。

通过上述国家立法上的比较不难得出,基于各国自身法律之规定,英美法系国家一般将警察防卫行为视为正当防卫的一种;大陆法系国家则将其视为"法令行为",并严格与正当防卫区分。由于我国《刑法》尚无警察防卫行为的特殊规定,尽管曾在1997年《刑法》的制定中,也有代表建议将"警察依法执行盘问、拘留、逮捕等制止犯罪的行为,如果造成人员伤亡的后果,不属于防卫过当"规定到《刑法》中,但最终在集体审议时又放弃该规定,原因是《人民警察法》《人民警察使用警械和武器条例》(以下称《警械和武器条例》)已经对警察执法行为中使用警械、武器等造成人员伤亡有了规定。② 因此,我国目前难以从立法上窥探究竟,因而在理论界,如何对警察防卫行为进行必要的定性,往往存在争议。当然,如果仅仅基于法系之间的移植与借鉴,显然我国的刑法理论受到大陆法系国家的影响更大,《刑法》条文也与大陆法系国家规定的更加相似,那么我们也不难得出应当视其为"法令行为"的结论。但是,刑法学研究是一种规范化的研究,其背后应当有夯实的理论支撑,因此有必要从规范本身出发,探寻警察防卫行为之本质。

2. "警察防卫行为"本质的梳理

有学者表示,在20世纪80年代,正当防卫曾是我国警察防卫行为的合法化根据,但自90年代后,将正当防卫视为合法化根据的思想已经被彻底抛弃。③ 应当说,这一判断在20世纪末和21世纪的前十年还是较

---

① 沙万忠,方姚. 暴恐背景下警察防卫权研究[J]. 宁夏社会科学,2015(5):40.
② 薛驹. 全国人大法律委员会关于《中华人民共和国刑法(修订草案)》审议结果的报告[R/OL]. 法律图书馆,2020-04-11.
③ 余凌云. 警察行政强制的理论与实践[J]. 北京:中国人民公安大学出版社,2003:73.

为准确的,① 但近年来,这一结论显然已经有些站不住脚。自 2010 年以来,学界对于警察防卫行为本质的探讨形成了三种有力观点:职务行为说、正当防卫说和二元属性说。

(1) 职务行为说

职务行为说是建立在早年学界主流观点的基础上发展而来的,该说认为,警察防卫行为是依照法律履行职务的行为,虽然与正当防卫有一定的联系,但不属于正当防卫的范畴。② 为了避免警察职权的不当扩张,警察执法行为必须符合法律规定才能被视为正当化;若其不符合相关法律的规定,也不得对之适用刑法上正当防卫的规定。在德国学界,职务行为说又可细分为彻底说和修正说。所谓彻底的职务行为说,是彻底否定警察执法行为适用正当防卫的可能性;③ 所谓修正的职务行为说,则认为警察执法行为有条件地适用正当防卫的规定也是可以接受的。④ 在我国,主张职务行为说的学者都持彻底说的立场,修正的职务行为说已经演变为二元属性说,笔者将在下文另行探讨。

支持职务行为说的学者主要提供以下论证理由:第一,警察防卫行为是对公民基本权利的干预,因此在法治国原则下,这种干预必须具有明确而严格的限制,《人民警察法》和《警械和武器条例》对使用警械的范围、条件都有明确限制,但《刑法》中正当防卫条款却只有笼统的限度条件规

---

① 在 2010 年之前,学界较为有力的观点均抛弃了"正当防卫说"。张奋成. 试论警察防卫权 [J]. 甘肃政法学院学报,1994 (1):49-51;王鹰. 论警察执行职务行为的法律属性 [J]. 公安研究,2001 (4):26-28;彭卫东. 正当防卫论 [M]. 武汉:武汉大学出版社,2001:150;郭冰. 警察防卫权之思辨 [J]. 中国人民公安大学学报 (社会科学版),2006 (1):19-24;张明楷. 论作为犯罪阻却事由的职务行为 [J]. 北方法学,2007 (1):54-64;张正新. 在履行职责与正当防卫之间——对警察防卫权的再认识 [J]. 法学评论,2009 (6):137-141.
② 侯帅. 未经审判的正义——警察防卫适用条件研究 [J]. 刑法论丛,2014 (4):230.
③ Kunz, Die organisierte Nothilfe: Möglichkeiten und Grenzen der Inanspruchnahme von Notrechten durch gewerbliche Sicherheitsunternehmen und "Bürgerwehren", ZStW 1983 (95), S. 981ff.
④ Schwabe, Grenzen des Notwehrrechts, NJW 1974 (15), S. 670ff.

定，不足以使国家行为获得明确授权，也无法使警察基于职务的防卫行为合法化。① 第二，国家行为必须符合比例原则，《人民警察法》和《警械和武器条例》关于警械范围和条件的限制，恰是体现警察职务之行为与制止犯罪活动之目的之间合比例的关系，然我国正当防卫的规定较为宽松，同时还规定了特殊防卫，这便不利于控制警械、武器的使用。② 第三，将警察依法履行职务的正当性判断交由《刑法》的正当防卫标准，将面临诸多困境，③ 并且二者在权利与职权、身份、应对状态等多个方面具有本质区别。④ 第四，将警察防卫行为作为一项单独的违法阻却事由，在具体案件的判断与评价上不会再陷入与正当防卫"剪不断、理还乱"的纠葛当中。⑤ 换言之，该学者明确区分警察职务行为与正当防卫的区别，并试图确立依法履行职务的行为在犯罪论体系中独立的地位。

（2）正当防卫说

正当防卫说是目前国内的有力主张，⑥ 同时该说也是德国学界的多数说。⑦ 该说认为，对警察防卫行为的正当性判断应适用刑法中的正当防卫条款，当面对相同的不法侵害时，警察可以做出与普通公民相同的反击行为，⑧ 也即学者主张的"所有行政人员（警察——译者注）不能比任何公民处于更不利的地位"。⑨ 详言之，正当防卫是法律赋予公民反击不法侵害的合法手段，若否定警察防卫行为所具备的正当防卫属性，相当于间接剥夺了警察作为普通公民时而享有的权利，这将使警察在面对不法侵害时处

---

① Jahn, Das Strafrecht des Staatsnotstandes, 2004, S. 350ff.
② 沙万忠，方姚. 暴恐背景下警察防卫权研究［J］. 宁夏社会科学，2015（5）：40.
③ 邓君韬. 警察使用武器行为之正当性判断［J］. 法学，2019（3）：158.
④ 翟金鹏. 警察武力使用行为法律性质问题研究［J］. 中国人民公安大学学报（社会科学版），2018（4）：90.
⑤ 张永强. 警察职务防卫的正当性根基与规范完善——兼论《人民警察法》相关内容的修订［J］. 西南政法大学学报，2019（2）：112.
⑥ 陈兴良. 正当防卫论［M］. 北京：中国人民大学出版社，2006：220.
⑦ 王钢. 警察防卫行为性质研究［J］. 法学家，2019（4）：58-59.
⑧ Herzberg, Folter und Menschenwürde, JZ 2005（7），S. 321ff.
⑨ Seelmann, Grenzen privater Nothilfe, ZStW 1977（89），S. 51.

于不利地位。

支持正当防卫说的学者认为,该说的合理性在于:若警察防卫行为能够通过刑法中的正当防卫合法化,则在行政法上也同样合法,这就可以避免同一个警察行为而在刑法与行政法中产生不同的违法性判断,从而维护法秩序的统一性;同时,由于构成正当防卫的警察行为也不具有行政违法性,便免去了人民警察在制止违法犯罪行为时的后顾之忧,能更好地依法履行职责。① 另外,该说所提供的论证理由大多都是针对职务行为说的批判性意见。例如,有学者指出,"将职务行为的法理作为判断警察防卫行为正当性的规范依据存在缺陷,尤其在警察面对暴力袭击的场合,反受比例原则的限制而无法实施无限防卫权,这种结论多少有些诡异;《人民警察法》等相关行政法对于警察使用警械、武器的限制性规定和刑法中正当防卫的规定并不冲突"。② 也有学者认为,"警察防卫权的几个特点不足以证明警察防卫是不同于正当防卫的一种独立正当化事由,本质上仍属于正当防卫"。③ 总之,正当防卫说对职务行为说的批判归结为一点就是:警察依法履行的职务行为应当被正当防卫包容,因而在犯罪论体系中不具有独立的地位。

(3) 二元属性说

如前所述,二元属性说类似于德国学界的修正的职务行为说,它试图调和彻底的职务行为说和正当防卫说的诸多对立点,主张既承认警察防卫行为是公权力行为,因此在《警察法》意义上受比例原则的约束,也承认其具有正当防卫的性质,建立"分别处理"的方案。该说目前是我国学界的新近学说,具有一定的影响力。

支持二元属性说的学者主要提供以下论证理由:第一,警察防卫行为的本质就是二元的,它同时体现两个法律关系,其中防卫关系是指警察作

---

① 王钢. 警察防卫行为性质研究 [J]. 法学家,2019 (4):58-59.
② 于改之,蒋太珂. 论警察防卫行为正当性的判断——以"庆安火车站警察枪击事件"为例的分析 [J]. 法律科学,2016 (1):195-198.
③ 陈璇. 正当防卫与比例原则 [J]. 环球法律评论,2016 (6):53.

为防卫者与普通公民之间的,它受《刑法》调整;职务关系是指警察与上级领导之间的,它受《人民警察法》调整。① 第二,警察履行职务往往采取暴力手段,但由于采取暴力的时机、方式、对象、目的等的不同,暴力又可区分为防卫型暴力、控制型暴力和制止型暴力,② 只有坚持二元属性说并结合比例原则,才能对上述三种情形予以"对号入座"。第三,警察因其本身职业所具有的双重性,决定了警察职务防卫行为也具有双重性。③ 由此可见,二元属性说基于警察身份的双重性,对其行为也进行双重性的评价。

3. "警察防卫行为"本质的评价

诚然,上述三种学说都有其合理性的一面,但也存在诸多不合理之处,下文分而述之。

(1) 二元属性说的不足

二元属性说基于前两种学说的对立面,试图中和两者之间的矛盾,祈求达到一个平衡点。应当说,这种学说的出发点是值得肯定的,但就得出的各种结论而言,却是难以令人信服的。

首先,该说是以警察防卫行为的双重属性为逻辑起点,但却错误地理解了两种法律关系的认定标准,并且虚构了警察行为的私人属性。实际上,不管是警察与公民之间的关系,还是警察内部之间的关系,警察行为本身所演绎的只是一种国家行为,依据的是《人民警察法》以及相关行政法规而做出的职务行为,是为了维护国家、公共利益或者公民个人利益而实施的行为。④ 之所以产生看似两个法律关系的表象,乃是行政行为的两个面相:行政主体有权依法实施行政行为,同时行政相对人负有服从

---

① 熊琦.《人民警察法》(修订草案稿)视野下警察职务防卫行为的本质与规范选择[J]. 西南政法大学学报, 2019 (2): 130.
② 董邦俊、杜文帅. 警察暴力行为辨析[J]. 江西警察学院学报, 2015 (3): 61-63.
③ 闫胜钧. 警察使用枪械行为的性质探析[J]. 天津法学, 2017 (2): 102.
④ Wolfslast, Staatlicher Strafanspruch und Verwirkung, 1995, S. 219.

的义务。① 而论者所构想的"警察行为私人属性"是人为地切割了行政行为的两个面相，过分重视警察与防卫对象的关系。实际上，这种国家行为的外在关系，只是警察实施防卫权不得不外化于相对人的必然方式，因为任何依据国家法律做出的行为都必然与私人权利有所关联，下文将要提及的刑事诉讼中的逮捕、扭送行为也是如此。我们不能过分解读警察行为的私人属性，只要警察职务行为体现警察职责和目的，就应当将其归责于国家。② 其次，根据该说理论上可得出如下结论：不符合《人民警察法》的职务防卫行为如果满足正当防卫的要求，仍可构成正当防卫，但警察至少会因违反《人民警察法》而另行担责。③ 很显然，论者是在法秩序统一性原理下坚持了缓和的违法一元论的判断标准，同时也坚持了刑法谦抑性的精神，应当说，这在理论上与本书所提倡的依照法律的行为出罪的根据是一脉相承的。但是实践中却可能导致"警察防卫权的不当扩张"的悖论，因为论者所得出"另行担责"的结论必然不可能是刑事责任，否则肯定先前的正当防卫将没有任何意义，如果是其他行政责任甚至是警察系统内部的纪律责任，对于警察的威慑力是远远不够的。警察基于这种威慑力不足的法律或纪律责任，反而会导致其履行职务时缺乏必要的限制而"为所欲为"。实际上，主张二元属性说的学者也承认"这将导致值得担忧的情况"。④ 再次，比例原则与正当防卫的必要限度如何在二元属性说中平衡运用将成为一个难题，如果不对比例原则的适用条件予以明确而强行地与正当防卫的必要限度相融合，极有可能产生相当尴尬的场景。例如，警察超

---

① 将警察行为类比行政行为未必确切，但笔者的意图是要表明，警察行为与行政行为类似，是一枚硬币的两面：实施防卫行为本身是依据《人民警察法》等相关法律做出的职权行为，对于防卫对象而言，类似于行政相对人，他必须为自己先前实施的不法侵害承担责任，只能服从而没有反抗的权利。
② BGHZ 147, 169 (171).
③ Frister, Strafrecht Allgemeiner Teil, 8. Aufl. 2018, S. 211ff.
④ 熊琦.《人民警察法》（修订草案稿）视野下警察职务防卫行为的本质与规范选择[J]. 西南政法大学学报，2019（2）：132.

出比例原则（但有可能在正当防卫的必要限度内）使用武器,① "犯罪嫌疑人"见状抢先击倒正在拔枪的警察，"犯罪嫌疑人"的行为反而可能会被认为是正当防卫。因为二元属性说坚持职务行为必须符合比例原则，一旦超过了比例原则的限制，警察行为不仅难以被视为职务行为，反而可能会被视为不法侵害。最后，论者提出的根据警察在履职过程中面临的不同情形，而产生三种暴力行为（防卫型、控制型和制止型）的界限是不够清晰的，甚至可能存在交叉，进而对于二元属性说所追求的"对号入座"将是竹篮打水一场空。例如，警察在夜巡时发现小偷潜入居民楼，进而展开追捕，既符合控制型暴力行为，也符合制止型暴力行为。

（2）正当防卫说的缺陷

正当防卫说"自诩"的最大合理性在于：通过刑法中的正当防卫制度来确保警察职务行为的合法性，能贯彻法秩序统一性原理下刑法与行政法对同一行为判断的一致性。但实际上，这不仅仅是正当防卫说合理性之所在，职务行为说同样坚持法秩序统一性的判断。根据职务行为说，警察防卫行为是基于《人民警察法》以及相关法律法规实施的履行职务行为，是符合前置法规定的，那么在法秩序统一性前提下，自然也符合作为"保障法"的《刑法》规范。

除此之外，正当防卫说的大部分结论也是建立在批判职务行为说的基础上产生的，并成为目前国内较为有力的学说。但笔者认为，上述诸多批判理由以及得出的结论都有待进一步商榷。

第一，警察防卫行为是国家公权力的体现，从国家与公民的关系上看，即便处于"防卫"地位的警察依然是权力结构中的优势者，属于"进攻"的一方,② 其在具体实施时必须受到严格的限制，也即通常所说的必须受到比例原则的约束。对此，支持正当防卫说的部分学者也是赞同的，

---

① 之所以存在这种情况，是因为比例原则对必要限度的包容性，因为比例原则还存在"狭义比例性"的要求，满足比例原则的防卫行为必然在必要限度内，反之则未必。
② Seelmann, Grenzen privater Nothilfe, ZStW 1977 (89), S. 55.

但认为，这一特点并不能说明正当防卫与比例原则是相互冲突的，① 或者说还不足以将警察防卫行为与正当防卫相独立；② 但另有一部分学者表示反对，认为"比例原则在多大程度上适用于警察职务防卫颇有疑问"。③ 笔者认为，上述支持正当防卫说学者的辩解理由是不够充分的，甚至可能有所偏颇。一方面，比例原则适用于警察职务行为是毫无疑问的，警察作为国家权力的延伸者、践行者，如果不受比例原则的约束，可能导致国家强制力肆意妄为，不符合基本的公法原理，④ 至于在多大程度上适用，则需要根据《人民警察法》及其相关行政法律的规定与比例原则的内涵——目的正当性、有用性、必要性和狭义比例性⑤在多大程度上协同，当然这依靠立法者来实现。另一方面，从正当防卫的限度上看，它要求防卫行为保护的法益与损害利益之间的差距不能过大，这仅仅体现了比例原则中的狭义比例性（均衡性）要求，虽然并不与比例原则相冲突，但只体现了比例原则的部分内容；从无限防卫条款上看，它可能实质性地改变防卫行为必要性的判断，进而影响警察职务行为的判断，"例如，当警察面临严重危及人身安全的暴力犯罪时，可能径直开枪击毙不法侵害人"，⑥ 而枉顾《人民警察法》及其相关行政法规对警察使用警械、武器的限制，这将完全违背比例原则的宗旨。

第二，基于警察防卫行为具备公权力的属性，因此它是法律规定的义务性行为，⑦ 如果警察不履行，可能构成渎职型违法或犯罪，⑧ 而正当防

---

① 王钢. 警察防卫行为性质研究 [J]. 法学家, 2019 (4): 60-61.
② 陈璇. 正当防卫与比例原则 [J]. 环球法律评论, 2016 (6): 53.
③ 于改之, 蒋太珂. 论警察防卫行为正当性的判断——以"庆安火车站警察枪击事件"为例的分析 [J]. 法律科学, 2016 (1): 195.
④ Klinkhardt, Der administrative Waffengebrauch der Bundeswehr, JZ 1969 (21), S. 700ff.
⑤ Voβkuhle, Grundwissen-öffentliches Recht: Der Grundsatz der Verhältnismäβgkeit, JuS 2007 (5), S. 429ff.
⑥ 张明楷. 论作为犯罪阻却事由的职务行为 [J]. 北方法学, 2007 (1): 61.
⑦ Klinkhardt, Der administrative Waffengebrauch der Bundeswehr, JZ 1969 (21), S. 701.
⑧ 张永强. 警察职务防卫的正当性根基与规范完善——兼论《人民警察法》相关内容的修订 [J]. 西南政法大学学报, 2019 (2): 111.

卫的权利属性与此具有重大差异。① 部分主张正当防卫说的学者也承认此特殊性，但却认为"警察真正负有的义务并非必须防卫，而是必须保护公民法益不受侵害，防卫行为只是警察履行保护义务的方式"。② 论者这一主张意在表明警察的防卫行为并非"义务行为"本身，从而否定它与正当防卫的重大差异。但笔者认为，这种观点也是没有道理的。其一，"义务行为"本身与"实现义务"的方式本身区分并不明显，例如警察以非防卫的手段制止不法侵害，我们既可以认为他实现了《人民警察法》所要求的义务，也可以认为这种制止不法侵害的手段也是履行义务的方式。其二，如果否定警察防卫行为是义务行为，进而否定与正当防卫的差异，则意味着各不同部门的国家公职人员可以通过正当防卫获得干涉公民基本权利的授权，这便架空了公法对国家职权部门的分工设置，造成国家机构职能的混乱。③ 另有支持正当防卫说的学者完全否定权利与义务相对立的主张，认为权利和义务在我国法律秩序中并非互斥的概念，因此完全可以认为，正当防卫是公民的权利，也是警察的义务。④ 笔者并不否认"权利和义务并非互斥"的结论，但这一结论是建立在同一法律之中，或是针对同一事物的前提下产生的，例如论者所举的《宪法》上的劳动和受教育便是示例。但很显然，当我们在《人民警察法》中讨论警察职务防卫时，当然是作为警察义务来对待；当我们在《刑法》中讨论正当防卫时，当然是作为公民权利来对待。这是两个完全不同的事物，并且分别规定在不同的法律之中。申言之，如果将警察防卫行为视为正当防卫，进而以一种公民权利来对待，极有可能导致警察怠于履行职责，因为权利的行使往往是随心所欲的。

第三，根据正当防卫说得出的重要结论是，"当警察行为在刑法中构成正当防卫并因此致使相对人负有容忍义务时，实际上就只能肯定实施行

---

① 邓君韬. 警察使用武器行为之正当性判断 [J]. 法学, 2019 (3): 157.
② 陈璇. 正当防卫与比例原则 [J]. 环球法律评论, 2016 (6): 53.
③ Spirakos, Folter als Problem des Strafrechts, 1990, S. 216.
④ 王钢. 警察防卫行为性质研究 [J]. 法学家, 2019 (4): 62.

为的警察同时在行政法上享有了相应的职权"。① 据此论者的结论可以反推出其内含的逻辑是，只有承认警察行为是正当防卫，才能进一步认为是职务行为。笔者认为，这在逻辑上可能存在因果颠倒的嫌疑。当警察实施防卫行为时，我们本能的判断当然是查找《人民警察法》中相关的规定，即便行为本质上也符合正当防卫，但针对一个防卫行为本身而言，《刑法》中正当防卫条款只能是一般规定，而《人民警察法》针对警察实施防卫行为的规定是特别法，根据特别法优于一般法的原理，我们当然优先确证该行为是依法履行职务的行为，而后才可能有讨论正当防卫的余地，这样的逻辑才更加符合生活事实、法律事实。当然，如果我们抛开逻辑本身，对于正当防卫说的结论——肯定警察在行政法上享有了职权——也是存在疑问的。根据《人民警察法》及其配套行政法规的规定，警察依法履行职务，不仅要符合有关"职权"的正面规定，即《人民警察法》第二章之规定，也要符合有关"职权"的反面规定，即《警械和武器条例》第二章、第三章对于警械、武器的限制性规定。警察行为构成正当防卫只是符合了"职权"的正面规定，对于"职权"的反面限制，必须依据比例原则的内涵进一步确定。由此可见，正当防卫说得出的结论是有失偏颇的。

4. "警察防卫行为"本质的立场

本书认为，警察防卫行为是依照《人民警察法》及其相关法律做出的履行职务行为，故应当坚持职务行为说的立场，并且认为该说在理论与实践中都更加符合警察防卫行为的本质。首先，从理论上讲，笔者最初就将警察防卫行为定性为依照法律实施的行为，根据本书第一章对"法律"的界定，当然是指《刑法》以外的其他法律。具体来说，警察实施防卫行为的时间、对象、限度等条件都是依据《人民警察法》及其配套行政法规来确定，这与《刑法》没有任何关系，如果坚持正当防卫说的观点，则无论如何也不能摆脱《刑法》的干预。当警察职务行为导致相对人伤亡结果时，如何保证该行为的出罪效果，依据的是法秩序统一性原理下缓和的违

---

① 王钢. 警察防卫行为性质研究 [J]. 法学家, 2019 (4): 58.

法一元论，并且结合相关法律对职务行为实施条件的规定，这与传统正当防卫的正当化根据——"个人保护原则"与"法确证原则"并不相干。其次，在实践中，当公民面对的不法侵害来不及等到国家的救助时，则通常由自己实施正当防卫，但凡有警察赶到现场，则由警察制止不法侵害，公民不再继续实施先前防卫行为。如果将警察防卫行为定性为正当防卫，则意味警察和公民同时面对不法侵害时，公民可以继续"单独作战"，警察也可以"退避三舍"，因为同是正当防卫，当然没有先后之分，而这不符合生活事实。警察行为是职责、义务，而公民防卫是权利，正是这种理念才使得生活中警察反抗不法侵害时，公民往往"退居二线"，将自己置于安全境地。

当然，职务行为说也并非完全没有疑问，下文针对学界对该说的批判做一点回应，目的是进一步佐证职务行为说的科学性与合理性。

第一，有学者认为，"职务行为说可能导致人民警察在保护自身利益的紧急事态中相比于普通公民处于不利地位"，[1] 如果一概否定适用正当防卫的可能性，有损《宪法》确定的人人平等原则。[2] 其举例道："警察在巡逻的过程中发现窃贼进入自家实施盗窃，如果以普通公民的身份，当然可以使用木棍制止不法侵害，从而保护自己的财产权益；但是对警察身份而言，因不符合《警械和武器条例》关于适用警械的条件，故而只能眼睁睁地看着财产被盗。这明显是有失公平的。"笔者认为，论者这样的担心完全是没有必要的。在这样的事态下，即便警察不使用任何武器，只要其亮明警察身份足以震慑窃贼，哪怕一个假装拔枪的举动都足以让窃贼落荒而逃。法律之所以规定公民面对这种情况可以使用武器，是因为公民缺乏"警察"这一威慑力的身份，如果不适当放宽防卫手段，难以保证自身合法权益不受侵害。

第二，有学者认为，职务行为说试图通过《警械和武器条例》来否定

---

[1] 王钢. 警察防卫行为性质研究 [J]. 法学家, 2019 (4): 51.
[2] Beaucamp, 32, 34 StGB als Ermächtigungsgrundlagen für polizeiliches Eingreifen, JA 2003, S. 403.

警察职务防卫是"正当防卫"的立场，存在适用法律的错误。① 《刑法》是由全国人大制定的基本法，《警械和武器条例》只是国务院制定的行政法规，根据"上位法优越下位法"的原理，后者并不能排除警察防卫行为基于前者的规定而成立正当防卫；况且，根据《立法法》的规定，限制、剥夺人身自由的强制措施只能由法律规定。② 笔者认为，职务行为说的结论是由《人民警察法》第5条"人民警察依法执行职务，受法律保护"以及第二章具体"职权"的相关规定推导出来的，并非论者所指的那样由《警械和武器条例》所决定，同时《人民警察法》与《刑法》都属于法律，根据《立法法》的相关规定，两者在法律效力位阶的认定上并无上下之分，纵使《刑法》属于基本法。与此同时，通过《人民警察法》关于警察防卫行为的规定与《刑法》关于正当防卫的规定比较发现，针对"警察"这一特殊身份，前者的规定属于特别规定，后者则属于一般规定，根据"特别法优越一般法"的原理，反而应当排除"正当防卫"的立场。至于《警械和武器条例》中对警察使用武器的限制，是为了确保防卫行为符合法律规定的条件，其宗旨是尽可能避免，警察因使用武器导致相对人伤亡而被视为犯罪，并非为了限制、剥夺相对人的人身自由而另行附加规定，因此也没有违背《立法法》的规定。

第三，有学者认为，《警械和武器条例》第7条至第9条均有"法律规定的可以使用武器的其他情形"，这里的"法律规定"并未排除《刑法》的规定，一概否认警察职务行为可以构成正当防卫，会限缩上述条款的应用意义。③ 如此看来，似乎应当在警察职务防卫中承认正当防卫适用的兜底性规定。但如果我们仔细分析上述三条的适用对象就会发现，《警械和武器条例》中关于使用武器的其他情形的主体均是人民警察，即第7条规定："人民警察遇到下列情形的……使用警械……"第8条规定："人

---

① 于改之，蒋太珂. 论警察防卫行为正当性的判断——以"庆安火车站警察枪击事件"为例的分析 [J]. 法律科学，2016 (1)：193-194.
② 王钢. 警察防卫行为性质研究 [J]. 法学家，2019 (4)：52.
③ 王钢. 警察防卫行为性质研究 [J]. 法学家，2019 (4)：53.

*114*

民警察执行任务……使用警械……"第9条规定："人民警察判明有下列……使用武器……"基于"人民警察"这一特殊的行为主体，可见兜底条款中的"其他法律"不可能包含《刑法》，因为《刑法》中正当防卫的主体是一般公民。所以，上述论者得出"限制条款的应用意义"的结论是于法无据的。

第四，有学者认为，单纯依靠职务行为说难以使人民警察制止犯罪行为作为"法令行为"而合法化，例如，现实中警察面临暴力犯罪时，完全可能出现无法使用警械和武器的情况，当使用现场的其他工具制止犯罪时，由于该工具不符合《警械和武器条例》第3条关于警械、武器的规定，因此根据职务行为说可能构成犯罪。[①] 由于得出警察有罪的结论是难以让人接受的，因此可适当承认正当防卫说的立场。笔者认为，上述观点虽然有一定的道理，但是我们必须承认，即便是使用非法定的武器制止犯罪，警察的职务行为依然没有被否定，只要在使用武器的过程中遵循比例原则，我们没有理由让警察对伤亡结果负刑事责任，让英雄"既流血又流泪"恐怕更难以让人接受。此外，对于"警械""武器"的解释也是一种技巧。尽管《警械和武器条例》第3条将此限定为"警用器械""警用武器"，但我们完全有理由将警察防卫行为中能够使用的武器均视为"警用"，因为从字面含义上解释，所谓"警用"乃是"警察在用"。

（三）"警察防卫行为"出罪的条件

众所周知，警察在现实中履行防卫职责时，往往面对的是暴力的不法侵害。因此，《人民警察法》及配套行政法规通常允许其行为可带有暴力性色彩，并且在一定条件下可"以暴制暴"。但随之而来的问题是，暴力的警察防卫行为可能产生伤亡结果，这使得原本依照法律实施的行为可能陷入非法的境地，进而动摇该行为的出罪效果，上文提及的案例一便是如此。因此，我们有必要对警察职务行为需遵守的原则以及具体案件中的防卫条件加以明确，拒之于犯罪门外。

---

[①] 王钢. 警察防卫行为性质研究[J]. 法学家，2019（4）：53.

1. 坚持比例原则是保证警察防卫行为出罪的必要前提

"比例原则产生于19世纪德国的警察国家观念和与之相应的警察法学",① 因此对于警察权的行使具有天然的约束力。一般认为,该原则具有适当性、必要性和狭义比例性三个子原则。②

所谓适当性原则,指行政权的行使必须适合于实现行政目的,即是确定目的和手段之间关系的原则。具体到警察权而言,警察实施的任何防卫行为必须是职务权限范围内的,并且是为了保护个人、社会、国家的法益不受损害之目的而实施。对于防卫行为是否符合职务权限,以及该行为是否真正实现保护法益的目的,这在《人民警察法》中都有明确规定,似乎应无异议。但现实中却也可能发生某种极端的情形:在极度危险的情况下,警察来不及充分的思考就做出本能的防卫,并且认为自己的防卫行为是符合职务权限的,但事实并非如此。当上述警察对于防卫行为的内容产生认识错误时,学理上具有一定的争议:主观说认为应以本人的认识为标准,行为人主观上认为是合法的,那就是合法的;折中说认为应当以一般人的认识为标准;客观说则坚持以法律规定的职务行为进行判断,超出法律规定范围的就是不合法。③ 笔者原则上主张客观说的立场。以主观认识来确认警察防卫权的行使范围,会极大地超越法律规定而不当扩大警察权限,可能导致人民警察所执行的所有职务活动都是合法的结论,④ 使一些已经构成犯罪的防卫行为逃脱法律的制裁。折中说中一般人的界定十分模糊,到底是以警察,还是以不法侵害人,甚至是受害人为标准,都存在分歧。客观说避免了主观说与折中说的缺陷,并且坚持违法的客观判断,既有利于保护警察的防卫行为,也有利于避免警察对不法侵害人利益的不当侵害。因此,在警察因发生认识错误而实施了超越法定权限的防卫行为

---

① 黄学贤. 行政法中的比例原则研究 [J]. 法律科学, 2001 (1): 73.
② 余凌云. 论行政法上的比例原则 [J]. 法学家, 2002 (2): 33.
③ [日] 西田典之. 刑法各论 [M]. 刘明祥, 王昭武, 译. 武汉: 武汉大学出版社, 2005: 296.
④ 李永升, 安军宇. 暴力袭警行为法律性质与内涵的教义解读 [J]. 海南大学学报 (人文社会科学版), 2019 (1): 131.

时,并不阻却犯罪的成立。但笔者进一步认为,如果发生认识错误是不可避免的,应当有条件地给予警察一定的"奖励",毕竟警察的防卫行为保护了一个正在受损的法益,基于功利主义的思考,如果被保护的法益价值高于不法侵害人受损法益的价值,对警察应当减轻处罚,甚至可以考虑让他承担非刑事责任。

所谓必要性原则,是指行为满足适当性之后,在所有能够实现行政目的的方式中,必须选择对公民权利侵害最小的方法,即德国法上所说的"警察不可用大炮打麻雀",① 中国也有谚语称之为"割鸡焉用牛刀"。根据《警械和武器条例》第4、7、9、10和11条之规定,警察在使用警械、武器制止违法犯罪时,必须以减少人员伤亡、财产损失为原则;在使用警械或武器前,必须发出必要的警告;在特殊的情况下,警察应不得使用武器或停止使用武器。例如,警察鸣枪示警后,犯罪嫌疑人即停止不法侵害的,不得再对其开枪射击;警察通过设置关卡即可拦截逃犯的,不得再采用射击制服的方式。当然,进一步成为问题的是,在各种方法的取舍上到底应当以什么为判断标准。笔者认为,应当以事前判断的原则,否则会使警察防卫充满后顾之忧,甚至基于司法后果的不可预测性,为求稳妥而不敢正当使用武器。例如,警察已经设置好关卡拦截逃犯并鸣枪示警,但司机仍不听劝阻执意冲卡,最后警察不得不开枪射击从而导致汽车失控致其死亡。事后查明,司机除醉酒驾驶外并无其他违法犯罪事实,但认定警察开枪构成犯罪显然也是不妥当的。② 因为警察先前的一系列行为已经表明,其是穷尽一切缓和的手段后才不得已开枪射击,是符合职务行为的必要性原则的。

所谓狭义比例性原则,也称法益相称性。行政行为的实施不可避免地会引起双方,甚至多方利益的冲突,因此目的的适当性与手段的必要性仍

---

① 陈新民. 宪法基本权利之基本理论(上册)[M]. 台北: 元照出版公司, 1999: 242.
② 苏力. 送法下乡: 中国基层司法制度研究[M]. 北京: 北京大学出版社, 2011: 93.

不足够。例如，警察在街头开枪，此时便涉及公共利益、第三人利益和不法侵害人利益之间的冲突问题，因此必须在价值层面进行考量和权衡。① 详言之，"行政权力在行使前，必须证明行政目的所能达到的利益重于所侵害的人民权利"。② 据此有学者认为，警察防卫权的行使在相同条件下受到比一般人更多的限制，因此从有效性上考虑是逊色于公民正当防卫权的。③ 但事实上并非如此，警察防卫行为首先体现的是国家权力的行使，是依照法律履行国家职责，它对于法秩序的保护本身就构成了巨大的社会利益，即便直接挽救的是被害人微小的法益，"但两种被保护法益相加的结果依然远大于不法侵害人受损的法益"。④ 所以，警察防卫行为只要严格遵循适当性与必要性的前提下，对于狭义比例性的判断往往都是值得肯定的。但是，我们也并不能据此否定狭义比例性原则的固有价值，狭义比例原则以损害部分利益为代价而追求整体法益之增进，其蕴涵着公法领域利益冲突的客观性以及利益衡量的必要性。⑤ 诚如学者所言，"利益衡量和狭义比例性原则实际上内容应该是一致的，只是语言表达的不同而已"。⑥ 因为，警察职务行为在本质上也体现了法益衡量的结果，具体来说就是，警察职务行为所保护的法益与该行为可能侵害犯罪嫌疑人的法益之比较。

2. "警察防卫行为"出罪的必要条件

警察依法实施的防卫行为自始不可能是犯罪，但由于现实情况的复杂性以及法律规范的不明确，导致警察在具体履行职责时，为了制止不法侵害而来不及考虑更多的内容，可能使防卫行为本身异化为违法犯罪，因此有必要对其出罪条件加以明确。

---

① 余凌云. 论行政法上的比例原则 [J]. 法学家，2002 (2)：34.
② 黄学贤. 行政法中的比例原则研究 [J]. 法律科学，2001 (1)：77.
③ Schaffstein, Die strafrechtlichen Notrechte des Staates, GS-Schröder, 1978, S. 104.
④ [日] 松宫孝明. 刑法総論講義 [M]. 东京：成文堂，2012：134.
⑤ 王书成. 论比例原则中的利益衡量 [J]. 甘肃政法学院学报，2008 (2)：25.
⑥ Joan Fitzpatrick, Human Rights in Crisis: The International System for Protecting Rights During States of Emergency, University of Pennsylvania Press, 1994, p. 35-38.

<<< 第三章 依照法律的行为：以实体法为分析对象

(1) 时间条件

根据法律规定，当不法侵害已经停止或者犯罪嫌疑人失去再犯罪的能力时，警察便不得再使用警械、武器继续进行防卫，否则对造成的伤亡结果应当承担责任。这是有关警察防卫行为结束时间的确认，当然没有争议，但对于防卫行为起始时间如何确认尚无法律规定，有必要在理论上予以分析。如果参照正当防卫的时间起算点，则应当以不法侵害实际发生为标准，但正如前文所述，警察防卫行为的本质是职务行为，是警察履行职责的行为，并不同于正当防卫。基于警察职业特有的敏感性，如果仍以普通公民对待罪犯的"嗅觉"作为判断标准，无异于对警察职业的亵渎，也是对警察能力的否定。因此，我们认为，警察依法履行防卫职责的时间起算点应当以警察预感不法侵害即将发生为准，也即将不法侵害的判断稍稍往前移。由于预感不法侵害的时间点因警察个人能力的差异而有所不同，因此很难形成统一的标准。为了确保潜在的"罪犯"的法益不受过分的侵害，必须对警察防卫的手段做出严格的限制：必须受比例原则的严格约束，并且只能实施较为缓和的职务行为，例如检查、盘问等。

(2) 程序条件

正如美国大法官道格拉斯所言，"法治与人治之间的大部分差异是由程序决定的"。[1] 警察是行使国家公权力的代表，警察职务行为的不规范将对公民的合法权益产生巨大的损害。警察防卫行为不仅要在实体上合法，也要在程序上合法，最为典型的就是"事前警告"，警察在面对犯罪嫌疑人时，径直使用警械或武器击倒、射杀都是不合乎程序规定的。警告必须以犯罪嫌疑人明确知晓为标准，警告的方式可以是口头，也可以鸣枪示警。如果经过所有的前置警告程序，犯罪嫌疑人仍然不停止不法侵害，甚至实施更为严重的不法侵害，则警察可以依法将其击倒，甚至击毙，而不用承担任何责任。上文案例三中就是符合程序规定的情形，警察对方九书进行三轮鸣枪示警后，方九书仍然没有任何停止的意思，故而将其击毙是

---

[1] 陈瑞华. 看得见的正义 [M]. 北京：北京大学出版社，2013：9.

*119*

合理合法的。

(3) 限度条件

限度条件是与比例原则最为密切的条件,可能也是与防卫行为是否合法最为直接关联的条件,上述案例一的有罪判决充分说明了这一点。笔者虽不赞同法院将民警张磊的防卫行为定性为正当防卫,但即便视其为职务行为,该行为是否超过必要限度仍值得思考。一般地,警察在遇到法定情急的条件下可以使用警械、武器,但《警械和武器条例》不曾对使用警械和武器的限度予以规定,这便需要法官对于警察在防卫行为中使用警械、武器造成的后果加以自由裁量,当然这种自由裁量应当是在比例原则的指导下进行。但由于立法规定的欠缺,完全依赖于法官的自由裁量也绝非长久之计,毕竟中国法官的素质时常难以令人满意。在域外,警察防卫行为使用武器以"急迫威胁生命原则"为标准,其中美国是对该原则贯彻最为彻底的国家,他们的司法实践认为,"当警察面临可能危及生命或严重伤害的不法攻击行为时,警察可以开枪"。[1] 笔者认为,这种判断原则相比于比例原则更加直观、明了,而且可以更大程度地脱离自由裁量权的束缚,但这有赖于法律规定的完善以及法治建设的健全。就目前背景下,可能坚持比例原则这种"世代相传"的标准更切合实际。简言之,就是坚持比例原则中适当性、必要性和狭义比例性的"三步走"。以此标准来审视案例一的情形,我们认为法院应当对民警张磊做出无罪判决。

除此之外,警察防卫行为的限度条件往往与无限防卫权有所牵涉。详言之,如果符合比例原则的前提,警察是否也可以对犯罪行为进行无限防卫?从理论上讲,比例原则对正当防卫的限度具有包容关系,无限防卫也没有打破这种"包容关系"。[2] 但笔者认为,一方面,警察防卫行为不可能实施无限防卫权,因为警察经过了严格和专业的体能、技术训练,配备了较为齐全和精良的防暴器具,基于这种天然的优势使他们在制止不法侵

---

[1] 邓君韬. 警察使用武器行为之正当性判断 [J]. 法学, 2019 (3): 159.
[2] 熊琦.《人民警察法》(修订草案稿) 视野下警察职务防卫行为的本质与规范选择 [J]. 西南政法大学学报, 2019 (2): 122-124.

害时能够比普通公民更大限度地降低侵害者的损失。例如，当普通公民面对罪犯入室抢劫时，除了使用菜刀、木棍等杀伤性武器制服对方之外，完全没有其他更加理想的一招制敌的方式，更别提在未经专门训练的情况下，精确地拿捏攻击的部位以及杀伤的尺度，故而为了保证公民人身、财产权免受侵害，就不得不赋予他们无限防卫的权利，也即可以采取致命性攻击。然而，警察不仅有警棍、催泪弹等警用器械以及枪支、弹药等警用武器可以使用；而且经过严格、专业的技术训练，也有能力准确地攻击对方手、脚等非致命部位，进而制服罪犯，没有必要进行致命性攻击。另一方面，警察防卫行为也不能行使无限防卫权。警察执法具有武装性和暴力性，自身配备警械、武器，[①] 如果允许警察直接击毙行为人而不承担任何刑事责任容易造成警察权的滥用，不利于保障公民基本人权。

（四）几种特殊"警察防卫行为"的出罪

第一，警务辅助人员实施的防卫行为是否具备出罪效果？在过去，由于警务辅助人员不符合《人民警察法》中关于警察的定义，原则上不符合警察防卫行为的主体条件，因此这类主体实施的不是真正意义上依法履行职务的行为，对他们也没有必要适用"依照法律的行为"的出罪效果。但是，随着2019年2月1日《公安机关维护民警执法权威工作规定》的正式实施，该规定第31条明确指出，"警务辅助人员在协助民警依法履行职责、行使职权过程中受到的不法侵害，参照本规定开展相关工作"。应当说，该条规定从实定法上将维护民警执法权威主体范围进一步扩大，将警务辅助人员纳入其中，使其符合了警察防卫行为的主体条件，具备了适用"依照法律的行为"出罪的余地。当然，退一步讲，即便没有实定法的规定，在法理上笔者也认为，当上述主体在执法过程中可能出现的行为在违法犯罪边缘徘徊时，我们也不能一律认定其成立犯罪。警务辅助人员不仅队伍庞大，也是公安机关的重要辅助力量，更在维护社会治安的稳定中发挥重要作用。故而，笔者建议应当重点考察其"执法"是否具备正当的权

---

① 金泽刚，乔青. 警察防卫新论 [J]. 山东警察学院学报，2010（6）：77.

力来源。众所周知，执法权是典型的公权力，公权力的权源在于法律法规的授权，授权的途径主要是通过《宪法》《组织法》等法律法规，对相关政府及其职能部门等机构组织进行授权。公安机关正式基于这种授权而成为行政主体，并进一步依据具体行政行为实现其职能。由此可见，公权力的授权对象一般是机关组织，并不直接针对个人，但只要法律对公安机关授权是合法的，那么依照公安机关的职能要求而实施的具体执法行为通常也是合法的。因此，警务辅助人员是否具备合法的执法权限，关键要看其是否按照公安机关的职能要求。例如，负责交通管理的警务辅助人员，发现有交通肇事后逃逸的情形时，当然可以追击围堵，必要时候甚至可以使用武力将其制服，即便造成肇事者受伤或使公共利益受损，也应当视其为依法履行职务行为；反之，负责户籍管理或办公室后勤的警务辅助人员，则没有上述执法权，若实施与交通管理警务辅助人员类似的行为，只能视为个人行为，造成严重后果或涉嫌违法犯罪的，不得援用职务行为的有关理论否认其成立犯罪。

第二，当警察对犯罪事实发生认识错误而实施防卫行为的，是否具备出罪效果？典型的情形是：A抢劫B的财物，B奋起反抗，并与A扭打在一起，警察C见状误以为是B抢劫A的财物，上前将B打倒并造成其重伤。笔者认为，这种情形类似于假想防卫，根据假想防卫的原理，防卫行为要么成立过失犯罪，要么成立意外事件，但假想防卫过当可能是过失，也可能是故意。对警察而言，其防卫行为显然属于没有依法履行职责，可以认定其构成玩忽职守罪，那么对于产生的过当结果，即B的重伤是否需要承担责任？"由于假想防卫过当是否适用正当防卫第二款减免处罚的规定存在疑问"，[1] 因此难以通过类比的方式得到结论。笔者认为，警察应当对重伤结果负责，理由在于：如果没有C的"防卫行为"，B有可能打倒抢劫者A，从而保护自身财产权益，即便B难以对A做出有效反击，至少可以向周围发出求救或在A逃脱后报警，正是由于C的错误加入，不仅使

---

① 张明楷. 刑法学（第五版）[M]. 北京：法律出版社，2016：214.

抢劫者 A 成功逃脱，更使自己遭受莫须有的二次伤害，不对 C 惩戒难以为法感情所容忍。当然，由于 C 自始只有一个错误的职务行为，符合刑法中想象竞合"一行为产生数结果"的情形，故而应与玩忽职守罪发生竞合，择一重罪处罚。

第三，依据上级警察的命令实施的防卫行为是否具备出罪效果？实际上，这种防卫行为本质上已经不属于依法履行职务行为，而是依据命令的职务行为，是执行命令的行为。笔者对此将在第五章详述，此处仅摆出几个结论性的意见：首先，如果上级警察发出执行职务的命令是合法的，那么下级警察应当遵守，如果下级警察在执行职务的过程中符合防卫行为的基本原则和必要条件，当然阻却犯罪成立；其次，如果下级警察认为上级发出执行职务的命令不合法，应当请示上级，上级要求执行的，对于造成的后果下级警察不承担任何责任，即便构成犯罪，也只追究下达命令的警察的刑事责任；最后，如果上级发出执行职务的命令是明显犯罪的，下级警察不执行自始不成立犯罪，若执行则与上级成立共同犯罪。

第四，非工作时间的警察防卫行为是否具备出罪效果？严格意义上讲，警察防卫行为必须是在执行职务的过程中而制止犯罪，非工作时间，例如上下班途中，周末或节假日，均无法执行警察职务，也无须执行。但现实中，确实存在警察在非工作时间制止或逮捕罪犯的情形。例如，2018年 6 月 21 日《法制晚报》刊登了一则案例，一名刚值完夜班的民警史博宇在骑自行车回家途中，发现迎面而来的男子形象可疑，跟踪后发现竟是正在追逃的盗窃犯，报警后协同执法民警将其逮捕归案。[①] 笔者认为，非工作时间的警察仅具有普通公民的身份，对其抓捕罪犯的情形应当参照公民"扭送"的相关规定，当符合扭送出罪的条件时，自然也阻却犯罪成立，此内容将在后文详述。

---

① 朱健勇，杨昊. 确认过眼神，你就是要抓的人：民警下班途中抓获盗贼 [R/OL]. 网易新闻，2020-04-18.

## 四、行政性法律①中规定的"特别许可"

正如储槐植教授所言,"中国的法定犯时代已经到来,并且我们应当正视法定犯时代的到来"。② 几乎在所有法定犯的构成要件要素中,都是以违反前置法规或者未得到前置法规的许可而实施具体行为,所以我国行政犯其实是行政违法行为刑事化的产物。③ 因此,当我们研究法定犯的出罪问题时,行政许可或许是一个绕不开的话题,它虽然不如正当防卫、紧急避险那样,在所有的自然犯中都能发挥出罪效果,但在仅有的那一部分法定犯中,行政许可的出罪效果是不可替代。正如张明楷教授指出,"以'未经……许可''未经……批准'为成立条件的犯罪,最典型的犯罪阻却事由就是行政许可"。④ 除此以外,笔者还认为某些以"非法……"或"违反……规定"为罪状内容的罪名,如若在相关的行政性法律中有行政许可的规定,亦可视其为出罪事由。不过,就目前笔者掌握的资料来看,以传统四要件为犯罪构成理论的教科书中,并无关于行政许可作为出罪事由的探讨;即便以德日三阶层理论建构的犯罪论体系,也仅有张明楷教授的《刑法学》对行政许可作为出罪事由稍做阐释。但是,在采取构成要件符合性—违法性—有责性的阶层犯罪论体系下,获得行政许可的行为到底在哪个层次发挥着出罪的效果,探讨并不深入。当然,本书开篇便指出,值得探讨的"法令行为"必须具有"犯罪"外观,如果某种行政许可在构成要件符合性层面就发挥出罪效果时,便不可能产生"犯罪"外观,也就不是本书研究的对象。因此,本书以学界主流研究行政许可出罪的阶层犯罪论体系为立论点,率先通过《中华人民共和国行政许可法》(以下称《行政许可法》)对各类许可事项进行分类,逐一判断不同类型行政许可

---

① 本节所指行政性法律,既包括传统意义上的行政法,也包括《证券法》《银行法》等经济法律,因为刑法理论上的法定犯(也称行政犯)也包括所有的经济犯罪,使用行政性法律的范畴可能更能全面地研究法定犯在获得许可后的出罪问题。
② 李运平,储槐植.要正视法定犯时代的到来[N].检察日报,2007-06-01:03.
③ 周佑勇,刘艳红.行政刑法的一般理论[M].北京:北京大学出版社,2008:8.
④ 张明楷.行政违反加重犯初探[J].中国法学,2007(6):73.

的出罪理由，并对那些不具有"犯罪"外观的行政许可加以过滤。

（一）"行政许可"的种类及其出罪

《行政许可法》对行政许可的定义是：行政机关根据公民、法人或其他组织的申请，经依法审查，准予其从事特定活动的行为。进而，行政法学理论根据获得许可的难易程度分为普通许可和特别许可，根据许可的时限分为长期许可和临时许可，根据许可机关的不同分为法定许可、授权许可和委托许可，等等。① 国内刑法学者对行政许可的研究，主要集中于某项行政许可是否能成为阻却犯罪成立的条件，并将行政许可分为控制性许可和特别许可两类，同时指出，控制性许可阻却构成要件符合性，特别许可阻却违法性，两者均阻却犯罪成立。② 如此看来，只有特别许可才具有"犯罪"外观，才是本书研究的对象。

就上述论者的结论而言，笔者大体是赞同的，但是对行政许可做这样的分类恐怕未必合理。其一，通常与"特别许可"相对应的概念是"普通许可"，并且在行政法学理论中也无争议，上述刑法学者创造性地使用"控制性许可"不仅违背了行政法学理论上的一般认知，而且从其想要表达的核心内容上看，控制性许可是"只要申请人的行为符合实体法的规定，就应许可"，这与"普通许可"对权利的赋予并无二致。可见，该学者对"控制性许可"与"特别许可"的区分在本质上就是"普通许可"与"特别许可"，倒不如继续沿用行政法学界的概念。其二，"控制性许可"从文义上理解，给人以"国家强制力控制"的错觉，可能误以为"控制性许可"是以法律禁止为前提的，进而等同于"特别许可"。而作者所要强调"控制性许可"实则表达"普通许可"的内涵，即对权利的赋予。由此可见，词意的合理性同样遭受不必要的质疑。其三，我国行政许可类型太过繁杂，"控制性许可"与"特别许可"恐怕无法涵盖《行政许可法》的所有规定，即便将上述论者的"控制性许可"等同于"普通许

---

① 胡建淼. 行政法学（第四版）[M]. 北京：法律出版社，2015：264.
② 张明楷. 刑法学（第五版）[M]. 北京：法律出版社，2016：237.

可",并且"特别"与"普通"是一组对立的范畴,理论上不可能存在"特别且普通"的许可类型,但某些类型的许可,在公众观念里确实难以用"特别"或"普通"来衡量。例如颁发医师执照的行为,更加朴素的观点是将其视为对行政相对人资质、技能的认可。故而笔者主张通过《行政许可法》的描述性条文和特别程序规定的方式,以法条为依据将行政许可分为一般许可、特别许可、认可、核准和登记。① 下文正是基于这样的分类,进一步区分各自阻却犯罪成立的类型。

1. 一般许可

《行政许可法》第12条第一项规定了一般许可的事项。该项规定的一般许可事项与行政法学界对普通许可的认定基本一致,都是针对不以国家法律禁止为前提的行为做出许可,因为该行为本身并无侵犯其他法益,只是需要行政机关在具体事件中事先审查是否违反特定实体法。② 那么,在刑法中,哪些行为会涉及一般许可?

例如,《刑法》第296条规定的非法集会、游行、示威罪,构罪的条件之一是"集会、游行、示威的申请未获许可",但上述行为是《宪法》对公民基本权利的规定,同时当"集会、游行、示威"行为又符合《中华人民共和国集会游行示威法》的基本规定并获得主管机关的许可时,则行为不构成本罪。又如,《刑法》第179条规定的擅自发行股票、公司、企业债券罪,构罪前提是"未经国家有关主管部门批准",但发行股票、公司、企业债券行为本身并未侵犯任何法益,只是需要符合相应实体法所规定的发行条件,例如,根据《中华人民共和国公司法》《中华人民共和国证券法》的有关发行规定,便可阻却行为成立犯罪。再如,《刑法》第334条第一款的非法采集、供应血液、制作、供应血液制品罪,原则上采集、供应血液或血液制品行为也并未侵犯任何法益,但在具体实施该行为时需要符合与之对应的国家法律规定,例如根据《关于办理非法采供血液等刑事案件具体应用法律若干问题的解释》第一条的规定就可以阻却行为成立

---

① 章剑生. 行政法与行政诉讼法 [M]. 北京:北京大学出版社,2014:207.
② 张明楷. 刑法学(第五版)[M]. 北京:法律出版社,2016:237.

犯罪。再比如,《刑法》第340条的非法捕捞水产品罪,原则上捕捞水产品行为并未侵犯任何法益,但在具体实施该行为时需要符合与之对应的国家法律规定,例如根据《中华人民共和国渔业法》第23条规定,对于不同的捕捞作业,由国务院或各级政府主管部门发放捕捞许可证,由此便阻却捕捞行为成立犯罪。

那么,作为一般许可,具体在阶层犯罪论体系中哪个层面体现其出罪效果?本书认为,上述获得一般许可的行为本身并不具有法益侵害性,某些行为甚至是明文规定的合法行为,如《宪法》赋予公民集会、游行的自由,只是在特定的情况下需要获得国家有关部门的许可,并符合相应实体法的规定,那么这些获得一般许可的行为就阻却了构成要件符合性的成立。因为构成要件符合性强调,"案件的客观事实符合刑法所规定的具体犯罪的构成要件",[①] 简言之,行为看起来"貌似犯罪"。但事实上,获得一般许可的客观事实在行为主体、行为本身、行为对象和结果等诸多方面,都不可能"貌似犯罪",所以排除了构成要件符合性的成立。

2. 特别许可

《行政许可法》第12条第二项规定了特别许可事项。该项规定的特许事项都以某些特定领域的特定利益关系为前提,并且在通常情况下,只有特定主体才有申请许可的资格,国家对许可的事项也是严加控制。行政法学界对特别许可的界定也不外如是,其本质就是国家在特定情况下对法律禁止行为的解除,并且没有任何争议。那么,在刑法中,哪些行为会涉及特别许可?

例如,《刑法》第125条规定的非法制造、买卖、运输、邮寄、储存枪支罪,第126条规定的违规制造、销售枪支罪和第128条规定的非法持有枪支罪,就是涉及特别许可的典型罪名。根据《中华人民共和国枪支管理法》的规定,国家严格管制枪支,只有特定主体才具备制造、买卖和运输枪支的资格,并且对枪支的型号、数量,配备的限额、资格,日常的管

---

[①] 张明楷. 刑法学(第五版)[M]. 北京:法律出版社,2016:130.

理等，均做了严苛的规定。该法第 13 条甚至规定："对枪支的制造、配售实行特别许可制度。"国家施行禁枪政策，"在于枪支的危险形象给公众带来的威胁、恐慌和不安"。① 可见，在行政相对人未获得特别许可的情况下，储存、持有枪支，或者从事有关运输、制造、买卖枪支的行为就是违法犯罪行为，但只要国家在特定情况下对某些特定利益的考虑而做出特别许可，如配备公务用枪实现对社会更好的管制，配备民用枪支进行射击运动、猎场狩猎、野生保护区必要的保护等，那么该特许行为就是对"法律禁止行为的解除"。又如，《刑法》第 339 条第二款规定的擅自进口固体废物罪，也体现了特别许可的特征。根据《中华人民共和国固体废物污染环境防治法》第 3 条规定，对固体废物实行充分回收，合理利用，并鼓励和支持针对固体废物的科学研究。由此可见，如果进口固体废物是为了重复利用或为某些生产提供原料，又或是针对特定生态环境研究的需要，那么经由国务院有关部门的许可，则该行为便不属于"擅自"。再如，《刑法》第 341 条规定的非法收购、运输、出售珍贵、濒危野生动物、珍贵、濒危野生动物制品罪和非法狩猎罪，同样体现了特别许可的特征。根据《中华人民共和国野生动物保护法》（以下称《野生动物保护法》）第 3 条规定，禁止出售、购买、利用国家重点保护野生动物及其制品，但在科学研究、人工育种等特殊情况下，经过有关野生动物保护主管部门的批准，可以进行出售、购买和利用。可见，只要经过特别许可，就可以解除对"出售、购买"行为的禁止。同理，根据该法第 22 条、第 23 条规定，若取得捕猎特许证，并且按照规定的种类、数量、地点、工具、方法和期限进行捕猎，也是对原本"非法"行为的解除。再比如，《刑法》第 350 条规定的非法生产、买卖、运输制毒物品罪，原本是为了打击和规制毒品犯罪，但在某些情况下，制毒原料可为医学发展所用，尤其是麻醉药品和精神药物。正如《中华人民共和国禁毒法》（以下称《禁毒法》）第 2 条规定："根据医疗、教学、科研需要，依法可以生产、经营、使用、储存、运输

---

① 车浩. 非法持有枪支罪的构成要件 [J]. 华东政法大学学报，2017 (6)：42.

麻醉药品和精神药品。"此外,《禁毒法》第 21 条还规定:"国家对易制毒化学品的生产、经营、购买、运输实行许可制度。"这就是典型的特别许可,即国家对特定企业授予特别许可,保证医疗发展。

此外,笔者认为,《刑法》第 225 条第一项和第三项的非法经营罪,第 343 条第一款的非法采矿罪,在构成要件的表述上也都体现了特别许可的含义或特征。另外,诸如《刑法》第 121 条的非法提供国家秘密罪和第 282 条的非法持有国家绝密、机密文件、资料、物品罪,① 第 151 条第三款的走私国家禁止进出口的货物、物品罪,② 第 206 条至 209 条规定的发票类犯罪,③ 第 343 条第二款的破坏性采矿罪,④ 第 344 条的非法收购、运输、加工、出售国家重点保护植物、国家重点保护植物制品罪,⑤ 第 345 条的盗伐林木罪和滥伐林木罪,⑥ 虽然在罪状的表述上没有直接体现特别许可的含义,但是在相关行政法律、法规中体现了特别许可的内容。

那么,作为特别许可,正如笔者上文所承认的那样,它在阶层犯罪论体系中违法性阶层发挥出罪的效果。详言之,获得特别许可实施的行为与获得一般许可实施的行为并不相同,正如特别许可的本质所表征的那样,获得特别许可是国家在特定情况下对法律禁止行为的解除,显然在此之前,行政相对人实施的相关行为是违法或犯罪的。那么,特别许可针对的事项本身就侵害了某种法益,至少在构成要件符合性上已经映射出"犯罪"。例如,生产、买卖、运输制毒物品行为,原本就具有侵害公众身体健康的危险;采矿行为原本也具有危害生态资源的危险。因此,特别许可便无法阻却构成要件符合性,但依据该许可实施的行为依然不具有实质的违法性。因为实质违法性所要强调的是,"行为对法规范所保护的法益产

---

① 具体见《中华人民共和国保守国家秘密法》第 2 条、第 16 条、第 30 条规定。
② 具体见《中华人民共和国进出境动植物检疫法》第 5 条第 3 款规定。
③ 具体见《中华人民共和国税收征收管理法》第 22 条规定。
④ 具体见《中华人民共和国矿产资源法》第 3 条第 3 款和第二章"矿产资源勘查的登记和开采的审批"规定。
⑤ 具体见《中华人民共和国野生植物保护条例》第 18 条第 2 款规定。
⑥ 具体见《中华人民共和国森林保护法》第 32 条规定。

生不利的影响",① 在社会相当性的框架内,通过对实施某种行为所产生的"利"与"弊"的衡量进行具体判断。如前所述,特别许可都是针对特定领域的特定利益而实施的。例如,尽管生产制毒物品具有侵害公众身体健康的危险,但是对医疗事业的发展具有突出的贡献,权衡两者,一味地以保护公众健康为由阻碍医疗事业的发展是不明智的,所以有实施特别许可的必要;再如,制造、买卖枪支虽然产生社会风险,但严格的特许制度却能更好地管控社会。

3. 认可

《行政许可法》第 12 条第三项规定了认可事项。简言之,就是对行政相对人是否具备某种资格或技能的判定。例如,《刑法》第 336 条规定的非法行医罪和非法进行节育手术罪,两罪的犯罪主体必须不具备医师职业资格,那么已经被授予执业医师执照的人,便具备了医师职业资格,则无论如何也不可能构成上述两罪。其中,医师执照的授予就是行政许可中的认可行为。另外,对行政相对人授予教师、律师、法官、检察官、拍卖师等一系列职业资格,都可视为行政许可中的认可,只不过目前刑法中还没有与之对应的罪名。

"认可型"的行政许可在刑法中并不多见,且都是对主体资格的认定,最简便的方式就是,根据四要件犯罪论体系中犯罪主体不符合从而排除犯罪。当然,在阶层犯罪论体系下,根据构成要件符合性中行为主体不适格,同样也有出罪的效果。

4. 核准

《行政许可法》第 12 条第四项规定了核准事项。简言之,就是对物品是否符合某些标准的审核。刑法中涉及核准行为的罪名主要有以下三款:第 151 条第二款规定的走私文物罪、走私珍贵动物、珍贵动物制品罪,第 154 条规定的特殊形式的走私普通货物、物品罪和第 230 条规定的逃避商

---

① [德] 汉斯·海因里希·耶赛克,托马斯·魏根特. 德国刑法教科书 [M]. 徐久生,译. 北京:中国法制出版社,2016:320.

检罪。对于第一种情形，根据《中华人民共和国文物保护法》第 61 条规定："文物出境，应当由指定文物进出境机构审核，并由国务院文物行政部门颁发文物出境许可证。"第 63 条规定："文物临时进境，应当向海关申报，并报文物进出境审核机构审核。"根据《野生动物保护法》第 35 条第二款规定："出口国家重点保护野生动物或其制品的，应当经……批准，并取得……允许进出口证明。"第 37 条规定："从境外引进野生动物物种的，应当经……批准。"如果经过核准或证明的，自然不构成走私文物罪或走私珍贵动物、动物制品罪。对于第二种情形，《刑法》规定"未经海关许可，擅自……"才构成犯罪，如果进口的原材料、零件、设备等经由海关的许可，即海关部门通过了对货物是否符合标准的核验后，则不构成犯罪。对于第三种情形，根据《中华人民共和国进出口商品检验法》第 5 条规定："列入目录的进出口商品，由商检机构实施检验。进口商品未经检验的，不准销售、使用；出口商品未经检验合格的，不准出口。"因此，只有经过商检机构对进出口商品的核检，才能符合商品的进口销售、使用或出口，进而不构成犯罪。

本书认为，"核准型"的行政许可与"认可型"的行政许可相似，前者是对物是否符合标准的判定，后者是对人资格的判定。后者以不符合阶层犯罪论体系中构成要件的行为主体条件实现出罪的效果，那么前者自然就是不符合构成要件中的行为对象而阻却犯罪的成立。详言之，构成走私文物、珍贵动物、珍贵动物制品罪以上述物品未经进出境审核部门核准为前提；构成走私普通货物、物品罪以货物或物品未经海关部门核准为前提；构成逃避商检罪，以商品的进出口未经商检部门的核准为前提。如果经过相关部门的核准、检验，自然不是上述各罪中的行为对象。

5. 登记

《行政许可法》第 12 条第五项规定了登记事项。这与第三项的"认可"极为相似，只是通过登记而获得主体资格的许可针对的是企业或其他组织，而通过认可获得主体资格的许可针对的是自然人。本书认为，刑法中真正体现登记许可的条文仅有第 174 条的擅自设立金融机构罪。该条款规定了，未经国家有关主管部门批准而设立各类金融机构的，构成犯罪。言下之意，只要经过国家有关部门批准，并依法办理登记的，自然不构成犯罪——事实上也确实如此：《中华人民共和国商业银行法》规定了"经批准设立的商业银行"，《中华人民共和国证券法》规定了"经批准设立的证券公司"，《中华人民共和国期货交易管理条例》规定了"经批准设立的期货交易所"，《中华人民共和国保险法》规定了"经批准设立的保险公司"，等等。

由此可见，相关的行政法律、法规都有对登记主体资格的认证规定，只要不违反这些规定，自然不符合本罪的犯罪主体条件。所以，在阶层犯罪论体系下，根据构成要件符合性中行为主体不适格，可产生出罪的效果。

通过上文分析，依据《行政许可法》实施的五类许可行为，确实只有特别许可从形式上看具有犯罪的"外貌"，但从实质上考量，它在阶层犯罪论体系下可阻却违法性，故而具备"法令行为"的出罪效果。但此时不免令有的学者（主要是持四要件犯罪论体系的学者）质疑本书对行政许可研究的初衷——并非解决一个"中国问题"，似乎立于"德日战场"。实则非也，根据四要件犯罪论体系对犯罪客体的解释，一般是指被犯罪行为侵害的，而为刑法保护的社会关系。这种社会关系本质就是刑法上的法益。[①]那么，获得特别许可的行为，由于阻却了违法性，那么在本质上并无法益侵害性，当然也就没有侵害这里的犯罪客体。当然，近来也有持修正的四要件理论的学者，意在将犯罪客体驱逐出四要件犯罪论体系。但即便如此，依据特别许可实施的行为依然可以从犯罪客观方面寻找出罪的依据。因为，该行为既不存在行为无价值，也不存在结果无价值，本质上不符合刑法分则所规定行为类型的构成要件。例如，获得特别许可的采矿行为，不属于刑法中的"非法采矿"；获得特别许可进口固体废物的，也不是刑法中的"擅自"，等等。如此一来，依据特别许可实施的行为就有效地排

---

① 张明楷. 法益初论（修订版）[M]. 北京：中国政法大学出版社，2003：181.

除了犯罪客观方面中的行为或对象要素,基于四要件犯罪论体系"一损俱损"的特征,该行为自然而然地具备了出罪的效果。另有重要一点,即便是坚持四要件犯罪论体系的学者也同样坚持法秩序统一性原理,那么依据特别许可实施的行为本质上也是"法令行为"的一种,自然就具备出罪效果,这种效果的存在实际上与坚持何种犯罪论体系并无太大关联。

可见,坚持四要件犯罪论体系同样可以与特别许可的出罪效果形成契合,因此对特别许可出罪的研究确实也是个"中国问题"。不过,在解决实践中获得许可的行为存在被撤销,以及行政相对人对许可事由发生认识错误的两种特殊情形时,可能还是以阶层犯罪论体系为分析工具更加便捷,操作性更强。一方面,阶层犯罪论体系内部各个要素的精细程度以及理论厚度,可能都优于四要件犯罪论体系;另一方面,前述两种情形无论是通过排除犯罪客体或犯罪客观方面来解决行为的出罪问题,都难以做到层层递进式地研究,尤其在行政相对人发生了违法性认识错误时,恐怕又不得不超越四要件犯罪论体系的基本范畴。

### (二)可撤销的"特别许可"及其出罪

以合法、正当程序取得的行政许可,自然是法定犯时代作为出罪效果探讨的重点内容,但现实中却也可能存在通过违法手段取得的行政许可,诚如《行政许可法》第69条所规定的几类可撤销的行政许可,即通过滥用职权、玩忽职守、违反法定程序、欺诈、胁迫等不正当手段取得行政许可。那么,上述存在实体或程序瑕疵的特别许可是否仍然具有出罪效果?德国刑法理论界主要从特别许可的上位概念——行政许可的可撤销情形展开论证:[①](1)只有合法正当的行政许可才具备阻却构成要件符合性或违法性,所谓"行政法的附属性";(2)可撤销的行政许可在行政主体做出撤销决定前,仍然是合法有效的,故具有阻却构成要件符合性或违法性的效果,学界有称之为"行政行为的严格从属性";(3)如果取得行政许可

---

① [德]冈特·施特拉腾韦特,洛塔尔·库伦.刑法总论 I——犯罪论[M].杨萌,译.北京:法律出版社,2006:190.

是滥用权力的结果,则不能成为阻却犯罪的事由,学界有称之为"行政行为的限制从属性"。并且,第三种观点在德国理论界占据主流地位。本书认为,在特别许可的语境下,上述三种观点均有值得商榷之处。

观点一将行政许可的获得严格限制在合法正当前提下,但面对现实中种类繁杂的行政许可,行政主体和行政相对人难免在许可的申请过程中"挂万漏一"。以特别许可为例,行政相对人在申请获得烟草营业执照的过程中,按要求向有关部门提交了所需的材料,由于主管部门在审核的过程中疏忽大意,遗失了部分重要材料但并未要求相对人事后补交,同时颁发了相应的许可证。在这种因行政主体的过错导致行政许可存在瑕疵的,难以追究行政相对人"非法经营罪"的刑事责任,所谓行政相对人的"非法"事由,实际上是行政主体造成的。因此,严格按照观点一所指的"合法正当"许可,难免扩大处罚范围。

按照观点二的逻辑,可撤销的特别许可在行政主体未做出撤销决定前,仍属于合法有效的行政许可,只是存在效力的瑕疵,因此仍主张其具备出罪效果。有学者从法秩序统一性原理出发,对此予以肯定,他们认为"对于那些虽然具有违法性但是在行政法上仍然有效的许可,刑法应该尊重行政法的认定;因此,应该承认这种许可具有正当化功能"。[①] 笔者认为,法秩序统一性原理在解释具有实体或程序瑕疵的"法令行为"是立足不稳的。可撤销的特别许可在撤销前,虽然具有行政法上的效力,但依然违反行政法,因为根据《行政许可法》第 79 条有关规定,不正当手段获取的行政许可,应依法给予行政处罚,构成犯罪的,追究刑事责任。可见,刑法在认定特别许可的合法性上与行政法并无冲突,也不意味着刑法必须接受一个可撤销的特别许可。事实上,在笔者看来,刑法是否需要接受一个可撤销的特别许可,应当根据许可被撤销的原因区别对待,对于这一点,稍后将作具体的阐述。

按照观点三的逻辑,《行政许可法》第 69 条第一款规定的可撤销的行

---

① 车浩. 行政许可的出罪功能 [J]. 人民检察, 2008 (15): 13.

政许可，即行政主体滥用职权、玩忽职守、超越法定职权、违反法定程序等行为做出的行政许可，均可视为行政主体滥用权力的表现，行政相对人因此获得的特别许可都不具有出罪效果。与之相反，该条第二款规定的"相对人以欺骗、贿赂等不正当手段获取的行政许可"由于不具有"滥用权力"的行为，事实上，相对人不可能具备滥用"权力"的可能性，只是在滥用申请过程中本有的"权利"。所以，行为人依此获得的特别许可具备出罪效果。显然，这样的结论是难以令人接受的，切实违背了过错责任原则。例如，甲依法向有关主管部门提出采矿许可的申请，行政主体在审核材料的过程中，超越法定职权将某处不得开采的矿山也准予许可，甲依此许可进行开采，事后上级部门发现，甲无权在该区域采矿，不仅可以撤销原先的行政许可，同时还能认定甲的行为构成非法采矿罪；另有乙，因伪造申请材料而获得采矿许可的批准，如果事后被撤销，依本观点却不构成犯罪。但是，既然甲按规定提出许可申请，并且取得了许可批准，虽然该批准是行政主体越权做出的，但甲在整个过程中并无过错，难以认定是"非法"，相对于乙，让甲承担无过错责任显失公平。依笔者之见，乙的行为在主观上具备明显的过错，客观上也实行了非法采矿行为，倒可认定其构成非法采矿罪。

正如笔者所言，"权力滥用"理论在中国语境下对过错责任的违背，国内有的学者在借鉴德国理论时，将"权力滥用"修正为"权利滥用"。[①]本书认为，这样的修正是切中要害的，正好将《行政许可法》第69条规定的两款内容予以互换。详言之，第二款规定的"相对人以欺骗、贿赂等不正当手段获取的行政许可"，体现的是申请人"权利滥用"的表现，因此不具备出罪效果；第一款规定的"行政主体滥用职权、玩忽职守、超越法定职权、违反法定程序等行为做出的行政许可"，则不存在申请人滥用权利的行为，故具备出罪效果。但仔细推敲，这样的话语转变同时带来另一个问题："权利滥用"的主体是行政相对人，那么行政主体滥用权力行

---

① 张明楷. 行政违反加重犯初探[J]. 中国法学, 2007 (6): 74.

为,是否也在某种程度体现了"权利滥用"?如作肯定回答,则意味着根据"权利滥用"理论,所有可撤销的行政许可都不具有出罪的效果,这与观点一便无实质区别。事实上,主张"权利滥用"的学者也承认,"这与第一种观点相同"。① 如作否定回答,那么如何否认行政主体在行使国家权力的同时,也享受着自身的权利?

通过上述分析,本书认为,可撤销的特别许可是否可以产生出罪效果,应当立足于《行政许可法》的规定,而不应陷入国外理论的泥潭。根据本法对可撤销的行政许可的划分,"可以撤销"的行政许可,本质上是行政主体在申请过程中的过错,行政相对人在整个过程中不存在任何违反实体或程序的情形,即便在行政相对人事后实施行政许可的过程中,也是于法有据的。因此,依据特别许可实施的行为本质上仍可阻却违法性,当然具备出罪效果。"应当撤销"的行政许可,本质上是行政相对人的过错,并且申请行为的违法性,无论在行政法或刑法上的评价都是一致的,② 可见申请行为的行政初罚不可避免。那么,实施特别许可行为是否需要承担刑事责任?本书认为,特别许可的获得,是以国家在特定情况下对法律禁止行为的解除为前提,许可事项本身具有法益侵害性,如制造、买卖枪支,生产制毒原料等。通过欺骗等不正当手段获取特别许可,不仅破坏了国家对特别许可领域的特别规制,而且实施许可行为本身又侵害了刑法保护的法益,当然应否定其出罪效果。例如,通过欺骗或贿赂手段获取制造增值税专用发票的许可,依然构成伪造增值税专用发票罪。

(三)相对人对"特别许可"产生认识错误时的出罪

刑法中的认识错误,是指行为人对自己的行为的法律意义或者构成事实的错误认识,一般称前者是违法性认识错误,又称禁止错误;③ 后者是

---

① 张明楷. 行政违反加重犯初探 [J]. 中国法学,2007 (6):74.
② 《行政许可法》第 79 条规定了,以欺骗、贿赂等不正当手段获取的行政许可,应依法给予行政处罚,构成犯罪的,追究刑事责任。
③ 屈学武. 中国刑法上的免责机制反思——从违法性认识错误切入 [J]. 法治研究,2018 (1):67.

事实认识错误，包括具体的事实认识错误和抽象的事实认识错误。[1]

由于特别许可系属阻却违法性的场合，当行政相对人误以为取得行政许可或者行政许可继续有效时，则属于违法性认识错误中的阻却违法事由的认识错误，也称正当化事由的认识错误。不过对此，刑法理论中还存在诸多争议：[2]（1）消极的构成要件要素理论认为，违法阻却事由是消极的构成要件要素，那么对违法阻却事由的认识错误，等同于对构成要件的认识错误，故阻却犯罪故意成立。尽管这一结论曾得到大多数人的支持，但由于"消极的构成要件要素"这一提法本身遭受很大的质疑，因此目前也很少有人再支持该结论。（2）严格责任论（禁止错误说）认为，正当化事由的错误是禁止的错误（违法性的错误），行为人的错误可以避免时，以故意犯论处；若错误不可避免，则阻却责任。目前国内的周光权教授，是该学说的有力支持者，并且对错误避免的标准予以详细论证。[3]（3）限制责任论（事实错误说）认为，正当化事由的错误就是构成要件的错误，即事实的错误，而不是禁止的错误，故而阻却犯罪故意的成立。（4）法律效果的限制责任论认为，正当化事由的错误是一种独立的错误类型，既不是事实的错误，也不是禁止的错误。

由于"消极的构成要件要素理论"的立论基础存有较大的漏洞，学界鲜有学者再主张此观点。就"独立类型说"而言，虽然它不承认事实错误或禁止错误中的任何一种，却也没有提出违法阻却事由的认识错误到底应该是哪一种新的错误类型，事实上，刑法中的错误，理论界还没有突破事实错误与禁止错误这一对范畴，所谓新类型的认识错误，恐怕只是某些学者的凭空想象。如此一来，违法阻却事由的认识错误最大的争议点在于，到底它应该属于事实错误还是禁止错误。持"事实错误说"的学者大体对"禁止错误说"做这样的批判："根据该学说，禁止的错误与故意的成立与

---

[1] 刘明祥. 论具体的打击错误 [J]. 中外法学，2014（2）：376.
[2] 张明楷. 刑法学（第五版）[M]. 北京：法律出版社，2016：279.
[3] 周光权. 刑法总论（第三版）[M]. 北京：中国人民大学出版社，2016：240.

否没有关系,而只是责任的问题,故不影响故意的成立。"① 所以,根据"禁止错误说",构成阻却违法性的特别许可,在发生认识错误的场合,依然构成故意犯罪,例如事实上并未取得制造枪支许可,但误以为取得该许可的行政相对人,依然构成非法制造枪支罪;而根据"事实错误说",违法阻却事由的错误是构成要件的错误(事实的错误),因而阻却故意的成立,不构成非法制造枪支罪(以下称"非法制造枪支案")。笔者认为,上述学者的批判不乏合理之处,但却不尽全面。

禁止错误是否必然阻却故意,与故意是否要求具有违法性认识存在直接关系,理论上存在不要说与必要说的争议,并且不要说曾在我国占据通说地位。② 根据违法性认识的必要说,有两种基本的立场:按照故意理论,违法性认识包含故意的内容,会产生阻却故意的效果;按照责任理论,违法性认识是独立于故意之外的要素,因而不阻却故意的成立。③ 当发生认识错误的场合,如果该错误是不可避免的,则两种理论的结论没有差异,前者以欠缺故意为由认定其无罪,后者以缺乏非难可能性为由认定其无罪。如果该错误是可避免的,依据故意理论,行为成立过失犯罪;依据责任理论,行为依然成立故意犯罪,但可以减免处罚。在上述非法制造枪支案中,如果行政相对人对特别许可的认识错误是不可避免的,则根据"禁止错误说"(无论适用哪一种理论),均不构成非法制造枪支罪,这一结论与"事实错误说"学者所批判的截然相反;如果该认识错误可避免,如果按照责任理论,则确如"事实错误说"学者所批判的那样,行为构成非法制造枪支罪,但如果依据故意理论,行为仅构成过失犯罪。

笔者对违法阻却事由的认识错误基本持"禁止错误说"的立场。如前所述,"禁止错误说"内部有故意理论与责任理论,并且对错误进一步划

---

① 张明楷. 刑法学(第五版)[M]. 北京:法律出版社,2016:280.
② 实际上,随着大陆三阶层理论的引入,违法性认识的不要说已经很难有立足之地,违法性认识的必要说在理论上更加充实,解决实践问题也更为妥当。目前,国内以陈兴良、张明楷等学者提倡的违法性认识必要说已经占据主导地位。
③ [日]松原芳博. 刑法总论重要问题[M]. 王昭武,译. 北京:中国政法大学出版社,2014:198.

分为不可避免与可避免两种类型。来自"事实错误说"学者的批判，仅仅针对"禁止错误说"中依据责任理论解决可避免错误的场合，然而即便在该场合下，行为成立故意犯罪时依然有减免处罚的空间，依然能做到罪刑相适应的基本要求。总体而言，"禁止错误说"在理论上更加充实，解决具体问题时更加细致化、类型化。而依据"事实错误说"的立场，当行为人发生认识错误时，行为一概阻却犯罪故意的成立，一定程度上有失偏颇，甚至在某些案件处理中也未必合理，尤其在错误可避免的场合。例如，原本欠缺生产某种制毒物品资格的企业，为扩大企业运营，增加利润，向有关主管部门提出制造该种制毒物品的许可申请，在许可的批准未下达前，企业负责人向工人声称，"既然本企业有生产制毒物品的资格，自然有权生产新的制毒物品"，遂投入生产。但企业负责人应该知道，生产制毒物品是国家特许事项，必须严格经过批准，也即这种认识错误是完全可以避免的。如果依据"事实错误说"，企业负责人不构成非法生产制毒物品罪，其行为充其量构成某些罪名的过失犯罪；依据"禁止错误说"的责任理论，则企业负责人构成非法生产制毒物品罪，但可以依据认识错误可避免的程度，酌情减免处罚。显然，依据后者处罚更具有公平合理性。

### 五、本章论要

具体来说，依照实体法实施的行为种类繁多，具体包括：《宪法》及其相关法律中规定的人大代表发言、表决行为，民事监护制度中规定的惩戒行为，《人民警察法》中规定的警察依法实施的防卫行为，以及大量行政性法律中规定的特别许可行为等。这些行为都原则上都继承了"法令行为"的出罪效果，但仍需对各自出罪效果所涵摄的范围加以甄别。

人大代表的发言、表决行为不受追究，被学界称为"言论免责权"。该项权利起源于英国，我国自清末立宪以来方得产生，1982年《宪法》第75条正式规定了该项权利，与此同时，《组织法》《代表法》和《地方组织法》对该项权利加以细化与完善。发言、表决行为原则上可避免构成煽动型犯罪、侵犯秘密类犯罪以及侮辱、诽谤罪，但我们仍应对其出罪条件予以明确。首先，发言、表决的主体只能是各级人大代表，立法助理不得作为出罪主体；其次，发言、表决的时间主要集中的各种会议上，在闭会期间，可适当扩大到与职务相关的活动中；最后，发言、表决的范围应是与所讨论的国家事务相关的言论。

民事法律中规定的监护制度，主要是保护限制或无民事行为能力人更好行使权利，但由于这两类主体心智不全，难免做出一些错误的举动，监护人因此有必要予以教育和惩戒，本章以惩戒为例展开。如前所述，现行法律虽然没有明文规定父母对子女的惩戒权，但从历史上、法理上以及外国法的比较上来看，惩戒行为原则上都是合理合法的，不会构成故意伤害（轻伤）罪、非法拘禁罪或故意毁坏财物罪。但从现实案例来看，父母实施惩戒的方式、程度往往因情绪激动或恼羞成怒而丢了分寸，如果我们一律否定其构成犯罪又显得过于武断，因此必须对实施该行为所具备的条件予以明确。我们认为，惩戒行为的实施主体仅限于父母（包括养父母）和基于约定或指定的其他近亲属监护人，教师、非近亲属的第三人和被监护人所在的村委会、居委会或民政部门不能成为惩戒行为的实施者。实施惩戒行为是为了达到教育子女的目的，并且在惩戒的语言、行为、权利等方面均须加以限制。

《人民警察法》中规定的警察依法实施的防卫行为，有不少被司法机关认定为犯罪行为，导致这一现象产生的原因之一是将其与普通公民的正当防卫行为相混淆。我们认为，"正当防卫说"的观点有诸多理论与实践操作的缺陷，不宜被采纳，将该行为的本质解释为"职务行为说"具有正当性与合理性。要使警察防卫行为具备完整的出罪效果，必须在该行为的实施条件上予以明确：坚持比例原则是保证防卫行为出罪的必要前提，同时在防卫行为的时间、程序和限度条件上均予以限制。另外，几种特殊的警察防卫行为是否也具备出罪效果，需要结合具体情形个案判断。

行政性法律规定的获得许可而实施的行为，基于《行政许可法》对各类许可事项的分类排查，逐一判断不同类型行政许可的出罪理由后发现，只有依据特别许可实施的行为才是本书所研究的"法令行为",并且也确实继承了"法令行为"的出罪效果。可撤销的特别许可应当分为"可以撤销"和"应当撤销"两种情形,前者具备出罪效果,后者不具备出罪效果。当行政相对人对特别许可产生认识错误时,由于该行政许可是阻却违法性的事由,则属于违法性认识错误,依错误是否可以避免,进行出罪与否的判断。

# 第四章 依照法律的行为：以程序法为分析对象

目前在国内，依照程序法实施行为的主要依据就是"三大诉讼法"，即《中华人民共和国刑事诉讼法》（以下称《刑事诉讼法》）、《民事诉讼法》和《中华人民共和国行政诉讼法》（以下称《行政诉讼法》），但依此三种诉讼法实施的行为在形式上具有"犯罪"外观的，又主要集中在刑事诉讼领域。例如，司法工作人员依据《刑事诉讼法》实施的侦查犯罪事实、逮捕犯罪嫌疑人的行为，从形式上看符合某些罪名的犯罪构成要件，尤其在"重实体、轻程序"的思想烙印下，使那些原本具备出罪效果的行为可能因程序不合法，最终转化为犯罪，故而更具有研究价值。

## 一、《刑事诉讼法》中规定的"侦查行为"

侦查行为是整个刑事诉讼过程中非常重要的一环，应当赋予侦查主体较大的权力，否则不利于查清案件事实、推动案件进程、惩治违法犯罪。但如果侦查主体的权力过大，又不利于保障公民的基本人权，不必要地侵犯公民权利，使侦查行为本身陷入不合理、不合法，甚至犯罪的境地。例如我国规定的公安刑事赔偿制度，就是对侦查人员因违反侦查职权造成公民、法人的合法权益受损，而需要承担责任的规定。因此，本书旨在厘清侦查行为合法性的边界，强化侦查行为的出罪效果。

### （一）中外"侦查行为"制度略考

据《史记·五帝本纪》记载，舜在位时的部落联盟时期，为了全面、

<<< 第四章 依照法律的行为：以程序法为分析对象

有效管理社会，设置了一种称为"士"的官职，由皋陶担任；又据《尚书·尧典》记载，"士"的主要职责是对外防御和对内运用刑罚，在运用刑罚的职责中，便包含了侦查职能；到了殷商时期，古代中国司法官员的侦查体制可谓正式形成系统化。① 随着人们认识能力的提高以及司法办案经验的积累，西周在继承前朝的基础上，尤其对侦查的方法有了长足的发展，例如形成了中国最早的讯问和勘验。在秦始皇统一中国后，封建制社会建立，中国历史上延续至清末的由地方行政长官兼理司法的侦查制度就正式形成了，并且在这近2000年的封建王朝中，我们的侦查水平一直处于全球领先地位，② 其中以宋代侦查制度和侦查技术最为鼎盛。例如，宋代开始出现了汇载侦查措施的案例集，代表作有《疑狱集》《折狱龟鉴》和《棠荫比事》，记载了包括"搜索检查""耳目布控""勘验鉴定"等数十种侦查措施。③ 其中又以"勘验鉴定"在中国历史上最为完备，时至今日，仍有学者为之感叹，"我们仍然沿用着宋代现场勘验的准备程序"；④ 在现场勘验的步骤上，宋慈在《洗冤集录》中提出了"先静后动"的规则，这比奥地利侦查学家汉斯·格罗斯在1893年提出的先静后动的"黄金规则"和"重现现场"两个著名论断，⑤ 早了600余年。1840年鸦片战争的炮火打开了中国紧闭的国门，侦查制度也朝着近代演进；晚清时期受西方殖民统治的影响，也迫使侦查制度向着法制化方向改革；1898年湖南保卫局的创立标志着"中国近代侦查制度的萌芽"。⑥ 自辛亥革命伊始，中国侦查制度开始朝着现代化方向迈进。1927年蒋介石正式建立南京国民政府，在侦查领域仿照大陆法系侦查制度，不断走向现代化，主要可归纳以下几个特征：（1）侦查主体多元设置，主要是检察官，也包括警务厅

---

① 任惠华. 中国侦查史（古近代部分）[M]. 北京：中国检察出版社，2004：4-8.
② 杨正鸣. 侦查学原理 [M]. 北京：中国方正出版社，2007：34.
③ 黄道诚. 宋代侦查制度与技术研究 [D]. 河北大学博士学位论文，2009：58-73.
④ 杨殿升. 刑事侦查学 [M]. 北京：北京大学出版社，2001：125-126.
⑤ 张玉镶，文盛堂. 当代侦查 [M]. 北京：中国检察出版社，1998：9.
⑥ 杨正鸣. 侦查学原理 [M]. 北京：中国方正出版社，2007：51.

长、公安局局长、特务机关等；(2) 侦查遵循密行原则；(3) 侦查羁押制度化。① 中华人民共和国成立后，由于特殊的历史时期，侦查制度的发展也经历了诸多波折，但最终走向了"康庄大道"，形成了中国特色的现代化侦查制度，即现行《刑事诉讼法》对侦查制度的规定包括：侦查的主体、侦查的种类、侦查的终结、补充侦查、技术侦查、侦查的监督等一整套完备的体系。

西方侦查制度的萌芽较晚，直到古罗马帝国的建立，古代西方奴隶制侦查制度才初具规模。② 在进入封建社会后，侦查主体制度向着多元化方向发展：公元5世纪的法兰克王国的法官，是司法制度的核心人物，负责包括侦查在内的刑事司法职权；公元12世纪后半期，诺曼底王朝亨利二世在英国建立大陪审团制度，大陪审团是英国历史上最早出现的侦查组织。③ 随着资产阶级思想启蒙运动在西方的传播，客观上催化了侦查职能独立化、手段科技化和制度近代化。④ 例如，在19世纪中叶的英国，出现了便衣警察侦缉队；在同时期的法国，出现了"维多克"侦查模式并被推广到法国众多的海外殖民地，由侦探负责侦查犯罪案件；美国殖民统治后，在纽约组建了美国第一个近代警察组织，负责犯罪侦查。又如，在侦查技术方面，西方国家出现了利用笔迹鉴别人身，利用人体测量法建立刑事犯罪档案，利用指纹技术重建身份鉴别。现代西方国家，由于各自历史演进的差异以及现行法律制度的不同，侦查制度也各具风格。从侦查主体上看，英美法系国家主要由警察主导，当然在美国也有部分私人侦探参与；以法国、日本为代表的大陆法系国家，则主要由检察机关主导。从具体的侦查制度设计上看，虽然有所差异，但共性居多：首先，在侦查分工方面，基本都是按照侦查主体和案件性质为标准；其次，在侦查机构设置上，除了特殊类型犯罪由中央侦查机构垂直领导，大多数刑事案件由地方各级政府

---

① 杨正鸣.侦查学原理[M].北京：中国方正出版社，2007：53-56.
② 杨正鸣.侦查学原理[M].北京：中国方正出版社，2007：73.
③ 杨正鸣.侦查学原理[M].北京：中国方正出版社，2007：74-75.
④ 杨正鸣.侦查学原理[M].北京：中国方正出版社，2007：76-78.

<<< 第四章　依照法律的行为：以程序法为分析对象

下属的警察部门负责；最后，在各个侦查机构内部，形成侦查情报、侦查技术和案件侦查三大职能部门。① 应当说，现代西方的侦查制度不管从职能划分，抑或是运行模式都是比较完备的。

从上述中外侦查行为的制度源起、演变、发展、定型来看，基本上都经历了数千年的洗礼，应该说基本形成了适合本国现阶段社会发展所需要的侦查制度。当然，不可否认的是，我国由于法治化程度还不及西方发达国家，法典制定水平也可能落后于西方发达国家，在立法技术方面也大有发展的空间，就侦查制度而言，最关键的问题在于如何使侦查行为规范化，因为在行使公权力的过程中往往不经意间就逾越边界，进而侵犯人权，乃至违法犯罪。

（二）"侦查行为"出罪效果的涵摄范围

从现行《刑事诉讼法》的规定来看，侦查行为包括了讯问犯罪嫌疑人、询问证人、勘验、检查、搜查等一系列措施。纵观上述具体的侦查行为，原则上也继承了"法令行为"的出罪效果，但具体可以避免哪些罪名成立还需要加以甄别。

1. 刑讯逼供罪、暴力取证罪

《刑事诉讼法》规定了讯问犯罪嫌疑人和询问证人的侦查措施，并对讯问犯罪嫌疑人人数、地点、时间、方式，以及询问证人地点、方式、后果均做了明确规定。在过去的司法实践中，讯问和询问的规范化程度并不高，尤其是前者，更是常常出现刑讯逼供现象，冤假错案比比皆是，往早了说就是家喻户晓的"呼格吉勒图案""聂树斌案"，近年来在报纸、网络上也还偶有报道"湖南一盗窃嫌疑人被刑讯逼供致死，派出所副所长一审获刑十年"② 等类似事件。侦查中的暴力取证现象虽然不多，但绝非没有，2000年就在河南通许县发生一起警察为侦破盗窃案，对证人厉素玲暴力取

---

① 杨正鸣. 侦查学原理 [M]. 北京：中国方正出版社，2007：87-88.
② 周蓬安. 刑讯逼供致小偷死被判10年，副所长悔不当初 [R/OL]. 澎湃网，2020-05-25.

证致其死亡,① 法院判决该名警察构成暴力取证罪。但总体来说,随着《刑事诉讼法》近年来的几次修改,以及国民法治观念的增强,刑讯逼供、暴力取证现象有一定程度的减少,特别在一些大、中城市;部分实证研究也表明,公安机关的传统刑讯逼供、暴力取证大多发生在早期,现在已是例外情况。② 总之,按照合法程序展开的侦查活动,即便给犯罪嫌疑人造成心理或身体上的创伤,也能够阻却刑讯逼供、暴力取证罪的成立。

2. 强制猥亵罪、故意毁坏尸体罪

《刑事诉讼法》第128条至135条规定了勘验、检查两种侦查行为。该法第128条和131条规定了侦查人员对与犯罪有关的尸体可以勘验、检查,必要时可以决定解剖,从形式上看,这些行为完全符合故意毁坏尸体罪的构成要件,但只要具备第130条规定的证明文件,并通知死者家属到场,上述行为便是合法的侦查,可以阻却犯罪的成立;该法第132条规定,基于侦查的需要可以对犯罪嫌疑人的身体进行强制检查,从形式上看,强制检查身体的行为符合强制猥亵罪的构成要件,③ 但只要检查行为符合法律规定,并且对女性的强制检查由女工作人员或医师进行,也可以阻却犯罪的成立。

3. 侵犯隐私权犯罪

侵犯隐私权可能构成的犯罪主要集中在刑法分则第四章,并且通过与具体的侦查行为相结合,最有可能涉及下列罪名:非法搜查罪、非法侵入住宅罪、侵犯通信自由罪和侵犯公民个人信息罪。例如,《刑事诉讼法》第136条规定:"为了收集犯罪证据、查获犯罪人……身体、物品、住处和其他有关地方进行搜查。"但只要搜查的程序和条件符合该法第138、139、140条的规定,则不需要承担非法搜查或非法侵入住宅的刑事责任。

---

① 朱丽娜,郭振菊. 侵犯公民人身权利国法不容 [R/OL]. 检察日报, 2020-05-25.
② 陈如超. 刑讯逼供的中国治理——审讯结构·治理措施·效果评估 [J]. 甘肃政法学院学报, 2015 (1):4.
③ 学界主流观点还是认为,强制猥亵罪的成立不以行为人主观具有寻求性刺激的倾向为必要。

2004年葫芦岛兴城市发生一起警察为抓嫖娼夜闯民宅，结果卖淫嫖娼没抓到，却导致女主人因受惊吓而致精神病，最终法院判决几名警察构成非法搜查罪，① 原因就在于，上述警察的搜查行为没有取得搜查证。又如，《刑事诉讼法》第143条规定："侦查人员认为需要扣押犯罪嫌疑人邮件、电报……检交扣押。"因此，只要侦查人员扣押邮件、电报的行为取得公安机关或检察院的依法批准，便不符合侵犯通信自由罪的构成要件。除此之外，在侦查行为中所获取的所有公民个人信息原则上不得向他人提供或出售，但如果基于侦查的需要，向上级领导或同行提供信息以便快速侦破犯罪，不应当认定其构成侵犯公民个人信息罪；另外，为了侦查的需要不得以窃取或以其他方式获取公民个人信息的，只要没有额外的出售行为，也应当否定其构成本罪。

（三）"侦查行为"出罪的条件

早有学者提出，侦查行为必须符合下列条件，方能排除行为的社会危害性：侦查行为是自己经办的案件或受他人委托、上级指派；侦查行为在客观上有必要；侦查活动是为了查明案件事实；侦查行为符合法律规定的程序、方法。② 但学界并未对此深入研究，包括王政勋教授本人也只是提出上述结论性意见，而没有深入论证。笔者赞成上述观点，并将其概括为侦查行为出罪的四个条件，并分而述之，只有这样，才能切实发挥侦查行为的出罪效果。

1. 主体条件

根据《刑事诉讼法》的相关规定，侦查主体主要是公安机关、检察院的办案人员。因此，上述人员在履行侦查职责时，就是适格的侦查主体。但我们需要注意的是，如果侦查主体私下调换侦查任务，或者未得到指示私自侦查，尽管表面上他们也属于侦查主体，但却不能被视为合法侦查。

---

① 张晓宁. 警察午夜抓嫖数次闯民宅，令交出嫖客吓疯单身女［R/OL］. 搜狐网，2020-06-05.
② 王政勋. 正当行为论［M］. 北京：法律出版社，2000：312-313.

例如，侦查员 A 在侦查故意杀人案，侦查员 B 在侦查盗窃案，A 因见不得血腥，便私下与 B 调换侦查，则 A 与 B 同时构成违法侦查；或者，侦查员 C 未获得 A 的委托或上级授权，私自帮助 A 侦查故意杀人案，亦构成违法侦查。总之，要使侦查主体符合法定条件，不仅在形式上属于法律规定的具体类型，同时在具体案件中，也要符合授权。

2. 客观条件

所谓客观条件，是指侦查行为在客观上以必要为前提。侦查行为属于执行国家公权力行为，自始当符合比例原则，笔者不予赘述，此处结合《刑事诉讼法》规定的具体侦查行为，对客观必要条件予以详述。例如，《刑事诉讼法》第 132 条规定，对犯罪嫌疑人的强制检查，以必要为前提，同时在检查妇女时，应由女工作人员或医师进行。笔者认为，这里的"必要"必须符合比例原则的适当性、必要性和法益均衡性。其中，适当性要求强制手段适当，必要性要求犯罪嫌疑人所涉之罪有必要强制检查，法益均衡性则要求犯罪嫌疑人所犯之罪的严重性与强制手段的严厉性相当。再如，《刑事诉讼法》第 138 条规定，进行搜查必须出示搜查证，如果在执行逮捕、拘留时遇到紧急情况，不用搜查证也可以进行搜查，陈光中先生将此处"紧急情况"认定为，"嫌疑人身带行凶、自杀器具；嫌疑人可能隐藏爆炸、剧毒或其他危险品；可能毁弃、转移犯罪证据"，[①] 笔者对此予以赞同。又如，《刑事诉讼法》第 151 条对技术侦查期限做出规定，但对于符合期限变更条件的，经批准后可适当延长，也是对客观实际的必要变通。

3. 目的条件

所谓目的条件，是指侦查行为必须出于保证侦查的顺利进行，并有利于查明案件事实，而不得为了某些私人目的。其中的私人目的，是指为了实现自身某些利益或帮助别人实现某些利益而进行侦查。例如，《刑事诉讼法》规定了技术侦查措施，但由于该侦查措施赋予侦查员较大的权力，

---

[①] 陈光中，严端. 中华人民共和国刑事诉讼法修改建议稿与论证 [M]. 北京：中国方正出版社，1995：250-251.

因此在现实中具体适用该措施时,不免有"心怀鬼胎""以权谋私"者。2010 年山东省东营市滨海公安局秦某,在未经批准的情况下,私自利用技术侦查手段侦听到与刑事案件无关的信息,并将窃听到的内容进行刻录带出单位,另作他用,法院判决认为,侦查人员私自侦听不当,所涉信息可能涉嫌故意泄露国家秘密罪。① 再如,现实中常有发生警察帮助朋友私下侦查信息,包括个人信息、商业信息等,不料对方转手甩卖这些信息,或者利用这些信息进行违法犯罪,虽然案发后这些民警看似无辜,但他们先前的行为本质上属于私自侦查信息,应当予以严惩。

4. 程序条件

侦查行为是典型的按照程序实施的行为,因此必须严格按照既定程序进行侦查。例如,《刑事诉讼法》第 120 条规定,侦查人员在讯问犯罪嫌疑人时,应首先讯问其是否有犯罪行为,然后提出其他问题。这一规定实则暗含着,侦查员不得直接问其"构成什么罪",甚至直接将其涉嫌的行为定性为具体罪名,也即如果在程序上跳跃了"有无犯罪"的讯问,侦查员是违法的,甚至可能构成渎职类犯罪。又如,《刑事诉讼法》第 125 条规定,询问证人,应事先告知如实提供证据、证言和有意作伪证或隐匿罪证的法律责任。如果侦查人员事先没有明确告知,证人因胆小怕事提供错误证明,也不得追究证人的刑事责任。再如,《刑事诉讼法》第 141 条至 145 条对查封、扣押物证、书证进行了诸多严格的程序规定,如无关文件等不得查封、扣押,已经查封、扣押的因及时解除;对查封、扣押物应列明清单,并不得使用、调换或损毁;无须扣押的,应通知邮电机关。如果在上述任何程序中出现任何不当行为,均可能涉嫌犯罪。

(四)几种特殊"侦查行为"的出罪

学界将《刑事诉讼法》第 153 条规定的隐匿身份的侦查称为"秘密侦

---

① 参见(2010)东刑初字第 345 号。尽管终审判决否认秦某成立故意泄露国家秘密罪,但对于私自侦听的违法性并不否认,笔者列举此案,也在于强调,侦查行为应当以"保证侦查进行,查明案件事实"为目的,而不是任何私人目的。

查",其又可细分为"卧底侦查"和"诱惑侦查",① 对于这些特殊的侦查行为是否依然具备出罪效果,下文将分而述之。

1. 卧底侦查

所谓卧底侦查,一般是指警察隐藏其身份,并使用化名潜入犯罪分子的圈子持续性地实施侦查活动。② 国内学者在侦查主体上存有分歧,广义说认为除了有侦查权主体外还包括国家追诉机关委派人员,而狭义说仅将侦查主体限于具有侦查人员身份的人。③ 笔者倾向于狭义说,并且认为,由于侦查本是执行国家公权力的行为,在《刑事诉讼法》等相关法律没有做出具体的侦查授权外,贸然将不具有法定侦查员身份的人纳入,可能造成侦查权力的滥用,甚至对侦查行为的出罪效果带来负面影响;另外,卧底侦查工作是高风险、机密性职业,只有经历过专门训练的侦查员才有可能胜任。

目前,卧底侦查主要运用于各种有组织犯罪,并且颇具成效。④ 但既然侦查员是"卧底",则难免不与犯罪分子同流合污,也必然参与到犯罪分子的犯罪活动中,有时甚至成为犯罪组织的骨干。例如,曾有德国警察回忆:"如果这些从事卧底工作的罪状——判决,至少可被判决420年的自由刑。"⑤ 因此,卧底侦查的正当性根据是什么,或者说,卧底侦查行为何以出罪,这在学界主要形成以下几种观点:(1)紧急避险说认为,"卧底侦查行为虽然可能侵害国家、社会或个人利益并构成犯罪,但考虑到实施该行为是为了避免更大的利益损失,可视为紧急避险";⑥ (2)职务行为说认为,卧底过程中的行为是有据可依的,是其职务范围内的行为;⑦

---

① 李明. 秘密侦查法律问题研究 [M]. 北京:中国政法大学出版社,2016:1,11.
② [德]托马斯·魏根特. 德国刑事诉讼程序的改革:趋势与冲突领域 [M] //樊文,译. 陈光中. 21世纪域外刑事诉讼立法最新发展. 北京:中国政法大学出版社,2004:237.
③ 蒋石平. 特殊侦查行为研究 [M]. 暨南:暨南大学出版社,2008:143-145.
④ 吴丹红,楼缙东. 法治视野下的卧底侦查 [J]. 法治论丛,2005(4):80.
⑤ 艾明. 秘密侦查制度研究 [M]. 北京:中国检察出版社,2006:312.
⑥ 孙付,孟德平. 卧底侦查的相关法律问题 [J]. 江苏警官学院学报,2001(5):72.
⑦ 孙艳. 价值冲突的权衡与选择——论卧底侦查 [J]. 犯罪研究,2005(2):9.

(3) 执行命令说认为，"卧底侦查人员在侦查过程中所实施的犯罪行为是按照上级命令而实施的行为"；① (4) 重大立功说认为，"卧底侦查人员虽然参加了犯罪，但因事后有重大立功表现，免除其刑事责任应在情理之中"；② (5) 区分说主张将卧底侦查行为视情况区别对待，若卧底警察依法律授权，在职权范围内所为侦查行为可依职务行为处理；若无法律规定，则根据上级命令所为的侦查行为是执行命令的行为；若执行任务过程中出现紧急情况，为保护国家、社会或他人法益免受不法侵害不得已而为的"犯罪行为"可以紧急避险论。③ 本书认为，上述观点均有可取之处，但也实有商榷的必要。

首先，成立紧急避险的前提是"现实、紧迫危险的存在"，但卧底侦查行为大多数时候并无危险，只有当犯罪组织开始预谋并实施犯罪时，这种现实、紧迫的危险才有可能发生，因此紧急避险说提供的出罪理由无法涵盖所有的卧底侦查行为。其次，在公法上，"法无授权即禁止"是一个不得不遵守的原则，侦查行为既然是代表国家行使公权力的行为，尤其是卧底侦查更有可能侵害国家、社会或个人利益，更应受到该原则的限制，然纵观我国目前立法现状，卧底侦查仅仅是《刑事诉讼法》规定的技术侦查手段，没有对侦查对象、范围、限度等实体和程序性要件作明确授权，因此难以完全符合职务行为说的基本要求，例如那些基于现实情况而需要变相执行上级命令的行为。退一步讲，即便法律有了明确的授权，但是卧底侦查经常与犯罪行为同步，我们也很难认为，与犯罪组织实施共同犯罪的行为也在职责权限范围内。再次，执行命令说同样难以解决所有卧底侦查的问题，因为在卧底侦查中，卧底侦查员与上级之间很难正常联络，每一次联络又必须十分隐蔽，且不说上级的命令能否传达，即便能够传达，但是在具体的实施过程中，基于卧底侦查的高危性与不可预测性，难以保

---

① 李影. 论卧底侦查中涉罪行为的出罪事由 [J]. 辽宁大学学报（哲学社会科学版），2010 (3): 146.
② 吴丹红，楼缙东. 法治视野下的卧底侦查 [J]. 法治论丛，2005 (4): 84.
③ 蔡杰，严从兵. 论卧底侦查争议问题及其法律规制 [J]. 现代法学，2003 (3): 101.

证卧底侦查员可以按照既定命令实行，一概认为是执行命令行为可能导致权力滥用。复次，重大立功说适用的前提是，卧底侦查员的行为已经构成犯罪，只不过基于立功表现减免刑罚，这与前述几种学说在认定卧底侦查的性质上存在根本差别，是罪与非罪的对立。但从现实的卧底侦查来看，大多数时候依据实质违法性的"法益衡量理论"是应当认定卧底侦查的非犯罪化。① 只有那些在卧底侦查中严重危害国家、社会利益的行为才有可能被视为犯罪，进而通过立功制度减免刑罚。最后，区分说一方面弥补了紧急避险说的缺陷，另一方面又科学地区分了执行职务与执行命令的情形，笔者大体持赞同意见，但该说主张的紧急避险情形本质上还是在执行职务或命令，没有必要再从紧急避险的角度予以阐释。除此之外，笔者依然延续本书最初的立场，职务行为无非是区分为依法律执行职务和依命令执行职务，前者可视为依照法律的行为，而后者可视为执行命令的行为，归结起来应当采用"法令行为说"最为贴切。对于是否符合命令的判断，应当以是否实现侦查目的为标准，尽管侦查员基于自由裁量而变相、甚至完全反向执行命令，但只要最终实现侦破犯罪的目的，我们没有理由认为他违抗命令。只有那些完全没有必要实施却又导致法益侵害事实的侦查行为，才例外地被视为构成犯罪。

2. 诱惑侦查

（1）诱惑侦查的种类及其合法性判断

在对诱惑侦查概念的界定上，形成广义说与狭义说的分歧。广义说认为，"诱惑侦查包括特意设计某种诱发犯罪的情境或者为实施犯罪提供条件或机会的侦查手段"。② 狭义说认为，"诱惑侦查不能包含犯意诱发型诱惑侦查，而仅限于机会提供型诱惑侦查"。③ 此外，还有学者以《刑事诉

---

① 叶剑波. 卧底侦查人员违法犯罪的免责问题探讨 [J]. 湖南警察学院学报，2006 (4)：46.
② 吴宏耀. 论我国诱饵侦查制度的立法建构 [J]. 人民检察，2001 (2)：12.
③ 童伟华. 犯意诱发型诱惑侦查中被诱惑者的罪与罚 [J]. 河南财经政法大学学报，2014 (3)：113.

讼法》第 153 条"但书"为由，否定一切诱惑侦查的合法性。① 因此，我们首先需要关注的是，对《刑事诉讼法》第 153 条规定的"但书"应当如何解释，因为它直接影响着诱惑侦查有没有合法性。笔者认为，"但书"的规定并没有禁止一切诱惑侦查的手段，而仅仅否定了犯意诱发型诱惑侦查的合法性。

首先，从侦查工作的现实情况来看，实务中不但并不禁止诱惑侦查手段，反而被广泛运用。众所周知，现实中许多有组织犯罪、集团犯罪、无被害人犯罪，由于缺乏传统的案发机制和侦查线索，传统侦查手段根本对此无计可施，只有运用诱惑侦查措施才有可能收集证据、查明案情。正因如此，公检法部门率先在毒品犯罪、黑社会性质组织犯罪等领域运用诱惑侦查，主要途径就是派出"线人""卧底"等打入犯罪集团内部，一般称此类人为"特情"。例如，2008 年 12 月 8 日最高人民法院印发的《全国部分法院审理毒品犯罪案件工作座谈会纪要》中明确肯定："运用特情侦破毒品案件，是依法打击毒品犯罪的有效手段。"可见，侦查实务需要一定程度的诱惑侦查，全盘否定诱惑侦查显然与侦查工作的现实状况相违背。

其次，从学界关于诱惑侦查的两种划分来看，犯意诱发型的诱惑侦查，本质上是侦查主体引诱原本并无犯意的人实施犯罪。从犯罪生成模式上考量，是制造罪犯的过程，并且是明目张胆地运用国家公权力制造罪犯，这在诉讼程序上是无法接受的，因为正当程序的使命是侦破犯罪事实、惩治犯罪嫌疑人。因此，犯意诱发型的诱惑侦查在程序上构成违法侦查，不具有合法性。与之相反，提供机会型的诱惑侦查，本质上并未制造罪犯，犯罪嫌疑人一开始就具有犯罪故意和目的，提供机会是为了让其更加方便的实施犯罪，让其按照侦查主体设计的犯罪轨迹进行犯罪，进而实施预设的抓捕行动。因此，提供机会型的诱惑侦查在程序上依然是为了实现查明案件事实的目的，具有合法性。

最后，从本条修订的立法过程与立法目的上看，也是允许符合条件的

---

① 李亚文. 诱惑侦查的正当性考量因素 [J]. 人民司法，2016 (28): 73.

诱惑侦查行为。当初，在审议《刑事诉讼法》草案时，周光权教授便指出："实施诱惑侦查诱发犯意的不应允许，但提供机会的应当允许；草案中表述的'不得诱使他人犯罪'容易在实践中引起歧义，建议立法机关将其修改为'不得诱发他人的犯罪故意'。"[①] 尽管最终的条文并未接受周教授的建议，但立法机关在释义书中指出，"这里的'不得诱使他人犯罪'主要是指不得诱使他人产生犯罪意图"。[②] 由此可见，如果将"但书"的规定解释为禁止一切诱惑侦查行为，显然是与立法目的相悖的。

（2）机会提供型诱惑侦查的出罪效果

尽管通过对《刑事诉讼法》第153条的解释，我们可以当然得出机会提供型的诱惑侦查是具有合法性的，但我们依然有必要从刑法规范层面，对该行为如何取得出罪效果做出解释。

其一，机会提供型诱惑侦查的行为主体在主观上不具有犯罪故意。首先，从侦查行为的启动上看，一般是由侦查部门根据案件基本事实直接决定适用，或者在案件侦破过程中基于突发状况临时启用，但不论哪种启动方式，侦查部门的决定都是正当的，这种正当性表现在：一是针对特定的犯罪类型，二是经过集体研究决定，三是确定采取机会提供型诱惑侦查方法，四是侦查方式的不得以实施。[③] 因此，机会提供型诱惑侦查的行为主体不具有犯罪预备的故意。其次，从侦查行为的实施过程上看，提供犯罪机会者与普通侦查员形成侦查共同体，普通侦查员扮演"遥控者"或"主导者"的角色，机会提供者根据后者的意图进行具体操作，类似于帮助者与实行者的角色，而实行者的目的是侦破案情，是基于法律规定的正当目的诉求，因此不可能具有犯罪故意，既然实行者都无法被认定为犯罪，那么帮助者更没有被视为犯罪的道理，所谓"不存在没有实行犯的帮助犯"，也即共犯具有从属性。因此，机会提供型诱惑侦查的行为主体不具有犯罪

---

① 程雷．诱惑侦查的程序控制［J］．法学研究，2015（1）：160.
② 郎胜．《中华人民共和国刑事诉讼法》修改与适用［M］．北京：新华出版社，2012：282.
③ 翟金鹏，简远亚．机会提供型诱惑侦查行为非犯罪化问题研究［J］．中国人民公安大学学报（社会科学版），2012（2）：107.

实行的故意。最后，从侦查行为的结果上看，所有侦查主体所追求的都是为了侦破案件，即便导致了法益侵害的结果，也不能认定其对该结果有犯罪故意，而只能视为意外事件。

其二，机会提供型诱惑侦查行为在客观上不具有社会危害性。提供犯罪机会者所设的"圈套"是依据法律授权或上级命令而为的，本质上属于"法令行为"的延伸，根据上文对"法令行为"正当性根据的探讨，它是一种具备社会相当性的行为，自然不具有社会危害性。如果进一步检讨具备社会相当性所需的条件，我们认为应当包括以下三个方面：第一，诱惑主体是合法的，提供犯罪机会者是依据法律规定或得到有权主体的授权而为的侦查行为，授权是必须符合一定的程序，且内容合法；第二，诱惑手段是合法的，提供犯罪机会者在设计"圈套"时必须把握该"圈套"的诱惑力，至少要为一般人所能接受，否则极有可能陷入"犯意诱发型诱惑侦查"的境地，而这种诱惑侦查是不被允许的；第三，诱惑内容是合法的，提供犯罪机会者设计"圈套"是为了侦破犯罪、逮捕犯罪嫌疑人，是履行侦查职责的行为，任何满足私欲的诱惑侦查是不被允许的，例如，为了陷害、报复仇人，而设下"圈套"令其自投罗网，则不被视为是在履行侦查职责的行为。

通过上文对两种特殊形式侦查的分别探讨，我们认为，卧底侦查行为之所以仍然具备出罪效果，是因为这是一种依照法律或上级命令而实施的职务行为，这种行为本质上应属于"法令行为"的范畴；而诱惑侦查仅限于将机会提供型的侦查方式视为合法的侦查手段，其得以出罪的前提是主观不具有犯罪故意，客观行为具有社会相当性。

## 二、《刑事诉讼法》中规定的"逮捕行为"

《刑事诉讼法》第六章第66条至第100条详细规定了刑事强制措施制度，其中又以逮捕为所有强制措施中剥夺人身自由最严厉的一种，因此最有可能涉嫌违法犯罪，故而下文主要以逮捕为例进行分析。当然，也有学者对此提出质疑，认为"依照法定程序的逮捕其合法性十分明显，不至于将其混同于某种犯罪行为"。① 笔者也承认基于正当程序实施的逮捕行为不会涉嫌犯罪，但我们不得不面对的现实是：逮捕行为是司法工作人员与犯罪嫌疑人最直接、正面，危险系数最高的交锋，即便最初的逮捕程序正当合法，也会随着逮捕的推进，在性质上产生变异。因此，对逮捕行为的研究最为重要。

（一）中外"逮捕行为"制度略考

逮捕具体源于哪个年代，还有待于进一步考证，但可以确定的是，人类历史上有了刑律就有对惩罚对象或罪犯的捉拿和关押。② 我国逮捕制度发轫、初成于夏、商、周时期，《左传》记载："夏有乱政，而作禹刑；商有乱政，而作汤刑；周有乱政，而作九刑。"到了春秋战国，魏国李悝编著《法经》六篇，特别是将《捕》独立成篇，足见古代王朝对于逮捕这种强制措施的重视。尽管《法经》已经失传，但对后世仍影响深远，秦汉时期的《捕律》，唐宋时期的《捕亡律》，直至《大明律》《大清现行律》均有逮捕的规定。但我国封建社会时期的逮捕制度，手段较为野蛮，加之程序上的规定十分匮乏，往往容易被滥用。在同时期的欧洲，人们早早地便对司法程序引起重视，主张"凡自由民除经依法判决或遵照国内法律规定外，不得加以扣留、拘禁或逮捕"。③ 这对现代意义上逮捕制度的建立产生了巨大影响。

我们所说现代意义上的逮捕，其关键有二：一是资产阶级革命把逮捕与保障人身自由、保障人权密切联系；二是建立了逮捕的正当程序规则。④ 例如，法国的《人权宣言》有一段关于逮捕非常著名的论述："除非在法律所规定的情况并按照法律所指示的手续，不得恐吓、逮捕或拘留任何人。"逮捕制度之所以能通过资产阶级革命而产生，原因在于：从思想根

---

① 王政勋. 正当行为论 [M]. 北京：法律出版社，2000：313.
② 孙谦. 逮捕论 [M]. 北京：法律出版社，2001：9.
③ 法学教材编辑部《外国法制史》编写组. 外国法制史参考资料选编 [M]. 北京：北京大学出版社，1982：254.
④ 孙谦. 逮捕论 [M]. 北京：法律出版社，2001：17.

源上说，天赋人权的思想对封建专制的致命打击，平等思想对等级制度的彻底否定；从经济根源上看，资本主义商品经济的发展推动了强制措施民主化的进程；从理论根源上看，孟德斯鸠、卢梭等启蒙思想家构建了法治与人权的基本理论体系。① 中国现代意义的逮捕同样经历了一段长久、艰辛的发展历程，自清末受到西方民主进步思想的影响，逮捕制度率先规定在北洋政府时期、南京国民政府时期的刑事诉讼立法中。彼时的逮捕制度与日本刑事立法的规定颇为相似，例如北洋政府1921年颁布的《刑事诉讼条例》，南京国民政府1928年和1935年先后颁布两部刑事诉讼法典，均有对逮捕制度的规定。② 中华人民共和国成立后，我们借鉴苏联的经验，继承了新民主主义革命时期的成果，并吸收了西方启蒙运动时期的人权理论，首先在1954年《宪法》中规定了逮捕，同时在同年颁布的《中华人民共和国逮捕拘留条例》中对逮捕的条件和程序进行细化。随后，在1982年《宪法》修改时重申其重要性，而在1996年《刑事诉讼法》的修订过程中，我们进一步完善了逮捕的相关规定，包括逮捕的程序、条件、执行以及嫌犯的权利等。

（二）"逮捕行为"出罪效果的涵摄范围

逮捕作为最严厉的刑事强制措施，对犯罪嫌疑人的人身自由剥夺也最为严重，也最有可能构成犯罪。但即便如此，逮捕行为依然可以继承"法令行为"的出罪效果，具体来说，可以避免构成以下侵犯人身权利的犯罪。

1. 故意伤害罪、过失致人重伤罪

如前所述，逮捕行为是与犯罪嫌疑人最直接、正面的交锋，并且当司法工作人员在执行逮捕的过程中，通常会遇到犯罪嫌疑人因拒捕而反抗，那么为了保证诉讼活动的顺利进行，司法工作人员不得以采取相应的制暴手段，压制对方反抗。在双方扭打、推搡的过程中，可能难以掌握暴力的

---

① 孙谦. 逮捕论 [M]. 北京：法律出版社，2001：20.
② 孙谦. 逮捕制度的产生与发展 [J]. 中国刑事法杂志，1999（2）：78.

"火候",不可避免地导致犯罪嫌疑人受伤,但无论逮捕者对重伤结果主观上持有间接故意或过失,我们都应否定该致人重伤的行为构成犯罪。

2. 非法侵入住宅罪、非法搜查罪

为了顺利地开展逮捕行动,司法工作人员必然对犯罪嫌疑人的身体、住宅等进行搜查。如果没有合法理由搜查他人身体、住宅,或侵入他人住宅的当然构成犯罪,因为对于公民的私宅而言,自古便有谚语:"风可进,雨可进,国王不能进。"但司法工作人员在执行逮捕过程中的"擅闯私宅"行为,尽管从形式上看也符合犯罪的构成要件,但只要该行为已经取得合法、正当的程序批准或授权,便没有构成非法侵入住宅罪的道理。与此同时,在逮捕嫌犯后,基于调取证据的需要,将进一步搜查犯罪嫌疑人的身体或住宅内的相关物件,也属于依法搜查,不构成犯罪。

3. 非法拘禁罪

逮捕的后续工作就是将犯罪嫌疑人押解到特定的场所进行羁押。当然根据法律规定,对羁押的时间是有限制的,如果超期羁押便构成非法拘禁,但如果在羁押期间内对犯罪嫌疑人的羁押时间进行合法变更,这种变更羁押也不构成非法拘禁。例如,在侦查阶段,逮捕后的羁押期限不超过两个月,案情复杂的,经上级检察院批准可延长一个月,如果符合《刑事诉讼法》第158条规定的特殊情况,可延长两个月。总之,只要在上述羁押期限内的,司法工作人员的羁押行为不构成犯罪。成为例外的是,如果司法工作人员对犯罪嫌疑人一开始的逮捕就是错误的,但被捕者又确实与所涉案件具有相当大的关联,司法工作人员为求案件顺利侦破,照常羁押该"犯罪嫌疑人",应当认定其构成非法拘禁罪。

(三)"逮捕行为"出罪的条件

逮捕从某种程度上来说,是一种"以暴制暴"的方式,然而,这种暴力并非天然的正义之师,如果它不是基于保护公民权利和国家根本利益的角度,不彻底地体现程序正义,容易异化为暴力本身,从而失去法治文明的根基,与犯罪无异。因此,我们必须将逮捕置于合法、正当的条件之内，让其具备彻底的出罪效果。换言之，逮捕行为能否出罪，关键看是否符合逮捕的成立条件。根据《刑事诉讼法》第81条之规定，符合逮捕情形的必须具备以下三个条件：证据条件、量刑条件和逮捕必要性条件。

1. 证据条件：有证据证明有犯罪事实

证据条件的重点在于检验犯罪事实，属于对"是否成立犯罪"的审查。但是，根据《刑事诉讼法》第12条之规定："未经人民法院依法判决，任何人都不得确定有罪。"也即西方国家的"无罪推定原则"。因此，这里便可能存在一个悖论：既然"无罪推定"是原则，那么何来犯罪事实一说？本书认为，逮捕条件中的"犯罪事实"并非严格意义上的构成犯罪的事实，只要具备犯罪嫌疑，并不要求完全成立犯罪。例如，在出现被害人死亡的场合，只要排除自杀的可能，即可肯定具备犯罪事实；如果从被害人的伤口来看，致命伤是犯罪嫌疑人实施的，即能证明犯罪嫌疑人的行为与被害人的死亡具有初步的因果关系；最后，通过证据的固定，如果进一步排除了正当防卫、意外事件等排除犯罪事由，则可以确认该嫌疑人具有犯罪事实。对于这样一个证明结果的表述，恰是法律对证据条件证明标准的表述。因此，只有逐步经过前述三阶段推演，才符合逮捕的证据条件。

2. 量刑条件：可能判处徒刑以上刑罚

如果说证据条件体现的是犯罪性质的标准，那么量刑条件则体现了犯罪程度的标准，同时它也体现了刑事强制措施中的比例原则。如前所述，比例原则最初源自德国的警察法学领域，强调为维护公共秩序所采用必要的措施。目前，该原则已被广泛运用到宪法、行政法等公法领域，当然在刑法中亦有所提及，① 它强调，国家权力对公民的实施制裁时，应当要求国家行为要达到的目标与对公民权利的影响之间要保持一定的合理的比例关系。具体到逮捕措施上看，如果犯罪嫌疑人所涉犯罪事实可能被判处徒刑以上的刑罚，基于人性的趋利避害特点，他可能想尽一切办法来躲避制

---

① 田宏杰. 比例原则在刑法中的功能、定位与适用范围 [J]. 中国人民大学学报, 2019 (4): 55-67.

裁；国家则从科学分配诉讼资源，惩治罪犯的角度出发，决定对此予以逮捕，完全符合比例原则的精神。反之，对于那些并无可能被判处徒刑以上的犯罪嫌疑人而言，他们认为一定期限的管制或拘役是可以接受的，完全没有必要逃跑，或者说逃跑在他们看来可能会被加重处罚，国家同样基于这样的立场，便免于逮捕。因此，犯罪嫌疑人可能被判处徒刑以上的刑罚便成为能否被逮捕的"分水岭"。近年来，有学者提出，"三年以上有期徒刑的"才有必要逮捕，并提供以下理由：有利于降低审前羁押率，保障人权；有利于适用宽严相济的刑事司法政策；符合重罪与轻罪的刑法分类；有利于转变执法观念。① 对于学者得出这样的结论笔者不做评价，但如果将其作为一种立法建议则有待于进一步考证，尤其是如何得出"三年"这一明确的徒刑期限，必须通过大量司法数据充分论证，否则只能是学者们的幻想。

3. 必要性条件：社会危险性

如果将我国的逮捕必要性条件与世界上大多数国家的规定相比，就会发现，我国值得逮捕的情形存在种类多，② 且主观性色彩浓厚③等特征。将行为人是否会犯新的罪，以及犯罪的现实可能性而做出"预防性羁押"，可能导致报应犯罪人或刑罚预支等预先惩罚而有悖于无罪推定的法治原则。因此，我们必须对社会危险性的判断做出必要、合理的限制。

一方面，我们应当区分社会危险性与社会危害性的差异。在过去的司法实践中，对是否需要逮捕的判断，常以社会危害性取代或推定社会危险性，导致检察机关呈现"构罪即捕"的做法，"在检察机关看来，只要有证据证明某人犯了罪，就具有社会危险性，从而有逮捕的必要"。④ 实际

---

① 蒋毅. 适用逮捕的刑罚条件宜为三年以上有期徒刑 [N]. 检察日报，2018-09-12：03.
② "有危害国家安全、公共安全或者社会秩序的现实危险"的规定，所涉及的罪名可能上百个。
③ "可能实施新的犯罪"的规定，以及前述"犯各种罪的现实危险"，都是典型的以行为人的犯罪倾向性的人格为基础的。
④ 刘计划. 逮捕审查制度的中国模式及其改革 [J]. 法学研究，2012 (2)：129.

上，社会危害性是犯罪行为对刑法所保护的社会关系的破坏而引发的一种可罚性，是从实质违法性层面推导出的；而逮捕中的社会危险性主要描述的是妨碍诉讼顺利进行的程序性危险，主要受到程序法的规制。① 如果将刑事实体法中的社会危害性等同于逮捕中的社会危险性，那么逮捕将永远难以摆脱附随于打击犯罪的定位，尤其是对"是否实施新犯罪""有无构成其他犯罪的现实危险"的判断，自始无法褪去"预防性羁押"的烙印。

另一方面，社会危险性中的"危险"应当是客观、现实的危险。尽管从词意上看，危险指的是，有遭到损害或失败的可能，是一种可能性的意蕴。但根据上文提及的"证据条件"标准，这种危险是从已有的证据材料中分析判断得出的，反映了一种实际存在的原因和可能发生的结果之间的因果关系，并且原因和结果之间必然存在一定逻辑联系，具有可证明性。在危险的具体内容上，涉及的是刑法罪名中有关危险犯的认定，新近刑事立法出现了危险犯大幅扩张的现象，尤其是对抽象危险犯的增设。本书认为，任何危险犯都可以成为被逮捕的对象，具体危险犯造成的危险，当然以法律明文规定造成的具体实害法益为认定标准；对于抽象危险犯的危险，笔者认为至少应当以是否造成法益现实、紧迫危险的可能性为前提，是通过各种具体的客观事实所表现出的特征为判断依据，完全不可能造成任何危险的，不应当作为符合逮捕必要性条件的情形。例如，在荒无人烟的地方飙车，无论如何也不应当以具有危害公共安全的现实危险为理由逮捕。

### 三、《刑事诉讼法》中规定的"扭送行为"

根据《刑事诉讼法》第84条的规定，任何公民对现行犯或在逃犯享有将其扭送至公检法机关的权利。这在德国法上也被称为"没有任何法律共同体能放弃利用察觉现行犯的机运"，意在表明鼓励私人参与刑事追诉

---

① 杨依.以社会危险性审查为核心的逮捕条件重构——基于经验事实的理论反思［J］.比较法研究，2018（3）：138.

的任务。① 但是近年来，司法实践中常常出现公民在扭送嫌犯的过程中导致对方重伤或死亡的现象，因此，扭送行为是否仍具有正当性、合法性？当然，在探讨扭送行为的具体内容前，我们有必要对扭送行为的性质稍作阐释，因为定性的不同对行为的实施强度、范围会产生影响。目前来看，主流观点一般认为扭送行为并非属于刑事强制措施，尽管从《刑事诉讼法》规定的内容上看，它是处在"刑事强制措施"这一章节下，但却只能被认为是一种强制措施的辅助手段。② 与此相反的观点同样有力，他们主张扭送行为仍应被视作强制措施的一种。③ 本书倾向于将扭送行为视作特殊的刑事强制措施，尽管从实施主体上看，前述传统的刑事强制措施是由国家机关实施，体现的是国家公权力；而扭送的实施主体却是一般公民，是公民私权利的行使，但这种私权利的履行最终仍以保障国家公权力的实现为目的，并且他们在限制或剥夺人身自由的本质上是相同的，同时上述所有措施均又规定在同一章节下，这意味着扭送行为同样受到刑事诉讼程序的约束，同时也应当遵照《刑事诉讼法》的规定。当然，毕竟在实施主体上有所差异，因而适用"特殊"之名。

（一）"扭送权"行使的类案比较

**案例一：**

2004年8月14日下午，胡远辉驾驶摩托车搭载罗军闲逛，途中抢夺一李姓妇女的金项链后逃逸，张德军驾车协同刘某、张某追赶，并在途中多次打电话报警。当追赶至成都市三环路龙潭立交桥上时，刘某、张某等人责令胡、罗二人停车，但此二人不听劝阻，反而为摆脱追赶，驾驶摩托车高速蛇形行驶。当张德军驾驶的轿车与胡远辉驾驶的摩托车并行时，摩

---

① 简士淳. 私人逮捕现行犯之客观前提要件——由德国刑事诉讼法第127条暂时逮捕之规定出发 [J]. 台北大学法学论丛，2016（98）：153.
② 王铁夫. 试论我国刑事诉讼中的公民扭送人犯 [J]. 法学研究，1985（4）：46；张建伟. 刑事诉讼法通义 [M]. 北京：清华大学出版社，2007：231.
③ 林山田. 刑事程序法（增订五版）[M]. 台北：五南图书出版有限公司，2004：285-286.

托车因与右侧立交桥护栏发生碰撞导致侧翻，后座的罗军摔伤小腿，住院治疗后被迫截肢，胡远辉直接坠桥而亡。胡远辉家属及罗军纷纷起诉，要求以故意伤害罪追究被告人张德军刑事责任，并赔偿附带民事诉讼原告人共计56万余元经济损失。四川省成都市成华区人民法院认为，被告人张德军的行为系扭送犯罪嫌疑人，属于公民正当、合法的行为，不应当承担刑事及民事责任。原告不服一审判决，上诉至四川省成都市中级人民法院。二审法院于2006年2月20日做出裁定：驳回上诉，维持原判。①

**案例二：**

2009年4月27日上午，冯小强见一男子将他停在货运部门口的踏板助力摩托车骑走，便大喊着追去，但没追上。同事冯高明、曹天闻讯而来，一同骑着货运部的另一辆摩托车继续追击。追至一电线杆处时，两人追上该男子并喝令对方停车，但该男子置之不理，继续高速驾车前行。曹天当即抽出自己身上的皮带，朝对方抡过去，不料发生意外。该男子侧身躲避，失去平衡后摔倒在地，致严重颅脑损伤而死亡。事后曹天到洛龙区公安分局刑警大队投案自首，并以涉嫌故意伤害罪被刑事拘留，三天后，被执行逮捕。7月16日，洛龙区人民检察院以故意伤害罪向洛龙区人民法院提起公诉。最终法院判决认为，被告人曹天犯过失致人死亡罪，判处有期徒刑三年，缓刑三年。双方均未对判决提出上诉。②

**案例三：**

2017年1月9日上午，张永焕驾驶的摩托车与张雨来驾驶的摩托车追尾相撞，双方均跌倒在地，并且张雨来受伤。张永焕随即起身，驾驶摩托车驶离现场。事发当时，朱振彪驾车经过肇事现场，发现肇事逃逸行为即驾车追赶。追赶途中，朱振彪多次向有关公安部门打电话报警。朱振彪追至迁曹铁路时，张永焕自行走向两铁轨中间，据51618次火车机车上的视

---

① 沈轩. 他该不该负刑事责任？——张德军见义勇为致歹徒伤亡被控犯罪[J]. 政府法制, 2006 (3): 44-46.
② 孙燕. 洛阳小伙追小偷致其当场摔死获缓刑三年，是见义勇为还是犯罪？[N]. 河南法制报, 2010-04-13: 13.

频显示，朱振彪挥动上衣，向驶来的列车示警。几分钟后，张永焕被由北向南行驶的51618次火车撞倒，后经检查被确认死亡。河北省滦南县人民法院判决认为，朱振彪对张永焕的死亡不承担侵权赔偿责任。①

上述三起案件具有相似的场景：行为人目睹犯罪事实，并采取扭送措施，在扭送的过程中发生犯罪嫌疑人死亡或重伤的结果，法院针对行为人的扭送行为做出裁判。但形成鲜明对比的是，案例一和案例三的行为人均无须承担刑事责任，而案例二中的行为人却被法院做出有罪判决。"类案异判"的结果表明，法律规范与学理研究的双向缺失，可能是司法实践难以决断的重要原因。一方面，《刑事诉讼法》对扭送的规定尚显单薄，尽管对扭送主体与扭送对象做出规定，但二者均有待于进一步明确；对扭送限度只字未提，则更有进一步解释的必要。另一方面，不管是刑事诉讼法学者还是刑法学者，对扭送的理论研究都是极其薄弱的，前者通常在刑事强制措施章节中对扭送一笔带过；② 后者针对扭送的论述鲜有在著作中提及。鉴于此，笔者首先对扭送制度做一点历史的考证，并且以比较法的视角对扭送行为的成立条件予以分析，不至于让其在司法实践中无所适从，进而达到良好的出罪效果。

（二）中外"扭送行为"制度略考

我国的扭送制度发轫于汉、鼎盛于唐，在当时被称作为"私人逮捕"。如《汉书·高帝纪》记载："行如雒阳，贯高等谋逆，发觉，逮捕高等。"这便是古代最早的"逮捕"之说。《唐律疏议·捕亡律》规定："诸被人殴击折伤以上，若盗及强奸，虽旁人皆得捕系，以送官司。诸追捕罪人而力不能制，告道路行人，其行人为能助之而不救助者，杖八十；势不得助者，勿论。"③ 其大意是说，殴打致他人折齿、折指以上，虽非被伤、被盗、被奸者的家人或亲属，旁人也可以将之逮捕并押送到官司处。在逮捕

---

① 河北省滦南县人民法院民事判决书，（2017）冀0224民初3480号.
② 陈光中. 刑事诉讼法［M］. 北京：北京大学出版社、高等教育出版社，2016：226.
③ ［唐］长孙无忌. 唐律疏议［M］. 刘俊文，点校. 北京：法律出版社，1999：567.

过程中，如果自己能力有所不及，可要求行人予以协助，若行人有能力协助逮捕而拒不提供帮助的，构成犯罪杖责八十，无能力提供帮助者不以犯罪论。与当代扭送制度有所不同的是，彼时的逮捕限于特定的犯罪，如伤害罪、盗窃罪、强奸罪等；与此同时，逮捕乃是老百姓不得不为之义务，除非确实无能力履行，否则将受到惩罚。现代意义上的私人逮捕制度始于清末修法时期，清政府于1905年派遣使臣考察国外的法律制度，其中沈家本陆续翻译了日本多部刑事诉讼的著述，并聘请日本法学家冈田朝太郎来华起草、修订刑事诉讼法，同时构建了较为现代化的、完整的"私人逮捕"制度，这一制度目前也基本为我国台湾地区所承袭。

中华人民共和国成立后，我们基本抛弃了私人逮捕制度，并创设了与之功能相似的扭送制度。该制度肇始于1954年《拘留逮捕条例》第六条："对下列人犯，任何公民都可以立即扭送……；正在被追捕的。"此后在1979年重新颁行《逮捕拘留条例》时，仍然沿用了上述规定，并将其置于"强制措施"一节。随着1979年《刑事诉讼法》的颁布，原来规定在上述条例中的扭送制度成为该法第42条的内容；1996年《刑事诉讼法》重新修订时，由原来的第42条变成了第63条，条文内容变化不大，只是将"下列人犯"修改为"下列情形的人"，这在一定程度上体现了西方刑事诉讼中的"无罪推定"原则；此后，《刑事诉讼法》又经过两次修改，目前规定在该法第84条，但实质内容均没有任何变化。

我国现代意义上扭送制度的雏形虽然发轫于清末，但却是当时法学家们考察域外法后借鉴所得，因此更有必要对此做一些梳理与回顾。在公共刑罚权尚未建立的早期日耳曼法时代，当犯罪者在犯罪现场被及时抓获而成为现行犯时，该现行犯便被视为严重破坏和平行为的法外之民，逮捕者具有将其直接杀害的权利，同时在杀害之后应立即将犯罪人带到法庭上，并由抓捕者对该犯罪行为提出控诉。这说明，当时的扭送权是个人享有的私人报复权，具有自助权的特征。[1] 12世纪以降，以领地为中心的公共刑

---

[1] Schmidt, Einführung in die Geschichte der deutschen Strafrechtspflege, 3. Aufl., 1965. S. 66ff.

罚权逐步建立，私人复仇也被逐步禁止。统治者们认为，私人刑罚难以有效惩戒犯罪者，因为很多受害者没有足够的胆量和力量提出自诉，这就需要国家权力的注入；[1] 同时，私人刑罚也可能是不适当的，让人们充当自己案件的裁判者，难免不会昧着良心感情用事，这便可能导致刑罚过分苛责，结果只会使生活无序、混乱，所以必须用国家来约束人们的偏私与暴力。[2] 在这样的背景下，尽管扭送权并未被完全弃置，但其属性依然发生根本变化，它从早先私人复仇的手段转化为协助统治者进行刑事追诉的权利。[3] 随着19世纪警察制度的陆续建立，各国逐步确立了中央式的执法体制及对国家强制力的独占，此时私人扭送权存在之正当性乃是以紧急权体系为分析框架，即当存在特殊紧急情况国家难以履行保护公民免受不法侵害的职责时，就需要私人采取紧急应对措施以维护个人合法权益。因此，现代社会中私人扭送权的权利本质最终转化为国家对此应予以容忍不得加以处罚的容许行为。[4] 从上述历史变迁中我们不难发现：随着国家实现刑罚权的独占，以及社会治理能力的提升，带有原始社会同态复仇色彩的私人扭送逐步演变为协助国家完成刑事追诉的辅助性权利；但随着社会文明程度的提高，社会的复杂性也在增加，一些突发性犯罪实难为国家控制，限于有限的司法资源，私人扭送又逐渐被独立出国家公权力的范畴，具有国家容许的例外情形。

纵观西方各发达国家法律之规定，虽然没有使用"扭送"的措辞，但究其本质，与我国的扭送制度并无二致。在德国，称之为"暂时逮捕"；在日本，称之为"逮捕现行犯"；在英美法系诸国中，称之为"公民逮捕或无证逮捕"。根据《德国刑事诉讼法》第127条相关规定，对被发现或追捕的现行犯，在有逃跑嫌疑或者身份不能立即确定时，任何人有权暂时

---

[1] [德] 拉德布鲁赫. 法学导论 [M]. 米健, 译. 北京: 法律出版社, 2012: 142.
[2] [英] 洛克. 政府论（下篇） [M]. 叶启芳、瞿菊农, 译. 北京: 商务印书馆, 1964: 10.
[3] 陈璇. 公民扭送权：本质探寻与规范续造 [J]. 法学评论, 2019 (3): 181.
[4] 刘国庆. 论私人逮捕制度——兼论我国的公民扭送制度 [J]. 云南大学学报（法学版）, 2014 (6): 113.

将其逮捕。这便是德国法中的"暂时逮捕"制度。根据《日本刑事诉讼法》第 213 条之规定，任何人都可以在没有逮捕证的情况下逮捕现行犯；同时该法第 212 条又对现行犯做出规定，即所谓现行犯乃是正在实施犯罪或者刚刚实施完毕犯罪的人，另外可以明显地认为是实施犯罪终了后不久的，亦视为现行犯。日本学界普遍认为，逮捕现行犯需具备客观上特定的犯罪正在进行、或犯罪终了后时间不长；根据社会常识判断被逮捕者实施具体犯罪的事实明确，或者犯罪发生在逮捕执行人眼前及逮捕执行人清楚认识到犯罪刚刚结束等现实性要件。① 英国《1967 年刑事法》确定了一新的犯罪种类——可捕罪，即无前科、犯了可能判处 5 年以上监禁的任何罪行，同时《1984 年警察和刑事证据法》第 24 条又规定："任何人都可以无证逮捕正在实施某种可捕罪或他有合理理由怀疑正在实施这样的犯罪的任何人。"美国在普通法准许公民逮捕，也就是由公民执行的无证逮捕。② 这种逮捕适用于以下情形：（1）有重罪（或破坏公共治安的轻罪）发生；（2）此公民有相当的理由相信被逮捕的人实施了犯罪行为。③ 此外，新西兰《1961 年犯罪法案》第 35 条、《加拿大刑事法典》第 494 条和我国香港地区《刑事诉讼条例》第 101 条，均有关于公民无证逮捕之规定。④

通过上述域外国家或地区的法律与我国《刑事诉讼法》有关扭送之规定相比较，可发现以下不同之处：在扭送主体上，我国法律规定为任何公民，而域外国家或地区均规定为任何人；在扭送对象上，我国法律规定了两类人，即现行犯和在逃犯，而域外国家或地区大多只规定了现行犯；在扭送限度上，我国法律并无规定，而域外国家或地区或在强度上有所明

---

① ［日］松尾浩也. 日本刑事诉讼法［M］. 丁相顺，译. 北京：中国人民大学出版社，2005：61-63.
② ［英］塞西尔·特纳. 肯尼刑法原理［M］. 周叶谦，等译. 北京：华夏出版社，1989：608.
③ ［美］罗纳尔多·V·戴尔卡门. 美国刑事诉讼——法律和实践（第 6 版）［M］. 张鸿巍，等译. 莫洪宪，审校. 武汉：武汉大学出版社，2006：200.
④ 刘国庆. 论私人逮捕制度——兼论我国的公民扭送制度［J］. 云南大学学报（法学版），2014（6）：115-116.

示,如日本规定"逮捕现行犯"的现实性要件。

(三)"扭送行为"出罪的条件

如前所述,我国《刑事诉讼法》与域外国家或地区的规定存在诸多不同,首先在扭送主体与扭送对象上,规定的过于笼统,其次在扭送限度上又未做任何明示。因此,我们有必要对每一个扭送的成立要件进行充分阐释,否则极易将原本具有出罪效果的扭送行为解读为犯罪行为,使公民枉受牢狱之灾。①

1. 扭送的主体

根据《刑事诉讼法》规定,能够成为扭送主体的是任何公民。公民是指具有一国国籍之人,那么结合《刑事诉讼法》之规定,不仅具有中国国籍的人可以成为扭送的主体,具有外国国籍的人也可以成为扭送的主体。从近代扭送制度确立的宗旨来看,这里的公民当然包括具有外国国籍之人。因为扭送制度正是为了弥补在国家强制权难以触及的突发情况下,赋予普通公民以扭送权,并号召全体公民积极与违法犯罪行为做斗争。② 当外国人面对犯罪嫌疑人时,如果有能力将其扭送至公安机关,当然应予以允许,否则国家便有纵容犯罪之嫌,被犯罪事实侵害的法益也将难以及时得到救济。纵然使用"公民"的表述并无不妥,但从法律术语的使用习惯上看,但凡提及"公民"不免会联想起《宪法》的规定,《宪法》条文规定了大量的公民权利与义务条款,而"公民"的含义也仅特指"中国公民"。因此,为了避免引起不必要的概念误读,笔者建议在《刑事诉讼法》中使用"公众"的表述,或者借鉴域外国家或地区之规定,使用"任何人"的表述,并且做这样的替换并不会导致扭送主体的限缩,也是符合法律要求的。

通过上文对扭送主体的总体框定之后,笔者认为还应当对扭送的具体

---

① 魏晓娜. "见义勇为"获刑,全是"扭送"惹的祸 [N]. 法制日报, 2010-03-23: 03.
② 田宏杰, 肖鹏. 紧急权的理论基础与体系建构 [J]. 华南师范大学学报(社会科学版), 2019 (2): 140.

&lt;&lt;&lt; 第四章 依照法律的行为：以程序法为分析对象

主体做进一步划分，以区分彼此之间产生效果的不同。首先是家属的扭送。根据我国《刑法》规定，认定自首的两个条件是自动投案和如实供述罪行，而根据最高人民法院《关于处理自首和立功具体应用法律若干问题的解释》第1条之规定，亲友规劝、陪同投案的也被视为自动投案。据此，被家属扭送至公安机关的，当然可被视为陪同投案，只要犯罪嫌疑人进一步供述自己的罪行，那么便可构成自首，享受从轻或减轻处罚的优惠。犯罪嫌疑人的家属虽然不负有协助专责机关的义务，但是却有扭送犯罪嫌疑人的权利，将这种情况视为自首，既可以充分发挥亲友的力量，也给犯罪嫌疑人一个较轻的刑罚，体现我国宽严相济的刑事政策。其次是被害人的扭送。被害人应当是经历犯罪事实，目睹犯罪嫌疑人的第一人，如果是被害人扭送，那么该行为可能同时构成《刑事诉讼法》第110条第二款规定的控告。此时，扭送人同时作为被害人，成为刑事诉讼主体，参与诉讼活动，享有当事人的权利义务。最后是第三人的扭送。从司法实践来看，第三人扭送是最常见的扭送方式，上文的几个案例皆是如此。但是，这种与案件无关的第三人扭送方式，可能与《刑事诉讼法》第110条第一款规定的举报类似。举报是指，"单位或个人向公检法部门报告其发现的犯罪事实及犯罪嫌疑人的行为"。① 第三人扭送可以看作是一种更加激进的举报，因为他不仅发现犯罪嫌疑人，并且抓捕了犯罪嫌疑人，如果该第三人了解案件的相关事实，也可能作为证人参与到后续的诉讼程序中。

2. 扭送的对象

根据我国《刑事诉讼法》第84条规定，扭送的对象分为现行犯和在逃犯两种。其中，现行犯是指正在实行犯罪或者犯罪后被发觉的人，想要准确理解现行犯的含义，核心的问题是如何解释"犯罪"。换言之，关于"犯罪"的解释争议在于，应以"事实上的犯罪"为前提，还是只需要满足"有犯罪嫌疑"？② 由于目前国内学者在这方面研究的不足，笔者拟借鉴德国理论并结合中国现实，对该问题做进一步的分析。在进入具体学说

---

① 陈光中. 刑事诉讼法 [M]. 北京：北京大学出版社、高等教育出版社，2016：236.
② Freund, Strafrecht Allgemeiner Teil：Personale Straftatlehre, 3. Aufl., 2019 § 3 Rn. 12.

169

探讨之前，我们有必要先厘清"事实上的犯罪"与"犯罪嫌疑"之间的关系。"事实上的犯罪"是一个实体法概念，用于评价客观行为，又可进一步分为"狭义之犯罪"与"广义之犯罪"：前者是指违法且有责的行为，后者则不需要具备有责性。与此相对，"犯罪嫌疑"则是程序法概念，用于评价行为是否符合发动刑事诉讼程序的前提要件，例如被采取强制措施的"犯罪嫌疑人"和庭审中的"犯罪嫌疑人"。可见，无论是"事实上的犯罪"或"犯罪嫌疑人"均可能存在多种合理解释，故而需要加以仔细甄别。

首先是程序法观点对"犯罪"的解释，该观点认为只要是"犯罪嫌疑人"就具备扭送的条件。其提供的理由是：本条规定在诉讼法中，故对于该条文的解释自然也应当回归诉讼法的脉络上；[1] 假如要求具备"事实上的犯罪"，恐将导致扭送制度无法被利用，成为一纸空文；[2] 通常"确切的犯罪事实"只会出现在学校案例教学中，而不存在于现实的刑事追诉中。[3] 当然在程序法观点之下，德国理论与实务界又可进一步区分出"广义的犯罪嫌疑"与"狭义的犯罪嫌疑"，其中前者对犯罪嫌疑所具备的要求更高。

其次是实体法观点，这在德国学界被广泛承认。[4] 详言之，被扭送者的行为应当至少具有构成要件该当性及违法性，仅有犯罪嫌疑不足以成为被扭送的对象。这种实体法上的观点，进一步又区分为严格实体法理论和缓和实体法理论。严格实体法理论主张，所谓"事实上的犯罪"系指具备构成要件该当性、违法性与有责性的行为，诚如上文理解的狭义上的"犯罪"概念。缓和实体法理论则认为，只要行为具备构成要件该当性与违法性即可，行为人是否具备责任能力不必考虑，此乃广义上的

---

[1] Borchert, Die vorläufige Festnahme nach § 127 StPO, JA 1983, S. 340.
[2] Ranft, Strafprozeβrecht, 3. Aufl., 2005, Rn. 764.
[3] Satzger, Das Jedermann-Festnahmerecht nach § 127 I 1 StPO als Rechtfertigungsgrund, Jura 2009, S. 109.
[4] Theodor Lenckner, in: Schönke/Schröder, Strafgesetzbuch, 27. Aufl., 2006, Vorbem § 32 ff. Rn. 81; Beulke, Strafprozessrecht, 10. Aufl., 2008, Rn. 238.

### 第四章 依照法律的行为：以程序法为分析对象

"犯罪"概念。①

最后是混合观点，也称折中观点。该观点主张，对于客观构成要件要素需要从实体法上理解，但对于主观构成要件要素、违法阻却事由的判断，只需要达到重大嫌疑即可。② 采取混合观点的理由在于：将扭送的对象限定在真正的犯罪人原则上是正确且必要的，但对"犯罪"要素的界定仍须与扭送的典型情形相匹配。详言之，对于客观显现的构成要件要素可以根据个人观察得出，故而需要严格执行；但对那些需要主观判断的构成要件要素以及是否具备实质违法则需要根据扭送的实际情况判断，故而仅需要具备重大嫌疑就够了。③

从上述德国学界对于"犯罪"解释的三种学说来看，程序法观点是站在扭送当时的情形判断行为的合法性，而不问被扭送者是否事实上真的有罪，也不问法院最终是否判定他有罪。实体法观点尽管存在两种内部的分歧，但均是要求被扭送者客观上实施了犯罪行为，只是在判断被扭送者主观是否具备可谴责性未达一致。混合观点则是在不同层面调和了程序法观点与实体法观点的对立与冲突，尤其在可能最终被证明是错误扭送的场合下，程序法观点由于只要求具有犯罪嫌疑，如此一来，被扭送者只能默默忍受，不得进行正当防卫，甚至连实施防御性紧急避险都难言其具有正当性；实体法观点由于需要确切的犯罪事实和行为，因此被扭送者既可以正当防卫，也可以防御性紧急避险。当然，混合观点也要求，纵使被扭送者具有正当防卫的权利，但应当对防卫手段加以限制，例如应首先向扭送者澄清自己并非犯罪人，而不得径直抵抗。④

按照解释的一般逻辑，第一步就是按照词语字面含义进行直接的理解，从字面探求法律所使用文字语言的正确意义，称文义解释。⑤ 因此，

---

① Otto, Probleme der vorläufigen Festnahme, § 127 StPO, Jura 2003, S. 685.
② Gropp, Strafrecht Allgemeiner Teil, 4. Aufl., 2015, § 6 Rn. 184 ff.
③ Meyer-Goβner, Strafprozessordnung, 54. Aufl., 2011, § 127 Rn. 4.
④ Roxin, Strafrecht Allgemeiner Teil, Band I, 4. Aufl., 2006, § 17 Rn. 25.
⑤ 林钰雄. 新刑法总则 [M]. 北京：中国人民大学出版社，2009：37.

对于现行犯中"犯罪"的理解,按照字面的含义可能解释为"事实上的犯罪"更加贴切,进而采用实体法观点将其解释为狭义的犯罪或广义的犯罪。但坚持逻辑推理所得出的解释未必能获得公众认同：[1] 第一,不管是依据实体法观点,最终将"犯罪"解释为狭义的犯罪或广义的犯罪,其核心都是以阶层犯罪论体系为基础的,狭义的犯罪要求"构成要件符合+违法+责任",广义的犯罪则不需要责任要件,因此在判断结构上呈现递进模式,同时具备独立的违法性与有责性判断。然而,我国传统的犯罪论体系是平面耦合式的,犯罪各个构成要件要素没有独立判断的空间,因此很难区分出德国刑法理论中所谓的狭义与广义的犯罪概念。因此,想采取实体法观点进行分析,可能必须先在犯罪论体系的构造中"大做文章",这在目前恐怕还不合时宜。第二,按照实体法观点将"犯罪"解释为"事实上的犯罪",无形中加大了扭送者的负担,因为做这样的解释后,扭送者不得不考虑其准备扭送的对象是不是真的构成犯罪,要求一个普通公民像刑法学者那样对犯罪成立做出判断,实在强人所难,况且犯罪成立理论对刑法学家而言有时都是一个棘手的问题。第三,按照实体法观点来理解"犯罪",可能有违扭送制度设立宗旨之嫌疑。因为扭送制度正是为了弥补在国家强制权难以触及的突发情况下,赋予个人保护自身合法权益的例外手段,如果要求扭送对象必须有"犯罪事实",扭送者可能畏首畏尾,甚至在某些场合下因害怕事后担责就放弃了。综合上述几点,笔者认为采用文义解释的方法可能确有不妥,故而笔者试图将"犯罪"解释为"犯罪嫌疑",尽管这相对于文义解释的方向有所偏离,但它并不违背体系解释和目的解释的理念,也具有相当的合理性。

所谓将"犯罪"解释为"犯罪嫌疑"乃是德国刑法学界的程序法观点。笔者认为,这种解释方式不管在规范体系上抑或是规范保护目的上都是值得肯定的。一方面,从扭送制度所处的体系位置上看,乃是位于《刑事诉讼法》第六章"强制措施"中,并且紧随于逮捕、拘留制度,而根据

---

[1] 袁林. 公众认同与刑法解释范式的择向[J]. 法学, 2011 (5)：95.

《刑事诉讼法》对逮捕、拘留制度的规定，无一不是针对犯罪嫌疑人的。例如，该法第 81 条规定了对符合条件的犯罪嫌疑人的逮捕；第 82 条规定了对重大嫌疑分子的先行拘留；第 87 条规定了对逮捕犯罪嫌疑人所需的提请批准。扭送制度的条文恰好在上述条文之间，规定在该法第 84 条，按照体系解释的方法，"就是要充分考虑其所在的章节，并与章节其他条文保持协调"。① 立法者对于使用"犯罪嫌疑人"这一表述说明，刑事强制措施仅以被强制者当时具有犯罪之可能足以，而无须完全确证行为人的罪行。既然作为公权力机关在对某人采取强制措施时只需要达到"犯罪嫌疑"即可，那么便不能要求普通公民做得更多，而主张扭送对象必须具备确证的犯罪事实。另一方面，从国家制定扭送条款所保护的目的上看，是为了使刑事案件逐渐拨开迷雾，从而达到水落石出的状态。扭送行为在整个过程都扮演着明确真相、辨别真伪的角色，使整个刑事诉讼程序层层推进。如果在扭送之初便要求案件事实具备真实、确信，无异于否定了设立扭送制度的本来目的，直接越过了刑事案件的初始程序从而进入调查的终端程序，显然是本末倒置的。另有一点，根据《刑事诉讼法》第 12 条之规定，任何人未经人民法院依法判决前，都不能确定为有罪，本条是关于《刑事诉讼法》基本原则的规定。因此，如果要求扭送的对象必须具备确证的犯罪事实，无异于违背了《刑事诉讼法》基本原则的应有之义，也是与刑事诉讼的宗旨相冲突的。

当然，如果我们坚持程序法观点，还必须对混合观点提出的质疑予以回应。上文提及，如若事后被证明是错误的扭送，那么按照程序法观点，在扭送发生之时，被扭送者的正当防卫等权利被否定，而只能默默忍受，这便是混合观点对程序法观点在逻辑上的批判。笔者认为，持混合观点的学者完全没有必要对此产生担忧。首先，无论事后是否被证明存在错误扭送的情形，在扭送发生之初，被扭送者的反抗事实上都是存在的，上文提及的三个案例便是证明，不存在如混合观点所说的那样"默默忍受"，况

---

① 高维俭，王东海. 刑法体系解释层次论——兼以"赵春华案"为实践检验样本[J]. 现代法学，2019 (3)：39.

且这些反抗的性质会随着最终案件事实的定性而得以确证,并不会否定其正当防卫或紧急避险的权利。其次,如果我们类比刑事强制措施就会发现,现实中存在的错误逮捕情形,所谓的"犯罪嫌疑人"都会根据《中华人民共和国国家赔偿法》的规定得到事后救济,执行错误逮捕的司法人员也会被追责。因此,退一步讲,按照程序法观点的逻辑,即便发生错误扭送,我们仍然可以通过相应的司法措施恢复"犯罪嫌疑人"的部分权利或给予必要的补偿,例如对扭送者追责。最后,正如上文提到的,扭送条款的确立本身就是为了推进案件事实的查清,这就不可避免地存在错误扭送的发生,更何况扭送的主体只是普通公民,这便不可能如混合观点所说的那样,要求老百姓对"客观显现的构成要素必须严格执行"。

上文主要是关于现行犯中"犯罪"如何理解的问题,那么对于在逃犯——中国独有的扭送对象,应当如何理解其存在的价值?或是像某些主张"否定论"学者所言,可以废除。①上述论者提供的理由是:一则与域外国家只规定现行犯的普遍做法并不符合;二则在司法实践中扭送在逃犯的情形极少,并且在逃犯不易辨认,容易发生扭送错误。笔者认为,第一点理由是站不住脚的,不能仅仅因为别国的法律制度来质疑我国现行的法律规定,即便它们都法治强国,也不能成为理由,中国法律的规定仍需要依托于本国国情、历史渊源等诸多因素。例如,不少国家都规定了准现行犯的扭送,是不是我们也要模仿?对于这样的疑问,上述主张"否定论"的学者似乎也没有给予足够的证明,这恰恰表明他们所提供的理由在内心也是不够坚定的。对于第二点理由,可能确实成为实践的疑难,值得反思。例如,2010年在河北沧州市盐山县就发生一起案例,村民李金山等人因扭送犯罪嫌疑人张海山(在逃犯)而涉嫌故意伤害罪被该县法院判处有期徒刑。尽管李金山等人主张在行使刑事诉讼法赋予公民的扭送权,并无不法行为,但公安机关宣称张海山不属于在逃犯,网上在逃信息已被删

---

① 刘国庆. 论私人逮捕制度——兼论我国的公民扭送制度 [J]. 云南大学学报(法学版),2014(6):119.

<<< 第四章　依照法律的行为：以程序法为分析对象

除，故张海山已成为"合法公民"。① 笔者认为，之所以出现这种情况，乃是我国《刑事诉讼法》没有相关错误扭送的免责条款，如果规定行为人是基于不可避免的认识错误实施的扭送行为，不用承担刑事责任，只需要承担民事赔偿，那么也可以很大程度降低因错误扭送造成的"冤案"，至少不至于"民怨沸腾"。总之，一概主张废除扭送在逃犯的做法实则因噎废食，并不可取。本书认为，可以借鉴美国法中"合理根据"规则，作为司法实践中判断扭送主体实施扭送在逃犯是否合法的标准，进而避免错误扭送的发生。所谓"合理根据"，又称为"合理的理由"，是美国联邦宪法第四修正案的核心概念，"合理根据的规则是一个操作性的，而非技术性概念，它是为了平衡利益冲突而为的最好的解决方案"。② 运用"合理根据"规则就是要解决，什么样的事实视为产生"合理根据"。具体到扭送在逃犯而言，扭送主体对于在逃犯的信息获得必须源自正规的渠道，例如公安机关发布的官方追捕信息、权威媒体（网站、报纸）刊登的追捕信息，扭送者只有根据上述信息，才符合"合理根据"的规定，从而为扭送行为提供正当化的根据。简言之，有关导致扭送在逃犯的事实或条件，必须足以说服一个理性的人去认定某个非法行为已经或正在实施，否则就不是"合理根据"。

3. 扭送的限度

上文对扭送主体与扭送对象的解释，主要还是朝着扩大扭送范围的方向做努力。一来为了确保扭送制度的贯彻，可以弥补在国家强制权难以触及的突发情况下，赋予个人保护自身合法权益的例外手段；二来也不违反罪刑法定的原则，因为这种解释是扩大扭送主体和对象，本质上使行为人更容易符合扭送的成立条件，可以更好地实现出罪效果。然则，如果对法无明文规定的扭送限度做出界定或限制，则意味着添加某些"不成文的构成要件要素"，添加这些要素可能会不当缩小处罚范围，但也有可能不当

---

① 红树. 通缉犯变"合法公民"，扭送人员反被捕［N］. 腾讯网，2020-03-25.
② 赵文芳. 扭送行为之刑法学分析［D］. 北京：中国人民大学硕士学位论文，2012：15.

扩大处罚范围,① 总之可能影响罪刑法定原则。如果对犯罪构成要件的解释添加某些不成文的限制性条件,则有利于限缩行为人犯罪的成立,应当被允许;但对于扭送行为添加某些不成文的限制性条件,则会限缩扭送的成立范围,而扭送本是一种实现行为人出罪的事由,一旦其成立范围被缩小了,意味着更有可能使行为人法外入罪,② 这是否与罪刑法定原则相违背,值得探讨,并且也是讨论扭送限度条件成立范围的前提。目前国内学者在该问题上形成两种对立的见解:张明楷教授认为,"只有同时在违法阻却事由、责任阻却事由、客观处罚条件等领域贯彻罪刑法定主义,才能保障人权,故应当禁止对犯罪阻却事由进行目的性限缩"(以下称"肯定论");③ 陈璇教授则认为,"正当化事由④并不处在罪刑法定原则的效力犯罪之内"(以下称"否定论")。⑤ 笔者认为,上述两种观点不乏合理之处,但均有进一步商榷的必要。

持"肯定论"的学者也赞成,"扩大处罚范围并不等于违反罪刑法定原则,处罚范围并非越窄越好,而是越合适越好";"只有不当扩大处罚范围,才会违背罪刑法定原则"。⑥ 如果对扭送条件进行目的性的限缩,确实容易导致扭送行为的入罪,但正如该学者所言,只有不当地扩大处罚范围才违背罪刑法定,况且对于实践中出现的暴力扭送现象,极易构成非法拘禁罪、故意伤害罪,乃至故意杀人罪,如果不对扭送者加以惩治,恐怕会使扭送制度成为某些"居心叵测"之人逃避法律制裁的借口,使一项好的制度"变了味儿"。因此,以扩大处罚范围为由而认定其违背罪刑法定原则,本质上站不住脚,至少在笔者看来,这并非"不当"扩大处罚范围。

---

① 张明楷. 犯罪构成体系与构成要件要素 [M]. 北京:北京大学出版社,2010:146.
② Hirsch, Rechtfertigungsgründe und Analogieverbot, GS-Tjong, 1985, S. 53.
③ 张明楷. 罪刑法定与刑法解释 [M]. 北京:北京大学出版社,2009:173.
④ 论者使用"正当化事由"的表述,实际与笔者"出罪事由"的表述所指同一物,笔者放弃"正当化事由"的表述已经在第一章做出回应,此处为保证引用的准确性,故使用原文,劳烦读者在后文也注意该问题。
⑤ 陈璇. 公民扭送权:本质探寻与规范绩造 [J]. 法学评论,2019 (3):176.
⑥ 张明楷. 刑法学(第五版)[M]. 北京:法律出版社,2016:57.

那么，这是否如"否定论"所言，正当化事由不在罪刑法定原则效力范围之内呢？从该论者提供的理由来看，前两点理由——正当化事由不专属于刑法和规范评价不应有矛盾，笔者是赞成的，但这似乎并非论者的核心；第三点理由——罪刑法定在正当化事由中无贯彻之可能，才是论者的中心要旨，而这恰恰是笔者反对的。

首先，正当化事由确实并非刑法专有，任何超法规的正当化事由并不需要依托于刑法而存在，例如被害人同意、正当业务行为等，即便是本书所述之"法令行为"，亦可超越刑法而存在，例如上文所提《宪法》中的发言、表决行为，同样可以不依托于刑法而实现出罪效果。其次，规范评价不应有矛盾，这是大部分超法规行为得以正当化的根基所在，也与本书第一章所指的法秩序统一性原理是一脉相承。最后，也是最为关键的，根据"否定论"所提第三点理由，可以归纳为两项要点：罪刑法定原则难以在刑法以外之法律规定的正当化事由中发挥作用；正当化事由的天然概括性与罪刑法定原则要求的明确不相匹配。[①] 笔者对此持不同意见。一方面，根据论者对于法定正当化事由与超法规正当化事由的区分来看，他将扭送行为归为法定正当化事由，并且明示这里的"法"乃是刑法之外的其他法律，但这种区分方式是有违刑法学界一般认知的，因为根据学界共识，法定的正当化事由只有正当防卫和紧急避险两种，并且这里的"法"专指刑法。即便退一步讲，超法规正当化事由真的不能适用罪刑法定原则吗？众所周知，罪刑法定中的"法"是指规定犯罪与刑罚的成文的法律，而根据《立法法》的规定，关于犯罪与刑罚的法律必须由全国人大或全国人大常委会制定；超法规中的"法"，根据笔者第一章的相关论述，自然是指刑法之外的成文法。那么，显而易见的是，扭送行为规定在《刑事诉讼法》中，它符合罪刑法定中的"法"，同时也符合超法规中的"法"。因此，对于论者如何能得出"超法规正当化事由不适用罪刑法定原则"的结论，笔者深感意外。另一方面，正当化事由条款与罪刑法定原则的明确性真的难

---

① 陈璇. 公民扭送权：本质探寻与规范续造[J]. 法学评论, 2019（3）：177.

以匹配吗？一般而言，罪刑法定原则所要求的明确性乃是指处罚的明确性，它包括罪的明确性和罚的明确性。① 由于扭送条款不涉及刑罚，因此论者所言的"无法满足罪刑法定明确性要求"应当是指罪的明确性，即犯罪成立的明确性。"如果没有明确的犯罪构成要件，则无罪也无罚，这体现了罪刑法定原则的构成要件保障功能。"② 然则，扭送规定在《刑事诉讼法》中，其本质是彰显出罪效果的，是规定非罪的条款，自然无须要求其具备明确性，犯罪成立自始需要清楚明确，难道犯罪不成立（出罪）也必须清楚明确吗？若是如此，不仅与出罪以"实质合理"为依据的学界共识相违背，也让《刑事诉讼法》规定的"无罪推定""疑罪从无"成了无用的摆设。事实证明，论者所指的正当化事由条款本来就不需要追求明确性，所谓"难以满足明确性"的要求本身就是一个伪命题。综上所述，"超法规的正当化事由与罪刑法定原则是并行不悖的"，③ 但就其明确性而言无须达到罪刑法定原则那般的要求，就扭送行为而言，对其限度条件进行目的性的限缩是合理的，但合理的原因不在于"不受罪刑法定原则的约束"，恰恰相反，它是罪刑法定原则应有的妥当的"扩大处罚范围"。

综上所述，对扭送添加不成文的限度条件是合理的，因此该添加什么条件就成为关键。诚如学者所言，"行为人所使用的手段与扭送目的之间必须存在适当的比例关系"；"并且尽可能地选择对犯罪嫌疑人造成最小损害的那一种"。④《德国刑事诉讼法》规定，"行为人不允许实施危险的行为，更不得实施可能对身体造成侵害的行为"。⑤ 故而，笔者对扭送的限度条件将从行为限度和结果限度两方面予以论述。

就行为限度而言，杀害行为当然不能成为扭送的正当方式，因为扭送的目的在于将犯罪嫌疑人移交司法机关，以便更好地推进诉讼程序的进

---

① 张明楷. 刑法学（第五版）[M]. 北京：法律出版社，2016：52.
② 姜涛. 基于明确性原则的刑法解释研究 [J]. 政法论坛，2019（3）：90.
③ 郑丽萍，于晓楠. 正当化事由基本问题探讨 [J]. 法治研究，2011（10）：29.
④ 陈璇. 公民扭送权：本质探寻与规范续造 [J]. 法学评论，2019（3）：183.
⑤ [德] 克劳斯·罗克辛. 德国刑事诉讼法（第24版）[M]. 吴丽琪，译. 北京：法律出版社，2003：305.

行;同时,犯罪嫌疑人活着是诉讼程序开展的必要前提。因此,杀害犯罪嫌疑人的行为不可能与扭送的宗旨相吻合,① 并且应承担故意杀人或过失致人死亡的刑事责任。重伤行为原则上也不能成为扭送的正当方式,首先,重伤行为一般带有致人死亡的高风险,并且在司法实践中重伤行为与杀人行为的界限并不十分明确,往往成为困扰法官的难题;其次,学界普遍认为重伤行为与杀人行为不因被害人同意而被正当化,况且在扭送行为中也没有犯罪嫌疑人的同意行为;最后,重伤行为虽然未必导致犯罪嫌疑人死亡,总体上并不影响诉讼程序的进行,但相对于一个健康的人而言,总是会影响犯罪嫌疑人的供述和辩解,以及庭审中的自我辩护和最后陈述。例外允许重伤行为的情形是,行为人在扭送的过程中遭遇犯罪嫌疑人的剧烈反抗,甚至行为人自身受到严重的生命健康威胁。那么,在这种情形下,如果仍然对扭送限度进行限制,其结果只能是扭送者付出血的代价,而犯罪嫌疑人依然逃脱,让见义勇为者"流血流泪"是极大的不公。在这种情况下,我们应当赋予扭送者以暴制暴的权利。轻伤或限制自由的拘禁行为,应当成为扭送的正当方式。首先,上述行为本身不具有致人重伤或死亡的危险,原则上也不会导致重伤、死亡的结果;其次,即便由于介入因素,意外产生了重伤或死亡结果,例如上文案例三的情形,也可以根据因果关系的中断理论,否定原始扭送行为与死亡结果的因果关系,进而不承担罪责。

就结果限度而言,只要不产生重伤或死亡的结果,原则上都是允许的,但有时候即便出现重伤或死亡结果,我们也不能一概否认扭送行为的出罪效果,进而追究扭送者的刑事责任。其中重伤的例外情形,上文已予以明示,故不再赘述;如果发生死亡结果的,笔者认为也应当具体情况具体分析。例如,"白朝阳非法拘禁案"就是一个典型的反面教材:白朝阳与刘进学原本存在经济纠纷,在得知刘某因犯罪而被公安机关通缉后,白某与几个同事通过踩点方式得知对方行踪并报告巩义市公安局,2007 年 12

---

① Wagner, Das allgemeine Festnahmerecht gem. § 127 Abs. 1 S. 1 StPO als Rechtfertigungsgrund, ZJS 2011, S. 473.

*179*

月30日凌晨，在郑州市区某处，趁刘某下车不注意，强行将其拉拽至白某轿车内，开往巩义市公安局方向。由于刘某在途中激烈呐喊、反抗，白某一行用手将刘某头部按在前排座中间以防止其反抗、叫喊，并持续20多分钟，后发现刘某身体疲软，当送往医院抢救时不治身亡。经鉴定，刘某符合因外伤、情绪激动、被强行带入汽车内的过程等因素诱发冠心病急性发作导致死亡。① 最终，白某一行均被法院判决非法拘禁罪，刑期从10年到11年不等。② 笔者认为，这是一个典型的错误判决，我们不能因为本案中意外死亡的特殊情节，就否定法律赋予公民扭送犯罪嫌疑人的正当性。从非法拘禁罪的条款来看，致人死亡的结果必须是非法拘禁行为本身导致的，但本案中，刘某是网上被追逃的罪犯，白某为此进行跟踪，发现刘某行踪之后与公安机关联系，应该说白某一行的"扭送"是有相当的法律根据的，本身就不构成非法拘禁罪中的"非法"。退一步讲，即便我们承认白某一行因扭送过程中实施的"封嘴""按压"行为具有非法性，也难以认为上述行为与刘某的死亡结果具有相当的因果关系，仍然不能让其承担非法拘禁致人死亡的刑事责任。

**四、《刑事诉讼法》中规定的"执行死刑"**

《刑事诉讼法》"执行编"规定了死刑立即执行制度，执行死刑的行为与故意杀人罪的构成要件完全符合，"但该行为不是反对法制度的，甚至还是维护法制度的"，③ 所以不构成故意杀人罪。然则，自签署死刑立即执行令到死刑执行完毕最长有七天的间隔期，这段时间内"恐有变数"，使原则上合法的杀人行为也可能因执行程序、方法等出现差错而失去出罪效果，故仍有进一步探讨的空间。

---

① 刘忠. 控方称是非法拘禁，辩方称是合法扭送，"白朝阳案"将择期宣判 [R/OL]. 新浪网，2020-07-02.
② 河南省中牟县人民法院刑事判决书，（2009）牟刑初字第57号.
③ 王世洲. 刑法信条学中的若干基本概念及其理论位置 [J]. 政法论坛，2011（1）：34.

## （一）中外"执行死刑"制度略考

死刑这一古老的刑种，源自原始社会的同态复仇制度，并且成为古代中国历朝历代最为常见的刑种，其本身的执行方式也经历了由野蛮、残酷到文明、进步的发展历程。在先秦时期，"奴隶制五刑"便确立了死刑的执行方式，随着秦始皇统一全国，中国虽然摆脱奴隶制社会，但在暴秦统治下的死刑执行方式种类繁多，据不完全统计，生命刑有 19 种之多，[1] 例如"车裂""扑杀""戮尸""腰斩""绞""具五刑"等。自汉朝以降，死刑执行方式逐步向着轻缓化方向变革，到了隋唐时期，仅保留了"绞""斩"两种。然则，这种文明的执行死刑方式并未持续，五代国时期首创"凌迟"，又将死刑执行的残暴、野蛮性推向了高峰，尤其到了明朝，朱元璋确立了"治乱世用重典"的思想，刑事司法充满恐怖的血腥。直到清末沈家本修律时，废除了"凌迟""枭首""戮尸"等酷刑，将死刑的执行方式确立为"绞刑"和"斩刑"，随后于 1911 年 1 月 25 日颁行的《大清新刑律》确立了"绞刑"为死刑唯一的执行方式。南京国民政府于 1927 年公布的"惩治盗匪暂行条例"中规定"执行死刑得用枪毙"。随后 1928 年颁布的"中华民国刑法"中也沿用了此死刑方式，可见中国古代唯一保留下来的"绞刑"也最终走向了末路。中华人民共和国成立后，"枪决"成为我国执行死刑的唯一方式，但该执行方式也在实践中出现不少问题，例如心脏位置不易把握，导致数枪仍未毙命的情况；采用射击后脑勺的方式又往往使死刑犯面目全非，死相惨烈。[2] 所以，在 1996 年重新修订《刑事诉讼法》时规定，死刑采用枪决或者注射等方法执行。

古代西方，根据"汉穆拉比法典"记载的执行死刑方式，包括火烧、水溺、石砸、活埋、刀砍等，古罗马时期的执行方式更是复杂多样，例如火刑、下油锅等，还有臭名昭著的十字架刑，到了中世纪，斩首成为最常用的一种死刑执行方式。进入中世纪晚期，随着科技的发展，在西欧出现

---

[1] 周密.中国刑法史[M].北京：群众出版社，1985：191.
[2] 马克昌.刑罚通论[M].武汉：武汉大学出版社，2017：529.

了一种最初称为"断头机",后来泛称"断头台"的执行死刑的器械,其最初仅用于贵族出身的罪犯,后被广泛适用于各种死刑犯。随着资产阶级革命的浪潮,死刑在西方许多国家被逐渐废除,尤其在欧洲,欧盟成员国以废除死刑为入盟的前提。[①] 在当代西方国家,美国是保留死刑的主要国家,其执行死刑的方式有绞刑、枪决、毒气刑、注射刑和电刑,但实际上,美国主要采用注射方式执行死刑。[②]

通过上述中西方执行死刑方式的发展来看,均是从残酷、野蛮走向温和、文明的历史过程,目前主要执行死刑的方式不外乎是枪决和注射。当然,不管是手段残忍或是温和的执行方式,只要严格按照法定程序,均被视为合法的杀人,这在全球范围内都没有异议。但是,执行死刑的程序步骤烦琐,如若没有被严格遵守,可能产生错杀、误杀犯罪嫌疑人的情形,这样便可能使执行人陷入违法执行死刑的境地,也就有可能构成故意杀人罪或其他犯罪。因此,规范化地执行死刑是执行者出罪的唯一根据。

(二)"执行死刑"出罪的条件

执行死刑得以规范化的条件,原则上应当并重实体条件和程序条件,并且前者是后者的依据,故而有学者从执行死刑的原则、执行死刑的实体条件和程序条件展开研究。[③] 但笔者认为,既然本章是依照程序法实施的行为,自然与实体法上认定被告人是否应当被判处死刑没有直接关系。实际上,即便被告人被误判、错判为死刑,也与执行人员不相干,追究的应是相关审判人员的渎职类刑事责任。例如,司法审判人员将不应当被判处死刑立即执行的被告人错判为死刑立即执行,那么他可能构成徇私枉法罪。因此,只有当执行人员严格遵守执行死刑的程序性条件,才不至于构成犯罪,这也是下文主要讨论的内容。

第一,签发执行死刑命令的主体应当适格,否则相关人员构成徇私枉

---

① 何卓谦.欧盟外长:任何实行死刑的国家都不可能成为欧盟成员[R/OL].环球网,2020-07-02.
② 王辉.美国死刑方式知多少?[R/OL].中国日报网,2020-07-02.
③ 王政勋.正当行为论[M].北京:法律出版社,2000:309-310.

法罪或玩忽职守罪。根据《刑事诉讼法》第261条规定，执行死刑的命令应当由最高人民法院院长签发。如果最高人民法院院长因事务繁忙而授权其他人代签，那么代签者与院长本人均构成徇私枉法罪；如果最高人民法院院长因事务繁忙而疏忽，其下属自告奋勇履行代签手续，则代签者构成徇私枉法，而院长本人可能构成玩忽职守罪。

第二，不得忽视"应当停止执行"的情形，否则执行人员应当构成玩忽失职罪或徇私枉法罪，甚至可能构成故意杀人罪。根据《刑事诉讼法》第262条规定，如果发现被执行者存在"原判决错误，罪犯有重大立功表现需要改判以及罪犯正在怀孕的"应当停止执行死刑，此时执行人员若是疏忽大意没有发现，仍然执行死刑的，则可能构成玩忽职守罪；若已经发现上述事由，有意隐瞒并仍然执行死刑的，则可能构成徇私枉法罪，甚至构成故意杀人罪。当然，如果执行人员已经严格遵照"应当停止执行"的情形并报告最高人民法院，但最高人民法院院长没有按照法律规定重新签发死刑执行令或依法改判的，则按照上文第一种情形，院长本人可能构成徇私枉法罪，甚至构成故意杀人罪的间接正犯。

第三，应当按照既定的方式或地点执行死刑，否则执行人员应当构成徇私枉法罪。根据《刑事诉讼法》第263条第二款规定，执行死刑的方式包括枪决或注射，同时，执行死刑的地点包括刑场或其他指定的羁押场所。在司法实践中，具体的执行方式早在交付执行前就已经确认了，如果执行人员私下改变执行方式，则无论被执行者最终是否得到有效执行，都应当追究其徇私枉法罪的刑事责任。同理，随意改变场所的，也应当承担相应的刑事责任。

第四，不得提前执行死刑，否则执行者应当构成徇私枉法罪、故意杀人罪或过失致人死亡罪。根据《刑事诉讼法》第263条第四款规定，在罪犯最后执行死刑前，执行人员还有"验明正身"的步骤，若其跳过该步骤，直接处死罪犯，如果事后证明被处死者并无身份错误或其他应当停止执行的情形，则因其没有履行"讯问有无遗言、信札"等必要程序，故构成徇私枉法罪；如果事后查明被处死者身份错误，则属于"枉杀好人"的情形，如何追究执行人员的刑事责任则需要区分他的主观内容，若其明知被处死者身份错误，则构成故意杀人罪，反之则构成过失致人死亡罪。

第五，根据《刑事诉讼法》第 263 条第五款规定，执行死刑应当公布，且不应示众；第 7 款规定，执行死刑后，应通知罪犯家属到场。如果执行人员没有按照既定程序操作，则根据主观内容可能构成玩忽职守罪或徇私枉法罪。

### 五、本章论要

本章介绍的"依照法律的行为"主要是涉及程序法上的，具体而言，是根据《刑事诉讼法》中的规定，使某些行为实现出罪效果。

首先是侦查行为的出罪问题。侦查行为是查清案件事实、推动案件进程、惩治违法犯罪的必要前提，侦查行为原则上具备出罪的效果，可阻却刑讯逼供罪、暴力取证罪、强制猥亵罪、故意毁坏尸体罪，以及侵犯隐私权犯罪的成立。当然，侦查行为得以出罪的前提是：主体条件必须有法律规定，同时在具体案件中也要符合授权；侦查行为在客观上有必要；侦查的目的是保证侦查的顺利进行，而非谋求私利；并且在程序上按照既定步骤。对两种特殊形式的侦查——卧底侦查和诱惑侦查应当进行分别探讨。卧底侦查行为之所以仍然具备出罪效果，是因为这是一种依照法律或上级命令而实施的职务行为，这种行为本质上应属于"法令行为"的范畴；而诱惑侦查仅限于将机会提供型的侦查方式视为合法的侦查手段，其得以出罪的前提是主观上不具有犯罪故意，客观行为具有社会相当性。

其次是逮捕行为的出罪问题。逮捕作为最严厉的刑事强制措施，对犯罪嫌疑人的人身自由剥夺最为严重，也最有可能构成犯罪。但即便如此，逮捕行为依然具备"法令行为"的出罪效果，具体来说，可以避免构成故意伤害罪、过失致人死亡罪、非法搜查罪等多种侵犯人身权利的犯罪。但要使逮捕行为具备彻底的出罪效果，还必须符合以下三个条件：一是证据条件，即"有证据证明有犯罪事实"；二是量刑条件，即"可能判处徒刑以上刑罚"；三是逮捕必要性条件，即"社会危险性条件"。

再次是扭送行为的出罪问题。近年来，越来越多的公民扭送行为被认定为犯罪，这主要是由于我们对于扭送行为的条件认识不足引起的。根据目前法律之规定，扭送的主体是任何公民，我们认为这是不准确的，应当修改为"公众"或"任何人"；扭送的对象是现行犯和在逃犯，应当将现行犯理解为"具有犯罪嫌疑的人"，同时，借鉴美国法中"合理根据"规则，对在逃犯的标准做合理解释。对于现行法律尚未规定的扭送限度问题，我们应当从行为限度和结果限度两方面做补充解释，从而使扭送行为积极发挥出罪效果。

最后是执行死刑的出罪问题。执行人员必须严格遵守执行死刑的程序性规定，根据《刑事诉讼法》第262条、第263条之规定，避免执行死刑行为构成渎职类犯罪或故意杀人罪。

# 第五章  执行命令的行为：
# 公务员与军人两类主体的分析

"无论是在军队里，还是在一般的行政关系中，下级服从上级的命令，从来就是一项重要的规则。"① 因为法律对于某些内容的规定具有一定的模糊性，难以事无巨细地囊括所有情形，不得不通过上级命令予以具体化。如前所述，在大陆法系刑法理论中，执行命令的行为一般作为阻却违法事由，即便该命令是错误的也不例外，② 而下级执行上级违法命令的行为，通常被认为可以阻却责任。总之，对于执行命令的行为具备出罪效果这一点上没有异议。但是，对上述学者的判断结论本书也不是完全赞同，因为在执行命令过程中存在权力层级与服从意识，可能存在执行的偏差或不当，由此带来损害结果的情形值得关注。尤其是执行违法命令的情况更加复杂，该命令可以是一般违法，用比较通俗的表述，可能仅是"不适当"或者"错误"；也可以是严重违法，例如违反民事法规、行政法规等；还可以是犯罪。与此同时，执行违法命令还应当考虑执行者的主观内容，不能一概而论。目前，中外学界一般将执行命令的行为区分为公务员执行命令和军人执行命令，故本书也沿着这一主流观点对两种执行命令的行为展开探讨。

---

① 卢有学．战争罪刑事责任研究［M］．北京：法律出版社，2007：238．
② 姜涛．行为不法与责任阻却："于欢案"的刑法教义学解答［J］．法律科学，2019
(1)：96．

<<< 第五章 执行命令的行为：公务员与军人两类主体的分析

## 一、公务员执行命令的行为

根据《公务员法》第60条规定："公务员执行公务时，认为上级的决定或者命令有错误的，可以向上级提出改正或者撤销该决定或者命令的意见；上级不改变该决定或者命令，或者要求立即执行的，公务员应当执行该决定或者命令，执行的后果由上级负责，公务员不承担责任；但是，公务员执行明显违法的决定或者命令的，应当依法承担相应的责任。"应当说，《公务员法》这一规定对公务员执行命令中的责任承担与划分起到指向标的作用，但也因为缺乏对"错误""明显违法"的判断机制，以及缺乏具体刑事追责的规定，导致在执行第60条的规定时引发不少问题。

### （一）"公务员执行命令"的类案比较

**案例一：**

福建省长乐区财政局先后与27家企业签订周转金借款合同，并由企业所在地的乡镇财政所提供担保（财政所由财政局领导，实际是财政局的派出机构）。由于企业倒闭，财政周转金尚有745.8万余元未能收回。长乐区人民法院于是以玩忽职守罪判处该市财政局局长王凯锋有期徒刑5年6个月。法院认为，《担保法》规定："国家机关不得作为担保人。"王凯锋身为财政局局长，应当对财政周转金的发放、回收等工作负领导责任。而王凯锋则大喊冤枉，认为自己不存在玩忽职守的问题，因为他是严格按照福州市委（1999）9号文件精神办事的，而福州市政府在2000年6月还专门以《关于研究协调第三批产业扶持资金安排有关问题》的专题会议纪要形式，要求坚决落实市委（1999）9号文件。福州市委、市政府制定的文件违背了担保法的规定，王凯锋因为认真执行文件不料却最终背上玩忽职守的罪名。[1] 该案一度引起多家媒体的关注，《法制日报》《检察日报》

---

[1] 刘松山."红头文件"冲突法律的责任归属——兼评福州王凯锋案［J］.法学, 2002（3）：3.

《北京青年报》等报刊纷纷就此判决表达自己的看法,① 法学界更是对公务员执行上级错误命令的问题引发热议。② 2001年年底,一些刑法专家专门在中国人民公安大学对王凯锋的罪名进行了严密论证,并一致认为,王凯锋的行为严格依据上级有关领导的命令和指示进行,是认真履行职责的行为,③ 不构成玩忽职守罪。

**案例二：**

2005年6月,时任廉江市国土资源局副局长的何耘韬,在办理廉江市金都房地产投资有限公司竞得的一宗国有划拨土地补办出让手续发证工作中,一再坚持原则,遭到常务副市长(分管国土资源工作)的严厉批评。但屈从于廉江市政府"暂收土地出让金40%办证"的决定,在办理金都公司35596.49平方米划拨土地补办出让手续时,因在《地籍调查土地登记审批表》"土地管理机关审核意见"一栏签字,被廉江市人民法院于2011年4月15日以玩忽职守罪判处有期徒刑6个月。何耘韬在为自己的上诉申辩中说道:"我只是在执行政府决定,并非个人行为,何罪之有?"他还进一步强调,因有关会议纪要表述不明确而遭到地籍股拒绝办理,他为此还与分管国土常务副市长发生争执,后在廉江市清理办的协调下,请示了廉江市纪委,由清理办在测算表上加具"暂收土地出让金40%办证"的意见,地籍股才给予办理。二审法院裁定撤销原判,发回重审。2011年5月27日,廉江市检察院以"案件事实、证据有变化"为由申请撤诉,廉江市法院准许撤诉。④

---

① 刘国航,陈杰人.政策和法律打架,责任谁来承担?[N].法制日报,2002-01-12：03；贾桂茹,李昊昕.执行人该承担责任吗?[N].北京青年报,2002-02-05：03；林世钰.按政策办事,受法律制裁[N].检察日报,2002-03-20：04.
② 郑全新,于莉.论行政法规、规章以外的行政规范性文件——由"王凯锋事件"引起的思考[J].行政法学研究,2003(2)：15-20页.
③ 熊哲文.关于法学案例教学法运用的若干思考[J].甘肃行政学院学报,2007(3)：78-80页.
④ 刘晓溪.廉江国土局副局长昨日正式上班[R/OL].新浪网,2020-07-08.

<<< 第五章 执行命令的行为：公务员与军人两类主体的分析

**案例三：**

2012 年 11 月 2 日，受永城市委常委、政法委书记张某委托，永城市副市长骆某和永城市政府党组成员、市住建局局长梁某召开会议，会议上，形成了"关于解决永阳花苑地下车库信访问题的会议纪要"，并于 2013 年 3 月 16 日以该市城市建设领导小组文件（永城建领〔2013〕4 号）的形式印发。开发商拿着会议纪要找永城市城乡规划服务中心主任夏明旭，要求给新增楼层办建设工程规划许可证，夏明旭和该中心时任用地规划科科长刘予永在明知会议纪要违法的情况下，仍然按照上级领导要求办了证。2017 年 7 月 19 日，河南省沈丘县人民法院认定夏明旭、刘予永构成滥用职权罪，但免予刑事处罚。两被告不服一审判决，提出上诉，但周口市中级人民法院坚持认为，其作为规划单位主要领导明知会议纪要违法但仍去执行，系属滥用职权，故维持原判。①

通过上述三起案件比较，我们不难发现其共同点：下级公务员执行上级违法的命令，最终被追责的事实。如果说第一起案件是因为《公务员法》尚未规定，而根据当时《国家公务员暂行条例》的规定，下级公务员必须对上级负"绝对服从"的义务，最终难逃被追究责任的命运。而第二起案件的一审有罪判决实属令人意外，因为根据《公务员法》的规定，下级公务员认为上级命令错误的，可以向上级陈述并提请改正或撤销，上级不改变决定并要求执行的，下级公务员不负责任。该案中，隶属下级的何耘韬同志曾多次谏言，认为其上级决定错误，还曾与上次领导发生争执，最终无奈执行上级决定。何耘韬的行为完全符合《公务员法》"不担责"的规定，然最终却在一审中被判定有罪。这也难怪有学者感叹："第 54 条采用的'陈述意见说'偏向于'绝对服从说'，能否单独成为一说值得怀疑。"② 案例三的判决依据应当是"公务员执行明显违法的决定或命令，应依法承担责任"的规定，但我们需要进一步解释何为"明显违法"，并

---

① 河南省周口市中级人民法院刑事裁定书，(2017) 豫 16 刑终 482 号。
② 吴庚. 行政法之理论与实用（增订八版）[M]. 北京：中国人民大学出版社，2005：167.

且需要主观"明知"明显违法。

服从并执行上级的命令,是公务员应当履行的义务,这既是行政伦理的一般要求,也是公务员维护国家行政秩序的当然使命。但是,任何上级绝非圣贤,他们做出的命令可能是错误的,甚至是涉嫌违法、犯罪的,那么作为下级公务员是否应当执行,如何执行,执行后造成的严重后果应当由谁承担责任,是否需要追究刑事责任,怎么追究刑事责任,这都是客观存在且必须要面对的问题。如上所述,《公务员法》有了概括性的规定,但缺乏必要的细节把握,而《刑法》在这方面又完全缺失,那么在司法实务中我们该如何应对,值得研究。至此,不妨从域外诸国和地区的规定中谋求借鉴与启示。

(二)"公务员执行命令"的中外立法及启示

在目前不少大陆法系国家和地区中,公务员执行命令行为往往在其刑法规定中就被赋予合法化地位,不被视为犯罪;同时,部分国家又在与之对应的公务员法中规定了对命令的服从是原则,不服从是例外。

1. 域外法律的规定①

《法国刑法典》第122-4条规定:"完成合法当局指挥之行为的人,不负刑事责任,但此种行为明显违法者,不在此例。"同时该国《国家和地方公务员一般地位法》第28条规定:"公务员不论地位高低,必须对规定的任务负责执行。他必须遵守上级的命令,如果上级的命令是明显地违法而且可能严重地危害公共利益时不在此限。"② 《瑞士联邦刑法典》第32条规定:"法律或职务义务或职业义务要求之行为,或者法律许可之行为或申明不处罚之行为,不构成重罪或轻罪。"③ 同时《瑞士联邦公务员法》

---

① 本书在第二章已经罗列了域外诸国和地区关于"法令行为"的规定,但此处仅仅涉及"执行命令的行"的规定,尽管与前文内容可能有所交叉重合,但笔者会尽可能地避免重复性梳理,重点罗列对执行命令行为作单独规定并在相应的公务员法中又有更为细致规定的国家和地区,以引起学界的关注。
② 刘松山. 论公务员对违法命令的不服从 [J]. 法商研究, 2002 (4): 50.
③ 瑞士联邦刑法典 [M]. 徐久生,译. 北京:中国法制出版社, 1999: 8.

第 25 条规定："公务员应该认真合理地执行上级命令，上级对发布的命令负责。"①《意大利刑法典》第 51 条规定："行使权利或履行由法律规范或公权力机关的合法命令赋予的义务，排除可罚性。如果构成犯罪的行为是根据主管机关的命令实施的，由发布该命令的公务员承担罪责，除非执行该命令的下属不存在事实认识错误。当法律不允许对上级命令的合法性审查时，执行非法命令亦不处罚。"②《葡萄牙刑法典》第 36 条规定："……当局的合法命令时出现冲突情况，如果其所履行的义务、命令的价值等于或者高于被放弃履行的义务、命令的，阻却违法性；如履行服从上级的义务导致实施犯罪的，则终止下级的服从义务。"第 37 条规定："公务员服从某一命令而不知该命令将导致实施犯罪，而且根据其知悉的情节来看该命令导致实施犯罪并不明显，阻却责任。"③《荷兰刑法典》第 43 条第一款规定："因执行主管当局的官方命令而实施犯罪的，不负刑事责任。"④德国虽然在刑法典中对公务员执行命令行为未作规定，但《德意志联邦共和国官员法》第 56 条第二款和第三款规定，如果官员对命令的合法性有怀疑，应立即向上级提出，若命令维持不变，但官员仍对该命令抱有怀疑，则应请示更高一级领导，如果更高一级的领导肯定该命令，则官员执行命令不受刑事制裁；如果直接的领导因情况紧急或更高一级的领导不可能及时做决定的，但该命令要求被立即执行的，则官员执行命令亦不受处罚。⑤《西班牙刑法典》第 20 条第七项规定，为履行义务，或者依法行使权利、公务或者职务的行为免除刑事责任。⑥

《日本刑法典》第 35 条规定了依法令行为不处罚，同时，《日本公务员法》第 98 条规定："职员工作时，必须遵守法令和忠实地执行上级的命

---

① 阎清义，李淳．世界各国公务员法手册［M］．长春：吉林大学出版社，1988：336.
② 意大利刑法典［M］．黄风，译．北京：北京大学出版社，2007：23.
③ 葡萄牙刑法典［M］．陈志军，译．北京：中国人民公安大学出版社，2010：13.
④ 荷兰刑法典［M］．于志刚，龚馨，译．北京：中国方正出版社，2007：35.
⑤ 阎清义，李淳．世界各国公务员法手册［M］．长春：吉林大学出版社，1988：269.
⑥ 西班牙刑法典［M］．潘灯，译．北京：中国政法大学出版社，2004：9.

令。"①《韩国刑法典》规定:"依照上级命令执行职务的行为同样阻却违法性……但是对于没有拘束力的违法命令的服从行为,违法性和责任都不能阻却。"②《泰国刑法典》第70条规定:"依公务员命令的行为,不予处罚。即使其命令违法,如果有服从的职责或者善意认为有服从的职责的,也不处罚,但是明知其违法的除外。"③我国澳门特别行政区的刑法典第30条规定,遵从当局之正当命令非属不法;随后在第36条规定:"公务员遵从一命令而不知该命令导致实施犯罪,且在其知悉之情节范围内,该命令导致实施犯罪并不明显者,其行为无罪过。"④同时在《澳门公共行政工作人员通则》第278条规定,不遵守引致实施犯罪之命令是公务员权利;第279条规定对上级命令的服从义务与忠诚义务之基本含义。我国台湾地区参照日本刑法典的内容,在第21条规定了"依法令之行为不罚。但明知命令违法者,不在此限"。同时根据台湾"公务员服务法"相关规定,公务员应当依照主官长官的指示,执行其所担任的职务,并且应服从本属长官的命令。⑤

2. 域外法律的比较与启示

纵观上述各国和地区刑法典及相关公务员法,对于公务员执行命令行为的规定存在以下相同点:(1)基本上规定在刑法总则中,这对分则起指引和制约作用,尤其是按照上级合法之命令而为一定行为者,无一例外均被合法化。(2)绝大多数国家和地区,对于明知是明显违法或构成犯罪的上级命令,却依然执行的,均规定执行者与命令发布者构成故意犯罪。(3)下级公务员对上级的命令并非绝对地服从,而赋予下级一定的拒绝执

---

① 阎清义,李淳. 世界各国公务员法手册[M]. 长春:吉林大学出版社,1988:133.
② [韩]李在祥. 韩国刑法总论[M]. [韩]韩相敦,译. 北京:中国人民大学出版社,2005:246.
③ 泰国刑法典[M]. 吴光侠,译. 谢望原,审校. 北京:中国人民公安大学出版社,2004:16.
④ 赵国强. 澳门刑法概说(犯罪通论)[M]. 北京:社会科学文献出版社,2012:262.
⑤ 常征. 台湾现行法律概述[M]. 西安:陕西人民出版社,1990:393.

<<< 第五章 执行命令的行为：公务员与军人两类主体的分析

行权，例如有的国家明确规定拒绝执行违法命令的，不负刑事责任，有的国家还赋予下级公务员对命令是否违法的审查权，正所谓"没有一种法秩序追求绝对地服从原则，但也没有一种法秩序完全不保护下属"。① 与此同时，各国和地区之间在该问题的规定上也存在不同之处：（1）执行上级合法命令的行为被视为合法化、正当化，但各国在表述上存在较大差异，有的称之"不负刑事责任"，例如法国、西班牙、荷兰等；有的称之"不处罚"，例如意大利、日本、泰国等；再如葡萄牙、韩国称之"阻却违法"或"阻却责任"。笔者认为，上述各国和地区之间在规定上的差异，乃是因为有的从行为的本质上加以认定，有的从法律效果上加以认定，但不管使用何种称谓，最终均是达到"出罪"的效果，行为的合法、正当性是没有疑问的。（2）具体规定的详尽程度也有较大差异，例如日本、西班牙、荷兰的刑法只对执行命令行为做了简单的规定，并且在条文中不明确区分命令的性质，以至于下级公务员执行明知违法的命令是否应当承当责任，只能从刑法理论上加以阐释；而意大利、葡萄牙的刑法则规定的较为具体详细，不仅区分了命令的性质，而且规定执行者的主观方面，尤其是《意大利刑法典》甚至规定了下级公务员对命令的审查权限以及事实认识错误的内容。（3）相关公务员法的规定也有所差异，例如瑞士、日本和我国台湾地区一律主张官员具有执行上级命令的义务，至于命令的内容是否合法在所不问；而有的国家，如法国则主张区分上级命令的违法性，如果上级的命令是明显地违法则不需要服从。

在我国，虽然刑法理论中均承认公务员执行上级命令，尤其是执行合法命令的行为，是超法规的违法阻却事由，或正当化行为，但在刑法典中却没有相关的立法规定。随着《公务员法》的颁布与修订，其中第60条的规定引起了学界的关注，据此我们可以明示以下三个问题：（1）下级执行上级命令时，认为命令有误的，可以提出意见；（2）上级如果坚持要求执行命令的，下级必须执行但无需对执行该命令产生的后果负责；（3）上

---

① ［德］汉斯·海因里希·耶赛克，托马斯·魏根特. 德国刑法教科书［M］. 徐久生，译. 北京：中国法制出版社，2001：599.

级命令若明显违法，下级不得执行，否则必须承担相应的责任。但是，本条中的"责任"到底是指什么责任，《公务员法》并未明确，也没有相关的司法解释对此做出说明，如果触犯刑事责任，我们的刑法典应当如何应对？很显然，《公务员法》在这一方面的规定与上述大陆法系国家的刑法典颇为相似，这是否也从侧面暗示着，我们的刑法典对此应当有所回应？当然，不可否认的是，我国刑法分则第403条有这方面的类似规定，该条第二款指出，"上级部门强令登记机关及其工作人员实施前款行为的，对其直接负责的主管人员，依照前款的规定处罚"。换言之，即便登记机关的工作人员进行了违法登记，但因其是在执行上级部门的强制性命令，故而仍然不构成犯罪，而应当由做出该命令的直接主管人承担刑事责任。但是，仅有刑法分则在具体罪名上的零散规定，显然难以诠释公务员执行命令行为所要求的内容，因此在刑法条文保持不变的前提下，我们只能从教义学上对《公务员法》第60条做进一步阐释和分析。

（三）"公务员执行命令"出罪的条件

目前在中国，有关公务员执行命令的行为被合法化的条件，也即本书所指的出罪条件，形成了"四要件说"与"五要件说"的分歧。

"四要件说"认为，执行命令的行为排除犯罪性必须符合以下条：

（1）执行的命令必须是所属上级国家工作人员发布的；（2）执行的命令必须是上级国家工作人员依职权发布的；（3）执行的命令必须是上级国家工作人员依法发布的；（4）执行命令时必须不明知上级的命令具有犯罪内容。[①]"五要件说"则在"四要件说"的基础上另增一个条件，即执行命令的人员必须严格依照命令所规定的事项、范围、时间、地点、方法等实施具体行为。[②] 目前在中国台湾学界，学者们对该问题的研究更为细致，他们将公务员执行上级命令的阻却违法条件区分为客观要件与主观要件，前者包含：执行命令者须具备公务员身份，发布命令者须为上级公务员，

---

[①] 赵秉志. 刑法总论 [M]. 北京：中国人民大学出版社，2007：401-402.
[②] 陈兴良. 刑法总论精释 [M]. 北京：人民法院出版社，2016：294.

<<< 第五章 执行命令的行为：公务员与军人两类主体的分析

命令之内容属于上下级公务员的职权范围，命令具备法定程式，下级执行者不得逾越命令范围；后者包括执行者基于行使职务之意思，下级公务员非明知命令违法。① 不过，从林钰雄教授所归纳的所有要件来看，其基本上与我国的"五要件说"一致。那么，就"四要件说"与"五要件说"之区别来看，是否有必要将"严格依照命令所规定的事项、范围、时间、地点、方法等实施具体行为"作为单独要件来考虑？笔者持肯定态度，理由如下：

一方面，根据《公务员法》第14条的规定："公务员服从和执行上级依法做出的决定和命令，应当按照规定的权限和程序履行职责，提高工作质量和效率。"既然是必须严格依照规定的权限和程序，则必须在执行命令的范围、时间、地点、方法等方面不得随意更改，否则可能构成程序上的非法，甚至可能被追究滥用职权或玩忽职守的刑事责任，如此一来，便再无可能使执行命令的行为具备出罪效果。另一方面，从公务员执行具体行政行为的内容上看，也不宜超越法定事项、范围或方法等方面而继续执行。例如，海关工作人员将本不该扣押的物品予以扣押，或者将本该扣押的物品直接销毁，都是超越命令范围或方法的行为，显然不可能被视为执行上级命令的合法行为。再如，公安局局长指示下级警员将犯罪嫌疑人押送至某审讯室进行联合审讯，但个别下级警员可能立功心切，事先进行了单独审讯并获取某些供述，这显然也不能被视为执行上级命令的合法行为。正如中国台湾学者黄荣坚教授所言，如果下级公务员执行命令的行为超越了上级公务员命令的范围，不管命令本身违法或合法，对执行者都不可能适用刑法第21条之规定。② 因此，严格依照命令所规定的事项、范围、时间、地点、方法等实施具体行为，是必须予以重视的问题。

在厘清了"五要件说"中额外新增的这一必要条件后，笔者对两种学说另外四个共同的条件逐一展开分析。

---

① 林钰雄. 新刑法总则 [M]. 北京：中国人民大学出版社，2009：212.
② 黄荣坚. 基础刑法学（上）（第三版）[M]. 北京：中国人民大学出版社，2009：144.

1. 执行的命令必须是所属上级国家工作人员发布的

根据宪法、国务院组织法以及地方组织法等有关规定，我国的行政管理体制是首长负责制，下级服从上级乃是国家工作人员的天职，这也是保证实现政府行政管理目标和提高行政效率的首要条件。这种"服从是原则"的规定，在其他国家也是没有例外的，例如日本《国家公务员法》第98条规定："职员工作时，必须遵守法令和忠实地执行上级的命令。"当然，下级服从的只能是自己所属上级的命令，例如A公安局警员只服从于自己所在公安局局长发布的命令，而无须执行B公安局局长发布的命令。换言之，对于和自己不存在隶属关系的上级，不存在执行其发布命令的问题。

当然，笔者还需进一步强调，公务员对上级的服从是基于职务的服从而非身份的服从。在过去，官僚体制下的父权家长制结构中，作为被统治者的工作义务就是实现统治者个人的目的，忠诚义务的本质就是对统治者人身的服从义务，是一种上级与下级之间的"孝敬关系"。① 公务员制度是近现代民主政治的产物，基于有效执行国家事务的需要，公务员的职务被编织在固定的金字塔式的体系中，所谓"上司"的观念，已经不是指身份上处于高级地位者，而是职务上具有指挥监督的权限。② 正是由于这种对所属上级公务员的职务服从，才使得执行其命令的宗旨是为了国家行政管理秩序的要求，以及实现公共利益的目的。

2. 执行的命令必须是上级国家工作人员依职权发布的

这一条件表明，命令的发布者不能是无权发布或越权发布，这便可能涉及行政法上的"越权无效原则"。越权无效原则是行政法的中心原则，任一公共当局都不得在其职权范围外行事，③ 该原则初创于英国，目前已

---

① [德] 马克斯·韦伯. 经济与社会（下卷）[M]. 林荣远，译. 北京：商务印书馆，1997：324.

② [日] 鹈饲信成. 日本公务员法 [M]. 曾海科，译. 重庆：重庆大学出版社，1988：193-194.

③ William Wade&Christopher Forsyth, Administrative Law, 8th, Oxford University Press, 2000, p.35.

&lt;&lt;&lt;　第五章　执行命令的行为：公务员与军人两类主体的分析

成为法国、德国、美国等国家在行政法领域中最重要的原则。在中国，越权无效原则在行政法学上也成为一个重要概念，学界就何为行政越权展开了激烈的讨论，并且主要集中在以下几点：行政越权的主体问题，行政越权的表现形式，以及构成行政越权的行政行为问题。① 首先在行政越权的主体问题上，依据目前的通说，"是指行政机关及其工作人员、法律和法规直接授权或行政机关委托行使一定行政职权的组织所做出的具体行政行为，超越了法律法规规定的权限范围或授权委托范围"。② 公务员作为行政机关的组成人员，自然符合行政越权的主体身份。其次在行政越权的表现形式上，主要包括以下几个方面：第一，无权限，这是行政越权的最严重情形，行为人在本无权限的情形下行使职权。例如，分管经济的副市长命令公安局局长逮捕某犯罪嫌疑人，显然这位副市长属于无权限命令下级，若公安局局长依此命令执行任务，不可谓之合法行为。第二，层级越权，主要表现为下级履行了上级的职权。例如，省市地方烟草专卖管理机关自行批准，开办烟草专卖品交易市场，便属于层级越权，因为根据《中华人民共和国烟草专卖法》的规定，该项职权属于国务院烟草专卖行政主管部门。第三，地域越权。例如，甲县公安局局长命令乙县公安局的警员逮捕犯罪嫌疑人，就是典型的地域越权。第四，事务越权。例如，吊销营业执照的行为应当由工商行政机关的工作人员具体负责，但是公安局领导认为某店铺违法经营，命令其手下的警员吊销该店铺的营业执照，属于典型的事务越权，警员的行为不因为执行上级命令而被合法化。最后，在构成行政越权的行政行为问题上，有学者发出疑问，"抽象行政行为是否也会构成行政越权"？③ 笔者认为，抽象行政行为是否构成行政越权与本书的研究无直接相关，因为在学界，具体行政行为若超越职权当然属于行政越权，这一点已经达成共识，而公务员执行上级命令的行为必然属于具体行政行

---

① 杨正平，李志雄. 论行政法上的越权无效原则 [J]. 南京大学法律评论，2005 (3)：121.
② 罗豪才. 行政审判问题研究 [M]. 北京：北京大学出版社，1990：293.
③ 杨正平，李志雄. 论行政法上的越权无效原则 [J]. 南京大学法律评论，2005 (3)：121.

为，当然可能构成行政越权。

综上所述，若上级公务员发布的命令系属超越其职权范围的，则依据越权无效原则，下级公务员可以拒绝执行，如若执行，下级公务员的行为也不会因执行上级命令而被合法化。

3. 执行的命令必须是上级国家工作人员依法发布的

所谓"依法发布"，是指执行的命令必须以合法的形式和程序发布。习近平总书记早在 2012 年 12 月 4 日，在首都各界纪念现行《宪法》公布施行三十周年大会上的讲话中指出，"努力让人民群众在每一个司法案件中都能感受到公平正义"。想要在司法案件中实现公平正义，就必须坚持实体正义与程序正义并行。同理，想要依法行政，促进法治政府的建设，也需要实体正义与程序正义。既然下级公务员在执行上级命令时坚持以服从为原则，那么上级命令不仅要具备合法的内容，也需要遵守合法的程序，并且程序合法是内容合法的保障。在日常的行政管理活动中，行政机关实施行政许可、行政强制或行政处罚时，都需要遵循严格的法定程序，才能保障相关行政命令内容的合法，保障行政活动的公正和效率。上级发布的命令，必须符合法律规定的形式和程序，下级公务员才有服从的义务。例如，《中华人民共和国行政强制法》第四条规定，行政强制的设定和实施，应当依照法定的权限、范围、条件和程序。如若上级发布强制执行的命令没有按照合法的形式和程序，则下级没有执行的义务，反之，若下级仍然执行该命令，则可能构成犯罪，典型的情形就是，违法强制拆迁可能构成故意毁坏财物罪。再如，《中华人民共和国行政处罚法》第三条规定，行政处罚的做出，必须由法律、法规或者规章规定，并由行政机关依照程序实施，否则行政处罚无效。可见，行政处罚命令的发布必须有合法的程序，否则不仅该命令无效，甚至执行该命令的下级公务员也可能构成渎职型犯罪。

4. 执行命令时必须不明知上级的命令具有犯罪内容。

这一条件涉及两个方面：其一，如何得知命令是否具有犯罪内容，这便牵涉到学界关于如何审查命令合法与否的内容；其二，如何判断命令的

<<< 第五章 执行命令的行为：公务员与军人两类主体的分析

犯罪内容，也即学界所说关于"明显违法"的认定问题。上述两个问题在学界引起极大的争论，也是目前关于如何界定执行上级命令行为具备出罪效果的主要分歧点。鉴于此，笔者为保持文章体例上的协调，另起探讨。

（四）"上级命令"的审查与"明显违法"的判断

众所周知，下达违法命令的上级公务员必须负刑法上的责任，但遵循这样违法命令而实施行为的下级公务员是否也会成立犯罪，则不无疑问。[①]德国学界通常认为，如果下达的违法命令仍然具有公法上的约束力，那么下级公务员便陷入一个两难的境地：一方面，基于公务员的身份使他负有服从义务；[②] 另一方面，他又和普通公民一样，具有避免不法的义务。[③]从我国《公务员法》的规定来看，德国学界所指的"有拘束力的违法命令"相当于我国的"错误命令"，因为"明显违法"的命令显然不可能存在拘束力。由此延伸出的问题便是：其一，下级公务员如何得知命令的"错误"或"明显违法"，也即对上级命令的审查问题；其二，如何辨别是"错误"还是"明显违法"，也即"明显违法"的内容具体指什么。

1. "上级命令"的审查

目前在中国（包括台湾地区），对上级命令的审查主要包括以下三种学说：绝对服从说、形式审查说和实质审查说。[④] 绝对服从说认为，下级公务员对上级之命令负有绝对服从的义务，而没有审查的权限，不论命令的形式和内容是否合法，下级均应当执行。形式审查说认为，下级公务员对上级命令仅能审查是否具备法定之程序与合法之形式要件，至于命令之

---

[①] Hoyer, Die strafrechtliche Verantwortlichkeit innerhalb von Weisungsverhältnissen: Sonderregeln für Amts-und Wehrdelikte und ihre Übertragbarkeit auf privatrechtliche Organisationen, 1998, S. 18ff.

[②] Stratenwerth, Verantwortung und Gehorsam: zur strafrechtlichen Wertung hoheitlich gebotenen Handelns, 1958., S. 154 ff., 168 ff.

[③] Felix, Einheit der Rechtsordnung: Zur verfassungsrechtlichen Relevanz einer juristischen Argumentationsfigur, 1998, S. 247.

[④] 马克昌. 犯罪通论 [M]. 武汉：武汉大学出版社，2016：817；高仰止. 刑法总则之理论与实用 [M]. 台北：五南图书出版有限公司，1994：222.

法令行为出罪论 >>>

实质内容是否正当,则在所不问。实质审查说认为,下级公务员除了审查上级命令的形式合法性之外,对实质内容的正当与否也具备审查权,无论在形式或内容上违法,下级公务员均无服从义务。从目前国内文献的情况来看,形式审查说是多数说,但也有部分学者主张实质审查说,至于绝对服从说几乎只有个别学者的支持,笔者赞成形式审查说的观点,并对另外两说提出以下商榷意见。

(1)绝对服从说的谬误

根据绝对服从说的观点,无论上级命令的形式和内容是什么,对下级公务员而言,其执行的均属合法之命令,这等于宣示了服从命令是最高的价值,优于其他一切利益。① 笔者认为,这种观点在前提预设和最终结论上都是极为荒谬的。

第一,从预设前提下看,该说要求下级公务员对上级命令绝对服从,没有审查权限,但这无论是从法律规定还是实践运行上看,都是不合理的。一方面,各国法律都将下级对上级的服从视为原则,既然是原则就会有例外,事实证明这种例外并不鲜见。如前所述,法国1983年《国家和地方公务员一般地位法》第28条规定,对于上级下达的明显违法而且可能严重地危害公共利益的命令,下级公务员可不遵守,该国《刑法典》第122-4条也同时规定,完成合法当局指挥之行为的人,不负刑事责任,但明显违法的除外。可见,既然法律均规定了违法命令不予执行命令的情形,那必然存在下级公务员事前的审查程序,否则何来违法的说辞?再如,我国澳门地区《澳门公共行政工作人员通则》对什么是"服从"做了明确,即是指接受和遵守其合法上级为工作目的以及法定形式发出的命令,那么,下级公务员如何得知上述情形,则必然需要事前审查程序。我国《公务员法》的规定亦不例外,即下级公务员认为上级的决定或者命令有错误的,可向上级提出意见。由此可见,若坚持绝对服从说必然与法律规定相违背。另一方面,从公务员行政管理的实践运作来看,也不可能主

---

① Schmidhäuser, Strafrecht Allgemeiner Teil, Lehrbuch, 2. Aufl., 1975, S. 9ff.

<<< 第五章 执行命令的行为：公务员与军人两类主体的分析

张绝对服从说的立场。如前所述，近现代民主政治体制下，公务员对上级的服从不再是身份的服从，下级对上级命令的服从义务，必须用偏重于个人独立性的方法解释。① 简言之，公务员对上级命令具有独立的审查、判断权，理由在于：（1）民主社会的基本要求是，每一个公民对自己的行为应当是独立和自负的，公务员亦是如此，如果仅仅用绝对服从来约束每一个公务员，将使之失去作为普通公民所应有"按照正义原则对自己的行为负责"的独立性；② （2）任何一项国家权力的执行都离不开下级执行者的判断力，行政权同样如此，下级公务员若一味服从命令，而没有自己的判断，且不论命令的对错问题，即便是一项相当正确的命令，恐怕也难以全面、准确地理解该命令，更别提能执行好这项命令；（3）否定公务员对上级命令的审查、判断权，则意味着向世人传递这样一个信号：任何盲目与狂暴的权力，都可以随意使用，并且成为专横与压迫的工具，③ 而这显然是不被允许的。

第二，从最终结论来看，该说认为，无论上级命令是否合法，下级均应当执行，但这从法律规定或是实践运行上看，依然显得极不合理。首先，从《公务员法》的规定上看，公务员应当对执行明显违法命令的行为承担责任。据此我们可以推定：公务员有权拒绝执行上级明显违法的命令，若执行了，应承担罪责。有学者称之为"抵抗权"，④ 即公务员对上级明显违法的命令有说"不"的权利。全国人大常委会在关于《公务员法（草案）》本条的修改意见报告中也曾指明，若上级命令明显违法的，下

---

① ［日］鹈饲信成. 日本公务员法［M］. 曾海科，译. 重庆：重庆大学出版社，1988：195.
② ［美］约翰·罗尔斯. 正义论［M］. 何怀宏等，译. 北京：中国社会科学出版社，1988：378.
③ ［法］贡斯当. 古代人的自由与现代人的自由：贡斯当政治论文选［M］. 阎克文等，译. 北京：商务印书馆，1999：144.
④ 宋儒亮. 论公务员在执行上级决定或者命令中的角色定位——对《公务员法》第54条的法理解读［J］. 法律科学，2006（4）：91.

级公务员有权拒绝执行,否则同上级共同承当罪责。① 上述学者所指之"抵抗权",早在《联邦德国基本法》中便存在,它赋予公众对于存在明显违法的国家行为必要的抵抗权。可见,一个普通公民尚且需要辨别命令的合法性,而非盲目的执行,那么作为国家行政权执行者的公务员更不该消极服从。其次,在实践中,若不辩命令合法与否,甚至执行违法命令,将违背公务员职责的初衷。履行公职乃是公务员与普通公民本质区别之所在,公务员履行职责的要求是,按照国家行政管理的目的执行职务并承担相应的责任。按照公平原则的诉求,"默认甚至同意明显不正义的制度不会产生职责","不正义的社会安排本身就是一种强迫,甚至是一种暴力"。② 执行上级违法命令,显然是一种不正义,也不可能为现行法律和制度所接受,当政府习惯于这种不正义的命令,则离专制与暴虐也就不远了。在法治国家中,不可能认为"命令就是命令"这种盲目服从的绝对原则,③ 更何况,我国正处在法治社会建设的关键节点。

(2) 实质审查说的不足

实质审查说认为,只有上级命令在形式和内容上均合法,下级公务员才有必要服从并执行,欠缺任一合法要件,均无服从义务,若下级执行的,则无法阻却违法性。例如,中国台湾学者蔡墩铭教授便主张,若命令实质违法,下级公务员不知而继续执行,只能从罪责层面考量,阻却或免除下级公务员之责任。④ 该说虽然从执行命令的严谨性与准确性上更值得让人赞许,但其造成的诟病也绝非少数。

第一,实质审查说完全否定了下级公务员的服从义务,可能导致整个

---

① 湛中乐.《中华人民共和国公务员法》释义[M].北京:北京大学出版社,2005:284.
② [美]约翰·罗尔斯.正义论[M].何怀宏等,译.北京:中国社会科学出版社,1988:332.
③ Köhler, Strafrecht Allgemeiner Teil, 1997, S. 312.
④ 蔡墩铭.刑法总论(第六版)[M].台北:三民书局,1998:225.

<<< 第五章 执行命令的行为：公务员与军人两类主体的分析

行政分工体系土崩瓦解。① 如前所述，下级对上级命令的服从乃是一项基本的组织原则，并且在全球范围内的均有法律的规定，完全否定服从义务是无视原则性规定的表现，必然不为大众所接受。与此同时，服从义务的否定将动摇了我国一直以来贯彻的首长负责制，可能使行政管理的秩序陷入混乱，行政管理的效率陷入低迷。因为根据我国《宪法》第86条、第105条之规定，国务院实行总理负责制；国务院各部、各委员会实行部长、主任负责制；地方各级人民政府实行省长、市长、县长、区长、乡长、镇长负责制。一旦否定下级公务员对其上级的服从义务，上级长官形同摆设，上级做出的决定或命令都将难以被执行，即便可以被执行，下级公务员也可能推三阻四、不情不愿，大大折损行政命令执行的效率，不利于国家行政职能的发挥。

第二，实质审查说的看法将会导致连合法命令都无法要求下级立即执行，而是要等到下级公务员自行核实后才得以贯彻。② 德国公法学者曾戏谑称，"若采此立场，那么法院的最终审级就不再是最高法院，而是法院执行局的执行公务员"。③ 笔者认为，虽然这样的比喻略显夸张，但也不无道理。从人民的角度看，国家的行政权对外是一体的，④ 依法行政并实现行政管理的最终目的与现实价值，是每一位公务员的担当与使命。如若上级发布一项完全合法的命令，下级在执行的过程中还需要另行审查，这在公众眼中是应当认为行政工作"明察秋毫"，还是说行政工作"拖泥带水"？从行政系统内部看，之所以存在上下级的区分，必然是因为所属上级对事务的判断力，问题的敏锐性更优于下级，基于信赖原则，下级当然

---

① Stratenwerth, Verantwortung und Gehorsam-zur strafrechtlichen Wertung hoheitlich gebotenen Handelns, 1958, S. 178.
② 蔡聖伟. 論公務員依違法命令所爲之職務行爲 [J]. 臺湾大學法學論義，2008 (1)：177.
③ Jescheck, Verantwortung und Gehorsam im Bereich der Polizei, in: Das Polizeiblatt für das Land Baden-Württemberg, 1964, S. 99.
④ Ostendorf, Die strafrechtliche Rechtmäβigkeit rechtswidrigen hoheitlichen Handelns, JZ 1981 (20), S. 173.

应当信任上级公务员的知识储备与业务能力。① 这就好比，在工地负责建造的建筑工，不需要自己去判断开挖地面是否会破坏地底下的电缆；在医院负责打针的护士，不需要再检查吊瓶中的药物是否无误。若坚持实质审查说，则意味着公务员内部上下级的分工毫无意义，每个人都是上级，但与此同时，似乎每个人又都是下级。对待每一个指令都要亲力亲为，这是现代社会行政管理体制无法承受之重。

（3）形式审查说的坚持

形式审查说是当前我国学界的主流学说，该说只要求下级公务员对命令作形式上的审查，只要具备完整的形式要件，符合法律规定的程序要求，则下级公务员在执行该命令时就可以被视为合法行为。实际上在德国，该说也是具备主流地位的。以目前德国通说的见解，只要一个命令在形式上合法，并且该命令所要求的内容没有明显地触犯法律，那么该命令对下级便是有拘束力的，下级应当执行该命令，并且可以阻却行为的违法性。② 形式审查说与上述两说相比，具有以下优势：

第一，该说不是"全无"或"全有"的判断，而是不同利益间的折中调和，这既符合"服从是原则，不服从是例外"的全球通行做法，也符合我国《公务员法》的有关规定。绝对服从说要求对上级命令完全服从，没有转圜的余地，是一种"全无"模式，虽然坚持"服从"是原则，但没有"不服从"的例外；实质审查说则与之相反，要求下级公务员对命令进行形式与内容的全盘审查，是一种"全有"的模式，该说近似于将"不服从"视为原则，完全漠视世界各国的普遍做法。形式审查说要求对上级命令进行形式审查，但对实质内容却不在过多追问，守住了"服从是原则，不服从是例外"的底线，同时从《公务员法》的规定来看，该说也与之极

---

① Hoyer, Die strafrechtliche Verantwortlichkeit innerhalb von Weisungsverhältnissen: Sonderregeln für Amts-und Wehrdelikte und ihre Übertragbarkeit auf privatrechtliche Organisationen, 1998, S. 13.

② Schumann, Strafrechtliches Handlungsunrecht und das Prinzip der Selbstverantwortung der Anderen, 1986, S. 29ff.

具"默契"。该法既规定了公务员有服从上级命令的义务,但对于明显违法的命令也可以拒绝执行。

第二,该说能节约行政资源,提高行政效率,与我国行政管理的价值诉求高度一致。自党的十八大以来,以习近平同志为核心的党中央,把全面依法治国作为坚持和发展中国特色社会主义的本质要求和重要保障,法治政府的建设当然是其中的重要一环。绝对服从说与近现代民主法治相背离,还不曾褪去古代父权家长制的烙印。实质审查说因其主张并贯彻对上级命令形式与内容的双重审查,其所要求合法性的标准自然毋庸置疑,如此看来似乎也与法治政府的建设并没有什么隔阂。然而,政府所追求的"法治"不同于一般意义上的法治,因为他代表着国家行使行政管理的职责,其中"效率"是行政管理的核心命题。实质审查说只注重高度的合法性,却忽略了行政权的效率诉求,正如上文所述的那样,若坚持该说,可能使大部分完全合法的上级命令都得不到及时、准确的执行。与此同时,"效率"与"法治"的核心——公平正义,并不冲突,自古有"迟来的正义非正义"的说法,形式审查说基于信赖原则,对上级命令只施行形式审查的过滤机制,不多过问内容的合法性,大大节约了行政资源,同时提高了行政效率。

综上所述,下级公务员对上级命令违法性的审查,不管从法律规定还是法理根据上分析,都应当坚持形式审查说的立场。详言之,只要上级命令在形式上具备合法条件,也就是符合法律规定的程序要求,即可被视为上级合法之命令,下级公务员必须执行。

2. "明显违法"的判断

从我国《公务员法》的规定来看,上级错误的命令对下级公务员仍有拘束力,只有上级明显违法的命令下级公务员才有不服从的权利。因此,如何区别错误的命令和明显违法的命令,是界定"明显违法"内容的必要前提。

(1)"错误"与"明显违法"的区分

德国学界认为,由于错误的命令仍有拘束力,因此只要确定拘束力的判断标准，那么那些没有拘束力的命令就是明显违法的命令。确定拘束力的第一种方案是以上级命令"是否抵触刑事法律"为标准。详言之，如果上级命令的内容是要求下级公务员去实施犯罪行为，那么该命令便不具有拘束力，而是构成明显违法。① 该标准所受的诟病是：要么会让上级的命令（无论合法与否）在刑法上永远阻却犯罪成立，要么会成为一个循环论证而完全无法操作。② 详言之，我们就是在公务员执行命令的行为实现了刑法中的犯罪构成要件，才需要讨论该命令能否阻却违法，如果贯彻上述标准，那么结果便是所有的命令均无拘束力，因为上级命令的内容就是要求下级公务员去实施该当犯罪构成要件的行为，例如一个合法的政府拆迁命令，下级公务员依此实施的行为完全符合故意毁坏财物罪的构成要件。换言之，这已经不是拘束力的判断标准，而是彻底否定上级命令阻却违法的效力。③ 故而，该方案在实践中缺乏可操作性。

确定拘束力的第二种方案是以上级命令是否"明显违法"为标准，所谓的"明显违法"，是指命令的内容有重大瑕疵，一般人可立即发现该命令内容与法秩序相悖。④ 笔者认为，这已经不是所谓拘束力的判断标准了，而是直接地判断上级命令是否明显违法，因为德国学说常常提到，该命令的内容在行政罚法或刑事法上系属可罚，或者违反人权、违反国际法等，即属明显违法。⑤ 该标准虽然从技术操作层面解决了前种标准的缺陷，但是由于过于抽象，在判断上并不容易。

笔者认为，按照我国《公务员法》的规定，没有必要提出所谓"拘束力"的判断标准，直接对"错误"和"明显违法"两个关键词进行充分

---

① Blei, Strafrecht Allgemeiner Teil, 10. Aufl., 1989, S. 155.
② 蔡聖伟. 論公務員依違法命令所爲之職務行爲 [J]. 臺湾大學法學論義，2008 (1)：181.
③ Stratenwerth, Verantwortung und Gehorsam-zur strafrechtlichen Wertung hoheitlich gebotenen Handelns, 1958, S. 170 ff.
④ Hoyer, Die strafrechtliche Verantwortlichkeit innerhalb von Weisungsverhältnissen: Sonderregeln für Amts-und Wehrdelikte und ihre Übertragbarkeit auf privatrechtliche Organisationen, 1998, S. 13.
⑤ Gropp, Strafrecht Allgemeiner Teil, 4. Aufl., 2015, S. 189.

的解释,即能划清两者之间的界限,进而确立"明显违法"的具体内容。首先,从错误本质出发,其是一种负面的、否定性的评价,通俗来说,就是"不好的";其次,对"不好的"现象,在法理上通常以道德或法律予以评价,并且认为,道德上的否定性评价与法律上的否定性评价往往具有较为清晰的界限;最后,"不好的"现象在法律评价上,又可进一步区分为违法与犯罪。如此看来,错误的上级命令可能涉及道德上的错误、违法和犯罪,但是进一步分析的话,错误的上级命令不可能涉及犯罪内容。因为根据《公务员法》的规定,下级公务员执行错误的命令可有条件地不承担责任;但执行明显违法的命令,则应当承担责任。比较两者内容可知,错误的命令尚且达不到明显违法的程度,否则不可能出现前者不承担责任而后者承担责任的规定,当然也更不可能达到犯罪的程度。所以,错误的上级命令只能涉及道德的错误和违法,同时笔者进一步认为,错误命令所包含的违法内容主要是指超越权限、违反程序等,此乃坚持形式审查说之使然。

(2)"明显违法"的内容

有学者指出,明显违法应从以下几个方面加以理解:首先,明显违法是客观事实,不以公务员的主观判断为转移;其次,明显违法是指法律有明文规定,不存在理解上的歧义,而上级的命令与法律规定冲突,具体来说是上级命令导致犯罪和严重违反行业规则;最后,明显违法中的"法"是指依我国《立法法》所确定的法的范围,包括宪法、法律、行政法规、地方性法规、自治条例、规章等。[1] 另有学者对上述第三点的理解提出异议,认为明显违法中的"法"可能包含三种范围:一是《行政诉讼法》规定作为法院审查依据的范围;二是《立法法》中法的范围;三是《行政复议法》规定作为复议审查依据的范围。[2] 笔者赞成上述三方面中的第一点判断,即明显违法必须是客观事实,但对于后两点结论则持否定态度,理由如下:

---

[1] 张柏林.中华人民共和国公务员法释义[M].北京:中国人事出版社,2007:137.
[2] 罗利丹.上级错误命令执行的责任风险及其规制[J].浙江学刊,2014(4):127.

将严重违反行业规则的命令也视为明显违法，这恐怕在法理上不妥。首先从数量上来说，行业种类繁多，让每一个下级公务员对行业规则都有详尽的了解实属不可能，即便在某一个行业内部，不同部门或在行业发展的不同阶段也有不同的规则。以证券行业为例，它涉及证券从业规则、机构设置规则、产品报价规则、风险防控规则等，稍有不慎，都可能违反其中任一规则，这意味着，执行命令的下级必须对每项规则都了如指掌，这恐怕是难以做到的，甚至也是不可能做到的。其次从性质上来说，仅以严重违反行业规则为标准，实难区分一般违法与明显违法，况且行业规则的表现形式通常是行政规章，甚至是行政规范文件，其效力位阶是比较低的，因此这些规则被了解、熟悉，甚至准确掌握的概率是比较低的，若执行上述命令，而一律以明显违法的标准对下级制裁，有违公平性。故而笔者认为，明显违法应当专指上级命令可能导致犯罪的情形。

既然明显违法的上级命令的内容是专指可能导致犯罪的情形，那么此处的"法"便不难理解了。根据《立法法》的规定，犯罪和刑罚，以及对公民政治权利的剥夺、限制人身自由的强制措施和处罚，只能制定法律。因此，这里的"法"只能是法律，也即全国人大或全国人大常委会制定的法律，行政法规、地方性法规、部门规章等均不能作为明显违法中"法"的依据。因为根据《公务员法》第60条的规定，下级执行明显违法的命令，应当承担责任。这里的责任必然是刑事责任，否则若将其理解为包括一般违法的责任，则导致与该条规定的前半段失调。既然是规定刑事责任的内容，则根据《立法法》之规定，只能是法律。然而，即便将明显违法的"法"确立为法律，我们依然需要进一步加以审视，因为法律的种类同样繁多，尤其是全国人大常委会制定的非基本法律，公务员未必能全部认识，其中涉及的犯罪类型恐怕也就很难甄别。故而，笔者在违法性认识是否有必要的问题上，主张自然犯和法定犯的区分说的立场。如果执行命令的行为可能构成法定犯的，则应当对明显违法中"法"的性质加以区别，若下级公务员根本没有认识该法的可能性的，不应当视上级命令明显违法；反之则视之明显违法；如果执行命令的行为可能构成自然犯的，则无

<<< 第五章 执行命令的行为：公务员与军人两类主体的分析

需对明显违法中"法"的性质加以区别，因为自然犯是违背人类基本伦理道德的，任何一个正常人都应知晓，更何况是一名公务员，例如上级命令要求下级公务员贪污受贿、刑讯逼供的。

那么，当下级公务员明知命令明显违法，仍然执行的，是否在上下级公务员之间形成共同犯罪？这是实务中必须予以回应的问题，上文案例三便是实例。一种观点认为，"上下级公务员属于共同执行一个具有犯罪内容的命令，构成共同犯罪"。① 第二种观点认为，上级长官的犯罪命令，下级有应当拒绝的义务，按照命令实施违法行为时，不阻却违法性。只是由于期待不可能之故，有承认阻却责任的余地。② 笔者赞成第一种观点，理由如下。首先从《公务员法》的规定上就可得知，该法第60条后半段所描述的"承担责任"必然是刑事责任，这一点已在上文说明，既然实行犯构成犯罪，那么发布命令的上级从分工上看似乎是教唆者或帮助者，但根据其在犯罪中起到的作用，视其为主犯当无异议，并且上下级之间具备意思联络，形成共同故意，认定为共同犯罪当然没有问题。其次，虽然坚持阶层犯罪论体系，让下级公务员以超法规的期待可能性理论阻却责任，使上级公务员单独承担刑事责任，这在理论上也能说得通。但是，期待可能性毕竟是超法规的出罪事由，必须加以限制，下级公务员一味以"迫于上级压力、听从上级指示、保留晋升希望"为理由，而坚持其自身之期待不可能，可能使许多罪责难以被惩戒，这是对法律尊严的侵犯与蔑视。况且，期待可能性理论想突破相对僵化的法条规定，去寻求现实合理性和个别正义并不容易，甚至有学者认为目前没有引进期待可能性理论的必要。③ 既然如此，为保证争议的最小化，我们还是要尽量避免将期待可能性作为论证理由。

综上所述，公务员执行命令的行为得以出罪的最后一个条件——执行

---

① 高铭暄. 刑法肄言 [M]. 北京：法律出版社，2004：410.
② 马克昌. 比较刑法原理 [M]. 武汉：武汉大学出版社，2002：400.
③ 张旭. 关于"期待可能性理论"的期待可能性追问 [J]. 中国刑事法杂志，2013 (5)：17.

命令时必须不明知上级的命令具有犯罪内容,具体来说包括以下内容:判断上级命令是否有犯罪内容,应当以形式审查说为标准,只要上级命令在形式、程序上合法,下级公务员就应当执行,并且该执行命令的行为是合法行为;上级命令中所含的犯罪内容是指《公务员法》第60条后半段规定的"明显违法"情形,而不包括前半段"错误"的情形,当执行该具有犯罪内容的命令时,上下级公务员的行为均为犯罪行为,且构成共同犯罪。

## 二、军人执行命令的行为

承上所述,执行上级命令的行为因其执行主体的不同,区分为公务员执行命令和军人执行命令两种主要的情形,两者在某些内容上颇有相似之处,但亦有诸多不同。下文是针对军人执行命令行为的分析。

### (一)"军人执行命令"的源起与演变

有关军人执行命令的行为最初被提及于国际刑事审判中,并且在当时被作为一个合法有效的辩护理由,主张自己执行军事命令的行为不应当负刑事责任。[①] 著名国际法学家奥本海在其初版《国际法》中指出:"武装部队成员即便执行指挥官的违法命令,士兵也不应受到惩罚,也不能由其敌人予以惩罚,但士兵如果被敌方抓住,后者可以诉诸报复。"[②] 由此可推断,军人执行上级命令的,不论该命令合法与否,下级均可免于处罚。这便是第一次世界大战前夕,国际社会普遍接受的执行上级军令完全免责原则。但在少数国家的国内立法中,可追究某些情况下执行上级命令的刑事责任,例如1872年《德国军法典》第47条之规定。[③]

在第一次世界大战结束后,德国在莱比锡对所谓的战犯进行审判,然而这次审判被视为史上最大的一次闹剧,绝大多数执行上级违法,甚至犯

---

[①] M. C. Bassiouni, Crimes against Humanity in International Criminal Law, 2nd Revised Edition, 1999, pp. 450-451.

[②] L. Oppenheim, International Law: A Treatise, 1906, P. 264.

[③] 卢有学. 战争罪刑事责任研究 [M]. 北京:法律出版社,2007:239.

第五章 执行命令的行为：公务员与军人两类主体的分析

罪的军令的士兵，均逃脱了法律的制裁，但其中也有几起审判萌生了执行上级军令不免责的原则。其中一起是"兰多维里号案"：兰多维里号是一艘英国的救护船，中了鱼雷，船上的人弃船上了救生艇，德军的一名司令官命令士官向救生艇开火，执行该命令的两名士官被指控杀人罪，他们提出的服从上级军令的辩护被法庭驳回。法庭认为："向救生艇上的人开火是违反国际法的罪行，这是连普通人都知道的事实，执行这种军令的士官不能免罪。"① 另一起是"克鲁修斯上校案"：被告克鲁修斯提出，其处死法国战俘是根据上级命令而进行的，但德国最高法院仍然宣告其有罪，并称"如果某个命令违反了一项'普世的'和'众人皆知'的国际法规则，这样的辩护实难被接受，我们可以推定执行该命令的士官亦有主观犯意"。② 如此看来，第一次世界大战之后，人们的观念均有所转变，下级士官执行上级军令的，并非完全不承担责任，而应当根据命令的内容区别对待，对于那些明显非法的命令，若下级士官仍然执行的，该执行军令行为不能成为其出罪的辩护理由。

第二次世界大战之后，执行上级军令完全免责的观点发生了颠覆性变革。奥本海在其第六版《国际法》中改变了原先的观点，并指出，武装部队成员只有遵守合法命令的义务，但如果他执行上级违反民事或军事法律的命令，应当受罚。③ 1945年的《纽伦堡国际军事法庭宪章》第八条规定，被告遵照上级命令行事的，不能作为其免除责任的理由，但如果该行动具有充分根据、合于正义之要求，可将其作为减刑理由予以考虑。④ 纽伦堡国际军事法庭对此的解释是：如果一个士兵在军队中违反战争法律规定，杀害无辜平民或用残忍的手段折磨他人，即便他所实施的暴行是在执行上级的命令，该士兵也不得以此为由来为自己开脱罪责。当然在量刑的

---

① 凌岩. 跨世纪的海牙审判 [M]. 北京：法律出版社，2002：173.
② Matthew Lippman, Conundrums of Armed Conflict: Criminal Defenses to Violations of the Humanitarian Law of War, Dickinson Journal of International Law, Vol. 15, Issue 1 (Fall 1996), pp. 11–12.
③ L. Oppenheim, International Law: A Treatise, 6th, 1940, pp. 453–455.
④ 王铁崖. 战争法文献集 [M]. 北京：解放军出版社，1986：190.

过程中，法庭还是会对执行军令行为予以考虑，毕竟有时候军令如山，对于一名普通士兵而言，如果他们公然违抗上级，可能也会遭到严厉的惩戒，恐怕还没来得及等待事后法庭裁判就已经早早毙命了。此外，《远东国际军事法庭宪章》第六条亦有类似规定，被告人执行政府或者其上级的命令，只能作为减轻刑罚的理由来加以考虑。① 至此，根据上级命令的行为不能免除行为人的责任原则得以确立，② 即使可作为量刑减轻事由来看，也应当慎之又慎，尤其是危害人类和平及安全、灭绝种族的犯罪等均无减轻、免除责任的可能。

20世纪80年代起，国际社会试图建立一个常设的国际刑事法庭，其中关于执行上级军令刑事责任的问题便是其中探讨的重点之一。1986年，国际法委员会起草了一个名为《责任原则的例外》的文件。其中，对上级命令也有所规定，即被执行的命令不能是违反强行法的规定。1991年和1994年先后起草并修改的《危害人类和平及安全治罪法草案》第11条均规定，凡因执行政府或上级命令被控犯危害人类和平及安全罪的，除非其本人在当时有不遵行此命令的可能，否则不得免除刑事责任。③ 2002年7月1日正式生效的《国际刑事法院罗马规约》（以下称罗马规约）第33条规定："（1）某人奉政府命令或军职或文职上级命令行事而实施本法院管辖权内的犯罪的事实，并不免除该人的刑事责任，但下列情况除外：（a）该人有服从有关政府或上级命令的法律义务；（b）该人不知道命令为不法的；和（c）命令的不法性不明显。（2）为了本条的目的，实施灭绝种族罪或危害人类罪的命令是明显不法的。"④ 目前，全球签订该规约的国家共有110多个，即便是作为非缔约国的中国，对该规约的大部分内容也

---

① 凌岩. 跨世纪的海牙审判 [M]. 北京：法律出版社，2002：173.
② [德] 格哈德·韦勒. 国际刑法学原理 [M]. 王世洲，译. 北京：商务印书馆，2009：184.
③ 卢有学. 战争罪刑事责任研究 [M]. 北京：法律出版社，2007：244.
④ 李世光等编：《国际刑事法院罗马规约评释》（上册），北京大学出版社2006年版，第290页。

是持肯定的立场。① 从该规约的内容看，"执行上级军令不免责"原则几乎完全得到国际社会的承认，虽然也对例外情况做出了说明，但对于这种例外应当受到严格的限制，那些"实施灭绝种族罪和危害人类罪的命令是明显不合法的"，② 绝对不可能被视为执行上级军令而免责的。

（二）"军人执行命令"的中外立法及启示

1. 外国法律的规定

在外国法律中，对军人执行命令的规定主要存在于军事法典中，并且规定的都较为详细。

《德国军人法律地位法》第 11 条第一款第一项规定："军人必须服从上级。"第二项紧接着说："在不遵守侵犯自然人的尊严或者不遵守不是为了公务的目的而发布的命令时，不存在不服从。"该条第二款有规定："在执行命令将成为实施犯罪行为时，不允许遵守该项命令。"③《德国军事刑法》第 22 条规定："在下属不服从命令的情况下，如果命令没有约束力，尤其是如果命令不是为了勤务目的而发布或该命令侵犯人权，或如执行命令就会实施犯罪的，下属的行为不违法。"④ 意大利 1986 年《军事人员纪律条例》第 25 条第二款规定："军事人员收到明显反对国家制度的命令或者如果执行明显构成犯罪的命令，有不执行命令并尽快通知上级的义务。"⑤《丹麦军事纪律法》第九条规定："执行上级命令而实施了某个可

---

① 中国认为，该规约主张的普遍管辖权违背了国家主权原则，因此中国至今没有成为该规约缔约国。但是对该规约的其他多数内容是认可的，故而也有学者主张："如果看准了，就不要等，要通过研究，在对国际刑法和国际刑事法院充分了解的基础上做出决定，以维护我国的国家利益。"朱文奇. 中国是否应加入国际刑事法院（上）[J]. 湖北社会科学，2007（10）：141-146.
② [德] 格哈德·韦勒. 国际刑法学原理 [M]. 王世洲，译. 北京：商务印书馆，2009：483.
③ [德] 克劳斯·罗克辛. 德国刑法学：总论（第一卷）[M]. 王世洲，译. 北京：法律出版社，1997：514.
④ 柳华颖. 论军人执行违法命令行为的刑事责任 [J]. 法学杂志，2009（7）：22.
⑤ 马骏. 军人执行命令行为合法化探究——对有效约束军事命令的理性解读 [J]. 政法学刊，2018（3）：85.

罚行为的人，不应受到惩罚，除非他知道上级是故意发布该违法命令，或者该命令的违法性非常明显。"① 《以色列军事手册》第十条规定："违反战争法的行为，是根据军事的或者平民的上级当局的命令而实施的事实，不能排除该行为的战争罪性质，在审判被告人时也不能构成辩护理由，除非该命令的非法性不清楚或不明显。在任何情况下，个人执行上级命令的事实都可以作为减轻惩罚的情节考虑。"② 《美军陆战手册》（1956年陆战法）第509条第一款规定："违反战争法的行为，是根据军事的或者平民的上级当局的命令而实施的事实，不能排除该行为的战争罪性质，在审判被告人时也不能构成一个辩护理由，除非他不知道并且也不能合理地期待其知道所命令的行为违法。在任何情况下，执行命令都不能构成对一项战争罪指控的辩护理由，但是，个人执行命令的事实可以在减轻惩罚时予以考虑。"③ 另外，《美国军事法庭手册》1998年版、2002年版、2005年版都对"服从命令"做了相同的规定："被告人服从命令而实施任何罪行，其服从命令的情况属于一种合法辩护，除非被告人知道该命令是非法的，或者按照通常观念和理解，一个人应当知道该命令是非法的。"④ 英国1955年《陆军法》规定的不服从命令罪，均以违抗合法命令为条件。

2. 中国法律的规定

我国大陆地区并无直接涉及军人执行命令的规定，《刑法》第十章"军人违反职责罪"规定了少量军人违抗命令的犯罪，如战时违抗命令罪、违令作战消极罪；军事法律确定了军事主体，并规定执行命令是军人的基本义务。

例如《中华人民共和国国防法》（以下称《国防法》）第57条规定："现役军人必须模范地遵守宪法和法律，遵守军事法规，执行命令，严守纪律。"《中国人民解放军纪律条令》（以下称《纪律条令》）第5条规

---

① 卢有学. 战争罪刑事责任研究 [M]. 北京：法律出版社，2007：263.
② 谭正义. 执行上级命令不免责原则——条件责任与绝对责任的分野与融合 [J]. 西安政治学院学报，2008（5）：63.
③ U.S. Department of the Army, Law of Land Warfare, 509（Field Manual 27-10, 1956）.
④ 卢有学. 战争罪刑事责任研究 [M]. 北京：法律出版社，2007：263.

定，有令必行、有禁必止，执行上级的命令和指示，任何时候任何情况下都一切行动听指挥、步调一致向前进；第13条规定，遵守作战纪律，服从命令，听从指挥，有令必行，有禁必止，坚决执行命令，严格遵守战场纪律；第122条规定，不执行上级的命令和指示，有令不行，有禁不止的，按照具体情节的轻重分别处分。《中国人民解放军内务条令》（以下称《内务条令》）第9条规定，中国人民解放军在管理教育工作中应当做到：服从命令，听从指挥；第17和21条分别规定，中国人民解放军士兵、军官的一般职责是服从命令，听从指挥；第61条规定，部属对命令必须坚决执行，并将执行情况及时报告首长，如果认为命令有不符合实际情况之处，可以提出建议，但在首长未改变命令时，仍须坚决执行。《中华人民共和国预备役军官法》（以下称《预备役军官法》）第11条规定，预备役军官应具备以下条件：服从命令，听从指挥。《现役军官法》第8条规定，军官必须具备下列条件：服从命令，听从指挥。而在我国台湾和澳门地区，刑法典均规定了依照法令实施之行为属合法、正当，并且在理论上也承认军人执行上级合法命令的系"法令行为"的一种，当然也是合法的行为。

3. 中外立法的比较与启示

首先，从国外军事法律的规定来看，各国均承认下级执行上级合法军令的行为，具备出罪效果。相比之下，在我国的军事法律法规中，军人必须无条件执行命令，并不注重区分上级军令合法与否的问题，纵然执行的是正当、合法的命令，若执行命令的行为该当犯罪构成要件，执行者是否可以出罪，犹未可知。这种立法上的不精确，有时会使下级军人在执行命令时陷入两难境地，例如当上级做出违法命令时，下级军人若拒绝执行，可能会被视为"目无军纪"而受到处分；反之，若下级军人按照上级指示坚决执行，又可能因执行违法命令遭受法律制裁，甚至可能构成犯罪。这势必会削弱军事命令的执行力和约束力，制约我军战斗力的提升。

其次，国外法律对于执行上级违法军令的规定，也做出了较为详细的规定，尽管可以作为一项减轻刑事责任的理由，但必须加以严格限制，尤其执行违法军令而实施国际犯罪的，例如灭绝种族罪、危害人类罪等罪行，则执行该军令的士兵无论如何也不能被减轻，甚至免除刑事责任。很明显，世界上诸多国家的做法，乃是遵循了相关国际公约的规定，并且为了维护自身的政治和军事利益，争取在国际法律适用中的主动地位，也都十分注重对军人执行违法命令实施国际犯罪罪行的国内法律转化。相比之下，我国目前尚不属于《罗马规约》缔约国，当前的刑事立法也未将我国已加入的国际人道法公约和议定书中规定的反人类罪等全部转化成国内犯罪，[1] 这一立法疏漏可能导致，当我国面对国际犯罪的处理时较为被动，给国家和军人的利益或权益保护带来负面影响。

最后，从我国现行军事法律法规上看，对军人权利的保障性规定十分有限，军人的形象在人们的脑海中，大多都是和克己奉公、为国捐躯等大量的义务性规定紧密联系在一起的。凡是涉及军人执行命令的法律规定，更是要求军人必须以无条件服从命令为天职，而对军人在执行命令过程中的权利如何保障则鲜有提及。纵有《内务条令》第63条的规定，也只是法律针对在战时紧急情况下命令执行者执行军事命令的变通性规定，其适用基础依然是以对军事命令的绝对服从为前提。并且，根据此规定可知，在我国军人执行军事命令的过程中，下级军人只被赋予了较为原则性的建议权和异议权，而根本没有拒绝执行权、复议权等实质性权利，更谈不上对不服从命令的受令者事后保障性权利的规定。

（三）"军人执行命令"出罪的完善

目前，学界对于军人执行命令出罪问题的研究往往类比于公务员执行命令，从而得出所谓具体的几个出罪条件，并且往往也与后者相似。例如，有学者指出，军人执行命令合法化的前提是：命令必须由所属上级长官发布；命令的事项必须属于上级长官职务范围内且以法定的程序和形式发布；发布命令的事项属于下级军人的职务范围；命令的内容必须不明显违法。[2] 亦有学者对此观点表示赞同，并将上述几个条件概括为"军事命

---

[1] 柳华颖. 论军人执行违法命令行为的刑事责任 [J]. 法学杂志, 2009 (7): 24.
[2] 高铭暄. 刑法学原理（第二卷）[M]. 北京：中国人民大学出版社, 1993: 251.

令阻却违法的构成要件"。① 笔者认为，上述学者的研究思路犯了方法论上的错误。公务员执行命令之所以可以进一步归纳出几个出罪的条件，那是因为《公务员法》第60条对下级公务员执行命令时的责任承担有了相对明确的规定，并且我们还可以借鉴域外刑事法律的规定对其进行教义学的解释。但对于军人执行命令而言，通过上文的梳理与比较可知，我国军事法律要求军人必须服从命令，但是否存在不服从命令的情形不得而知；另外，当军令存在违法内容时，按照规定仍需要服从并执行，那么对这些执行违法命令的行为是否需要承担法律责任，同样是立法上的空白，所有的一切都只能诉诸理论层面的探讨。当然，确如目前学界所探讨的那样，将军人执行命令类比公务员执行命令予以研究，但缺乏实定法依托的理论研究恐怕只能是"水中花、镜中月"，尽管在出罪根据上可以参照"法令行为"得出结论，但在具体出罪条件上的分析恐怕难有说服力。

目前，国外有学者已经立足于国际刑法的相关规定，将研究军人执行命令的重心放在了刑事责任的承担上。② 本书认为，上述学者的研究视角是值得借鉴的，但想要系统研究军人执行命令的刑事责任承担，必须有实定法的支撑，因此，完善我国相关军事法律的规定成为重中之重。因为将军人执行命令的行为予以立法化，不仅可以有效解除军人执行命令的后顾之忧，对提升军令的执行效果，增强军人执行力、战斗力都有着极为明显的作用；而且也为执行军令的出罪条件提供实体法支撑，尤其在涉及命令违法时，清晰地划定刑事责任的承担范围。同时，与国外系统完备的军人执行命令的法律规定相比，当前我国的相关规定处于极其匮乏的状态，这也导致很难与国际社会的普遍做法相接轨，则更有必要从立法上予以完善。此外，笔者还要做一点澄清，是为了避免以下质疑：即认为对军人执行命令进行立法化，意味着军人依照法律执行命令，而非上级命令，进而将执行命令的行为与上文依照法律的行为相混淆。实则不然，依照法律的

---

① 朱国平. 论执行军事命令之阻却违法 [J]. 西安政治学院学报，2001 (2)：59.
② [德] 格哈德·韦勒. 国际刑法学原理 [M]. 王世洲，译. 北京：商务印书馆，2009：139-186.

行为其行为内容是由该法律具体规定的，但执行军令的行为其行为内容依然由上级下达，被立法化的只是执行命令的形式。例如，目前公务员执行命令的行为虽然有《公务员法》的规定，但仍是执行命令的行为。因此，质疑者的担忧是没有必要的。

  1."军人执行命令"的立法选择

  如何对军人执行命令行为加以法律规定，主要路径有三条：其一，按照本书第二章的思路，在现行《刑法》中增加一条关于"法令行为"的规定，其中"令"的解释自然包括了军人执行命令；其二，在刑法分则第十章"军人违法职责罪"中增加一条，作为该章纲领性规定；其三，效仿《公务员法》的规定，将军人执行命令行为规定在军事法律中。

  笔者倾向于第一种和第三种的混合路径。首先，将军人执行命令作为总则性的规定，自然能起到第二种路径的效果，并且让其成为法定的出罪事由，既是符合"法令行为"的自古有之的立法传统，也符合刑法典的编排体系，这一点已经在第二章明确论述，故不赘言。其次，不将其作为"军人违反职责罪"一章的纲领性规定，主要考虑到该章的许多罪名并不与执行军令直接相关，即使将其作为该章中的普通条文，也略显突兀。最后，单独规定在军事法律中，一方面是与《公务员法》的规定形成匹配，从效力位阶上看，都属于"法律"的范畴，不会让人产生军人执行命令的法律效力高于或低于公务员执行命令的错觉；另一方面，从全球诸国的规定上看，不少国家也并未完全将执行军令的行为规定在刑法典中，相关军事法律亦有详细的规定，于我们有借鉴的可能性。

  2."军人执行命令"的法条表述

  笔者通过借鉴域外国家的法律规定，以及《罗马规约》等国家公约、条约的通行做法，并比照《公务员法》的规定，结合目前相关军事法律中对军人执行命令的规定，作如下修改："军人应当服从上级命令。因执行合法命令而产生的后果无需承担责任；如果认为上级命令有不符合实际情况之处，可以提出建议，但在上级未改变命令时，仍须坚决执行，但执行该命令的后果由上级负责；如果执行明显构成犯罪的上级命令，下级军人

<<< 第五章 执行命令的行为：公务员与军人两类主体的分析

同上级共同承担刑事责任，但可以从轻或减轻处罚。在战时，无需追究军人执行任何命令的刑事责任，除非该上级命令构成灭绝种族、危害人类等犯罪。"针对本条立法，笔者作如下说明，尤其在涉及与公务员执行命令的出罪条件不同之处时，① 予以重点提示。

首先，对上级军令必须服从。这是《国防法》《纪律条令》《内务条令》等既有军事法律之规定，同时从全球范围来看，服从上级军令也是一项基本的原则。此外，各国法律均规定，对于军人执行上级合法命令的行为，即便该当刑法分则中某罪的构成要件，亦视为合法行为，故而对该行为的后果无需承担责任，当然这也是第一章提及的"法令行为"具有出罪效果的当然结果。

其次，仍然沿用《内务条令》有关"不符合实际情况"的表述，以及提出建议的权利。这里的"不符合实际情况"可以包含两种情况：一是命令的内容与当前情况可能不符，不适宜执行；二是执行命令的后果与未来情况可能不符，不适宜执行。这种命令本质上并没有产生大的错误，仅仅是不适当执行，但毕竟这种不适当的判断是下级军人基于自我感觉和能力的预测，也未必是完全的不适当。因此，在上级要求继续执行时，下属没有理由继续拒绝，但对于执行产生的不良后果，应由上级承担，因为下属已经提出不予执行的建议，且其主观上没有执行该命令的故意，甚至是过失，只是迫于上级的压力而执行，不应当让其承担无过错责任。此外，笔者没有效仿《公务员法》的规定，将"建议"改为"意见"，两者虽然都是针对某一事物提出自己的看法，但"建议"一般不带有感情色彩，这与军人一贯的精神风貌相吻合；而"意见"多带有不满意的感情因素，公务员在精、气、神方面肯定与军人大有不同，平日里又时常想到考核、晋升等琐事，对于上级错误的命令却又要执行，执行后可能还要"背锅"，不

---

① 实际上，正如学界大多数观点所述，军人执行命令的出罪条件与公务员执行命令几乎相同，但他们这种类比的研究范式由于缺乏实定法的支撑，因此显得比较突兀，也欠缺合理性。笔者正是基于这一点考虑，才从完善军人执行命令的立法规定角度出发。

219

满意的情绪自然就夹杂其中,故对公务员使用"意见"较为贴切。

再次,即便是构成犯罪的上级命令,下级军人也不能拒绝执行,这与公务员执行上级命令的情形是不同的。如前所述,公务员对上级明显违法的命令有说"不"的权利;但我们认为军人没有这种所谓的"抵抗权"。老话讲"军令如山",这可谓是古今中外的铁则,即便是构成犯罪的上级命令,以人性的良知恐怕也无法撼动这座大山,最终的结局一定是人性被碾压。换言之,无论执行者内心怎么想,都无法改变执行该命令的现实,执行命令或有一线生机,若不执行恐怕当场受处分。那么,对于执行上级具有犯罪性质的命令,法官是否对其留有减轻处罚的余地?若根据《纽伦堡国际军事法庭宪章》第八条、《前南国际刑事法庭规约》第七条第四款以及《卢旺达国际刑事法庭规约》第六条第四款的规定,执行上级命令而实施犯罪行为的不能免除刑事责任,但可作为减轻处罚的情节予以考虑,[①]但依照目前《罗马规约》第33条的规定,执行上级犯罪命令的人并无享受减轻处罚的权利,而根据目前全球各国的国内法规定,也形成了意见并不一致的两种做法。笔者认为,刑事责任不能免除是必然结论,但有必要赋予执行命令之人一定减轻处罚的待遇。正如有学者调侃的那样,"如果允许被告用上级命令为自己辩护,那么他们就只能给希特勒定罪,而希特勒已经死了"。[②] 首先士兵是一个有理性的代理人,而不是一个自动机器,不能要求他像机器那样反应,尤其当被要求执行命令去犯罪时,基于对人的独立理性的承认以及对自由意志的尊重,下级军人从内心应当做出正确的选择,而不是不假思索地盲目听从指挥,因此对于犯罪后果理应承担罪责。但是,毕竟下级军人面临上级指令时,"军令如山"的背后可能也存在诸多的"身不由己",甚至受到上级的"打压""胁迫",正所谓"官大一级压死人"并不是什么不可能的事。故而在这样的情况下,我们也要给予执行命令者一丝宽容,让其享受减轻刑事处罚的优待。另外,从共同犯

---

[①] 朱文奇. 国际刑法 [M]. 北京:中国人民大学出版社,2007:217.
[②] [美] 约瑟夫·E·珀西科. 纽伦堡大审判 [M]. 刘巍等,译. 上海:上海人民出版社,2000:35.

罪理论的角度作解释，上下级之间已经符合共同犯罪的成立要件，但上级基于其地位与作用，在整个事件中扮演着主犯的角色，而下级仅仅是命令的执行者，甚至可能是被迫执行者，其作用明显弱于命令的发布者，扮演着从犯的角色，故而对其有减轻处罚的可能性与必要性。

最后，区分战时和平时执行命令的不同。所谓"战时"，是指国家宣布进入战争状态、部队首领作战任务或者遭遇敌人突然袭击之时；部队执行戒严任务或处置突发性暴力事件时。① 战争的胜负事关一个国家、民族的生死存亡，在危机、混乱和战争时期，"个人自由可能会因国家安全的缘故而遭到重大削弱，而平等也可能要让位于领导职能的行使"。② 故而，在这样特殊的时期下，对于肩负保卫国家的军队和军人自然要提出比平时更为严格的要求。对此，有学者提出，"在战争时期，军人必须服从命令、听从指挥。对于普通士兵来说，只要命令形式合法，就必须坚决执行，即使该命令构成犯罪，也不应当追究其执行该命令的刑事责任"。③ 亦有学者提出反对意见，认为即便是在战时，也应当以执行合法有效的命令为前提。④ 笔者认为，在战争时期，法律就必须以维护国家安全、稳定社会秩序为首要价值，当这些法律涉及军事规定时，也自当比平时更加强调对战时军事利益的保护，对于军人执行上级命令的规定，也应明确区分战时和平时的不同。在平时，军人接到上级指令时，有时间体会、琢磨命令的目的和内容，如果发现命令不合时宜的，还可以向上级提请建议，如果发现命令构成犯罪的，还可以拒绝执行。但是，在战争的情况下，且不说下级军人有没有时间去领悟命令的内容和目的，纵然有时间，在这种特殊的时期，是否真的能够领悟命令的内容和目的不得而知。与其徒增内耗，不如

---

① 李晓明. 刑法学分论 [M]. 北京：北京大学出版社，2017：588.
② [美]博登海默. 法理学：法律哲学与法律方法 [M]. 邓正来，译. 北京：中国政法大学出社，1999：298.
③ 池清旺，谭军. 执行军事命令不当然阻却违法的制度建构初探 [J]. 西安政治学院学报，2008（2）：53.
④ 马骏. 军人执行命令行为合法化探究——对有效约束军事命令的理性解读 [J]. 政法学刊，2018（3）：88.

基于信赖原则,坚决地执行命令,毕竟军人铁骨铮铮,让其做出背叛国家的可能性微乎其微。因此,即便执行的命令构成犯罪,也不必追究下级军人的刑事责任。但是,是否执行所有具有犯罪内容的命令,下级军人都可免于刑事责任,则有必要进一步斟酌。从以往国际刑事法庭对于二战结束之后的战犯的审判情况来看,所有基于上级命令屠杀战俘或普通平民的执行士官,无一例外受到刑事追究,《罗马规约》更是规定了对于灭绝种族罪和危害人类罪是绝对不可能被视为执行上级军令而免责的。另外,从各国规定的军人执行命令的刑事责任承当来看,也都将触犯战争犯罪、反人类犯罪和灭绝种族的犯罪作为执行上级命令免责的例外。因此,虽然在战时,军人在执行上级涉及犯罪的命令时,有不受刑事追究的余地,但是对于涉嫌灭绝种族犯罪、反人类犯罪等违背国际社会一般做法的命令,无论如何也不可能被免责。

3. "军人执行命令"的国际法衔接

全球化的发展趋势已然不可阻挡,犯罪治理同样如此。研究军人执行命令的出罪问题,无论如何也难以绕开国际的视角去思考与分析。如前所述,在国际刑法中,关于是否承认军人执行命令具有出罪效果的问题,经历了一个复杂的演变过程:在第一次世界大战发生之前,军人执行命令是完全免于刑事追究的;一战后的莱比锡审判,在国际司法实践中开始出现了军人执行上级命令免责原则的例外,尤其针对灭绝种族犯罪、反人类犯罪,国际刑法上也逐渐开始承认执行上级命令不免责原则的适用;到第二次世界大战后,经过纽伦堡审判和远东国际军事法庭审判,军人执行上级命令不免责原则也最终得以确立;而国际刑事法院的成立以及《罗马规约》的实施,则代表着上级命令不免责原则的发展与完善。我国在完善军人执行命令"非罪化"的法律过程中,也要对国际刑法中相关规定给予充分的重视,做好国际战争罪行的国内法律转化工作,使之与国内军人执行命令"非罪化"的法律规定互相衔接,才能为我军积极发挥维护世界和平的作用提供有力的法律保障。

由于我国目前尚未加入《罗马规约》,刑法对我国已经加入的国际人道法公约和议定书中规定的灭绝种族罪、反人类罪等罪行转化工作也正待进行,因此,我国现在还不宜将所有国际战争犯罪的罪行一概规定为"构成犯罪"的军事命令可以不予执行,只能暂时将我国刑法中已经规定的虐待俘虏罪、残害居民、掠夺居民财物罪等罪行列入"构成犯罪"可以不予服从的军事命令范畴。但正如笔者上文所述的,在未来的立法中,可以加入灭绝种族犯罪、反人类犯罪,从而在我国实现军人执行命令的出罪效果,这种在法律上提供充分支撑的做法,也为我军有效执行命令发挥积极作用。

综上所述,真正实现军人执行命令的出罪效果,有赖于相关法律的制定,并且适时地与国际公约的相关规定衔接。并且就目前的规定来看,很难从法律解释上对其出罪条件做出判断,至多在学理上比照公务员执行命令作一些探讨,而事实也正是如此。不过,依照上级合法命令做出的行为,即便符合某些犯罪的构成要件,也应当不做为犯罪处理,这在理论界已经达成共识。所幸的是,目前国内尚未发生执行上级军令的行为而被判有罪或无罪的案例,但未雨绸缪好过追悔莫及,笔者依然坚持,有必要参照《公务员法》的规定,对军人执行命令的行为也予以立法化。

## 三、本章论要

本章是对执行命令行为的研究,笔者依据学界主流观点,将执行命令的行为划分为公务员执行命令和军人执行命令。

目前,《公务员法》第60条已经对公务员执行上级命令的行为做出规定,但本条中的"责任"到底是指什么责任,《公务员法》并未明确,也没有相关的司法解释对此做出说明,如果触犯刑事责任,我们的刑法典应当如何应对?为了更好地实现"法令行为"的出罪效果,我们必须对公务员执行命令的出罪条件作进一步的法律解释。本书认为,该条件具体包括以下五个方面:第一,执行命令的公务员必须严格依照命令所规定的事项、范围、时间、地点、方法等实施具体行为;第二,执行的命令必须是所属上级国家工作人员发布的;第三,执行的命令必须是上级国家工作人员依职权发布的；第四，执行的命令必须是上级国家工作人员依法发布的；第五，执行命令时必须不明知上级的命令具有犯罪内容。其中，对于第五个条件的认定尤为重要，它关系到以下两方面的问题：一是如何得知命令具有犯罪的内容，这就需要如何审查命令的内容；二是如何判定命令的犯罪内容。对于上级命令的审查，本书坚持"形式审查说"的立场，认为只要上级命令在形式上具备合法条件，也即符合法律规定的程序要求，就是上级合法之命令，下级公务员必须执行。对于犯罪内容的判断，应当与错误相区分，专指《公务员法》第 60 条后半段规定明显违法情形。

军人执行命令行为经历了从"完全免责原则"到"不免责原则"的更迭，之所以不被免责成为常态，主要是针对执行上级军官的非法命令，《罗马规约》对此做了明确规定。国外对军人执行命令的规定既可见于军事法典，也可见于刑事法典，并且不少国家明确规定了出罪条件；我国军事法律法规中，只要求军人无条件地执行命令，并没有区分命令合法与否的问题。学界对于军人执行命令出罪问题的研究主要类比于《公务员法》的规定，但这种研究范式是没有道理的，因为在认定军人执行命令的法律责任方面，完全不具备实定法的支撑。本书认为，解决军人执行命令的出罪问题，有赖于相关法律的制定，并且适时地与国际公约的相关规定衔接。具体来说，在制定相关法律时可作如下规定："军人应当服从上级命令。因执行合法命令而产生的后果无需承担责任；如果认为上级命令有不符合实际情况之处，可以提出建议，但在上级未改变命令时，仍须坚决执行，但执行该命令的后果由上级负责；如果执行明显构成犯罪的上级命令，下级军人同上级共同承担刑事责任，但可以从轻或减轻处罚。在战时，无需追究军人执行任何命令的刑事责任，除非该上级命令构成灭绝种族、危害人类等犯罪。"

# 结　语

行文至此，笔者已经完成了对刑法中"法令行为"的系统化研究，但仍有必要就以下几个方面予以重申：第一，"法令行为"的概念可能源自近代大陆法系国家，但"法令行为"的具体表现却深深地印刻着中华法制文明发展的烙印。因此，在对"法令行为"基本范畴的界定上，我们既要立足本民族的刑事法律文化特色，也要合理吸收国外的先进理论。故而本书将"法令行为"界定为：依照法律法规、公务员或军人内部的上级命令实施的行为，其具体类型包括依照实体法实施的行为、依照程序法实施的行为和执行命令的行为。第二，本书将"法令行为"阻却犯罪成立的效果称作"出罪"，这绝非胡乱臆造，而是基于以下考虑：其一，"法令行为"的具体类型实在繁杂，依据目前的"阻却违法""阻却责任""正当化"或"合法抗辩"都很难准确定性每一种行为，而"出罪"却能肩负起这一重担；其二，从现有域外成文法的规定来看，都将"法令行为"规定为"不是犯罪""不负刑事责任"或"不处罚"，如果我们今后需要对"法令行为"立法化，也必将采用这些表述，这从《刑法》将正当防卫和紧急避险规定为"不负刑事责任"就能看出端倪，所以将这种效果表述为"出罪"不失为一种发展的眼光。第三，"法令行为"之所以具备出罪效果，其实有着充分的理论根据，但我们必须将"法令行为"分解为依照法律的行为和执行命令的行为，对他们各自的出罪分别提供理论根据，目前学界也称之为"法令行为"的正当化根据。本书所主张的分类讨论模式与目前学界一体化处理模式在结论上有着很大的不同,最关键的一点在于,分别体现了法秩序统一性原理和实质违法性理论的理论基石作用。第四,"法令行为"要不要立法化?我们的回答是肯定的。这既是对法治发达国家的一种"随波逐流",也是给我们几千年的中国刑律文化发展一个"交代",故本书草拟《刑法》"第 22 条"关于"法令行为"的出罪规定。第五,不同类型的"法令行为"在阻却具体犯罪的成立上会有所不同,因此对其出罪效果所涵摄的范围应当加以甄别,具体来说就是在避免具体罪名的构成上应当有所不同;与此同时,不同类型的"法令行为"在具体的出罪条件上也会不同,因为它们实施行为所依据的法律或命令是不同性质的,很难在主体条件、客观条件、范围条件等各个方面达成共识,故而需要分别阐述。

另外,笔者在这里还想表达一丝愿景。毕竟,对"法令行为"基本范畴的准确界定还是源自阶层犯罪论体系,即便本书尽可能地赋予其本土化的语境,例如通过"出罪"的表述来取代"阻却违法"或"阻却责任"。但笔者必须承认,犯罪论体系的阶层化演进已然是不可回避的事实,作为后学晚辈,也是希望通过对"法令行为"的研究来为犯罪论体系的变革确立一个方向,或者说从一个更加微观的层面为犯罪论体系的变革作一点提示。

最后,笔者就本书的研究做一些检讨与反思。确实受限于所学之知识浅薄、实践经验之不足,就本书所涉猎的关于"法令行为"的几个具体问题,可能只是蜻蜓点水,具体观点的把握及论证深度上都略显粗糙与肤浅,还有待于日后进一步思考与挖掘,但笔者的研究态度是认真的、严谨的,也希望能为中国法制建设尽些许绵薄之力。

# 参考文献

## 一、著作类

[1] 艾明. 秘密侦查制度研究 [M]. 北京：中国检察出版社，2006：312.

[2] 蔡定剑. 宪法精解 [M]. 北京：法律出版社，2004：325.

[3] 蔡墩铭. 刑法总论 [M]. 6版. 台湾：三民书局，1998：225.

[4] 陈安. 台湾法律大全 [M]. 北京：中国大百科全书出版社，1998：950-951.

[5] 陈光中，严端. 中华人民共和国刑事诉讼法修改建议稿与论证 [M]. 北京：中国方正出版社 1995：250-251.

[6] 陈光中. 刑事诉讼法 [M]. 北京：北京大学出版社、高等教育出版社，2016：226.

[7] 陈家林. 外国刑法：基础理论与研究动向 [M]. 武汉：华中科技大学出版社，2017：148-149.

[8] 陈朴生. 刑法总论 [M]. 台湾：中正书局，1970：79-85.

[9] 程树德. 九朝律考 [M]. 北京：商务印书馆，2010：348.

[10] 陈瑞华. 看得见的正义 [M]. 北京：北京大学出版社，2013：9.

[11] 陈新民. 宪法基本权利之基本理论（上册）[M]. 台湾：元照出版公司，1999：242.

[12] 陈兴良. 刑法总论精释 [M]. 北京：人民法院出版社，2016：

294.

［13］陈兴良．正当防卫论［M］．北京：中国人民大学出版社，2006：220.

［14］陈子平．刑法总论［M］．修订版．北京：中国人民大学出版社，2008：194-195.

［15］程莹．教师惩戒行为的刑法规制研究［M］．郑州：郑州大学出版社，2018：26.

［16］储槐植，江溯．美国刑法［M］．4版．北京：北京大学出版社，2012：80-81.

［17］法学教材编辑部《外国法制史》编写组编．外国法制史参考资料选编［M］．北京：北京大学出版社，1982：254.

［18］方鹏．出罪事由的体系和理论［M］．北京：中国人民公安大学出版社，2011：12.

［19］费孝通．乡土中国［M］．上海：上海人民出版社，2006：348.

［20］冯军，肖中华．刑法总论［M］．北京：中国人民大学出版社，2016：284

［21］甘添贵．刑法总论讲义［M］．台北：瑞兴图书股份有限公司，1993：128-129.

［22］高铭暄．刑法肆言［M］．北京：法律出版社，2004：410.

［23］高仰止．刑法总则之理论与实用［M］．台北：五南图书出版公司，1987：219-221.

［24］黄常仁．刑法总论：逻辑分析与体系论证［M］．台北：新学林出版股份有限公司，2009：67-71.

［25］黄荣坚．基础刑法学（上）［M］．3版．北京：中国人民大学出版社，2009：144.

［26］韩忠谟．刑法原理［M］．北京：中国政法大学出版社，2002：118-120.

［27］何秉松．刑法教科书［M］．北京：中国法制出版社，1995：260-261.

[28] 何鹏. 外国刑法简论 [M]. 长春: 吉林大学出版社, 1985: 62.

[29] 胡建淼. 行政法学 [M]. 4版. 北京: 法律出版社, 2015: 264.

[30] 金昌俊. 韩国刑法总论 [M]. 北京: 社会科学文献出版社, 2016: 95.

[31] 姜伟. 正当防卫 [M]. 北京: 法律出版社, 1988: 147.

[32] 江平, 米健. 罗马法基础 [M]. 北京: 中国政法大学出版社, 1991: 85.

[33] 蒋石平. 特殊侦查行为研究 [M]. 暨南: 暨南大学出版社, 2008: 143-145.

[34] 林东茂. 一个知识论上的刑法学思考 [M]. 增订三版. 北京: 中国人民大学出版社, 2009: 113.

[35] 凌岩. 跨世纪的海牙审判 [M]. 北京: 法律出版社, 2002: 173.

[36] 梁慧星. 中国民法典草案建议稿 [M]. 北京: 法律出版社, 2003: 349-350.

[37] 李昌道. 香港法律实用全书 [M]. 上海: 复旦大学出版社, 1997: 663-675.

[38] 黎宏. 刑法学 [M]. 2版. 北京: 法律出版社, 2016: 150.

[39] 黎宏. 日本刑法精义 [M]. 2版. 北京: 法律出版社, 2008: 130.

[40] 李东海. 刑法原理入门（犯罪论基础）[M]. 北京: 法律出版社, 1998: 95.

[41] 李明. 秘密侦查法律问题研究 [M]. 北京: 中国政法大学出版社, 2016: 1-11.

[42] 李世光等. 国际刑事法院罗马规约评释（上册）[M]. 北京: 北京大学出版社, 2006: 290.

[43] 李晓明. 刑法学分论 [M]. 北京: 北京大学出版社, 2017: 588.

[44] 李宗锷. 香港日用法律大全（二）[M]. 北京: 商务印书馆,

1995：212-215.

[45] 李志敏. 比较家庭法 [M]. 北京：北京大学出版社，1988：232.

[46] 林山田. 刑事程序法 [M]. 增订五版. 台北：五南图书出版有限公司，2004：285-286.

[47] 林山田. 刑法通论（上册） [M]. 北京：北京大学出版社，2012：362.

[48] 刘宪权. 中国刑法理论前沿问题研究 [M]. 北京：人民出版社，2005：160.

[49] 卢有学. 战争罪刑事责任研究 [M]. 北京：法律出版社，2007：238.

[50] 罗豪才. 行政审判问题研究 [M]. 北京：北京大学出版社，1990：293.

[51] 马克昌，卢建平. 外国刑法学总论 [M]. 北京：中国人民大学出版社，2016：170.

[52] 马克昌. 比较刑法原理·外国刑法学总论 [M]. 武汉：武汉大学出版社，2002：399.

[53] 马克昌. 犯罪通论 [M]. 武汉：武汉大学出版社，2016：812-818.

[54] 马克昌. 刑罚通论 [M]. 武汉：武汉大学出版社，2017：529.

[55] 彭卫东. 正当防卫论 [M]. 武汉：武汉大学出版社，2001：150.

[56] [清] 吉同钧. 大清现行律講義 [M]. 栗銀徽，点校. 北京：清华大学出版社，2017：424.

[57] 邱兴隆. 刑法学 [M]. 北京：中国检察出版社，2002：99-100.

[58] 瞿同祖. 中国法律与中国社会 [M]. 北京：商务印书馆，2010：8-9.

[59] 瞿同祖. 瞿同祖法学论著集 [M]. 北京：中国政法大学出版社，1998：16.

[60] 曲新久. 刑法学 [M]. 3版. 北京：中国政法大学出版社，2012：129.

[61] 任惠华. 中国侦查史（古近代部分）[M]. 北京：中国检察出版社，2004：4-8.

[62] 宋国华. 元代法制变迁研究——以《通制条格》和《至正条格》为比较的考察 [M]. 北京：知识产权出版社，2017：156-173.

[63] 苏力. 送法下乡：中国基层司法制度研究 [M]. 北京：北京大学出版社，2011：93.

[64] 孙谦. 逮捕论 [M]. 北京：法律出版社，2001：9.

[65] [唐] 长孙无忌. 唐律疏议 [M]. 刘俊文，点校. 北京：法律出版社，1999：567.

[66] 田宏杰. 刑法中的正当化行为 [M]. 北京：中国检察出版社，2004：534.

[67] 童德华. 外国刑法原论 [M]. 北京：北京大学出版社，2005：182.

[68] 王利明. 中国民法典草案建议稿及说明 [M]. 北京：中国法制出版社，2004：68.

[69] 王丽萍. 亲子法研究 [M]. 北京：法律出版社，2004：269.

[70] 王铁崖. 战争法文献集 [M]. 北京：解放军出版社，1986：190.

[71] 正当行为论 [M]. 北京：法律出版社，2000：279.

[72] 宣炳昭. 香港刑法导论 [M]. 北京：中国法制出版社，1997：171-173.

[73] 信春鹰. 中华人民共和国未成年人保护法释义 [M]. 北京：法律出版社，2007：38-39.

[74] 许鹏飞. 比较刑法纲要 [M]. 北京：商务印书馆，2014：108.

[75] 杨殿升. 刑事侦查学 [M]. 北京：北京大学出版社，2001：125-126.

[76] 杨一凡. 洪武法律典籍考证 [M]. 北京：法律出版社，1992：30.

[77] 杨正鸣. 侦查学原理 [M]. 北京：中国方正出版社, 2007：34.

[78] 余延满. 亲属法原论 [M]. 北京：法律出版社, 2007：457.

[79] 余振华. 刑法总论 [M]. 台北：三民书局股份有限公司, 2011：229-234.

[80] 余凌云. 警察行政强制的理论与实践 [J]. 北京：中国人民公安大学出版社, 2003：73.

[81] 曾繁康. 比较宪法 [M]. 6版. 台北：三民书局, 1985：264.

[82] 张柏林. 中华人民共和国公务员法释义 [M]. 北京：中国人事出版社, 2007：137.

[83] 张佛泉. 自由与权利：宪政的中国言说 [M]. 北京：清华大学出版社, 2010：420.

[84] 章剑生. 行政法与行政诉讼法 [M]. 北京：北京大学出版社, 2014：207.

[85] 张建伟. 刑事诉讼法通义 [M]. 北京：清华大学出版社, 2007：231.

[86] 张明楷. 刑法学 [M]. 5版. 北京：法律出版社, 2016：52-57.

[87] 张明楷. 外国刑法纲要 [M]. 2版. 北京：清华大学出版社, 2007：148.

[88] 张明楷. 法益初论 [M]. 修订版. 北京：中国政法大学出版社, 2003：181.

[89] 张明楷. 犯罪构成体系与构成要件要素 [M]. 北京：北京大学出版社, 2010：146.

[90] 张明楷. 罪刑法定与刑法解释 [M]. 北京：北京大学出版社, 2009：173.

[91] 张小虎. 刑法学 [M]. 北京：北京大学出版社, 2015：170.

[92] 赵秉志. 刑法新教程 [M]. 北京：中国人民大学出版社, 2009：162-163.

[93] 赵秉志. 英美刑法学 [M]. 北京：中国人民大学出版社, 2004：152.

[94] 赵秉志. 刑法总论 [M]. 北京：中国人民大学出版社, 2007: 400.

[95] 赵国强. 澳门刑法概说（犯罪通论）[M]. 北京：社会科学文献出版社, 2012: 254.

[96] 郑玉波. 法谚（一）[M]. 北京：法律出版社, 2007: 16.

[97] 郑泽善. 刑法总论争议问题研究 [M]. 北京：北京大学出版社, 2013: 134.

[98] 周光权. 刑法总论 [M]. 3版. 北京：中国人民大学出版社, 2016: 240.

[99] 朱文奇. 国际刑法 [M]. 北京：中国人民大学出版社, 2007: 217.

[100] [德] 弗兰茨·冯·李斯特. 德国刑法教科书 [M]. 徐久生, 译. 北京：法律出版社, 2000: 239.

[101] [德] 汉斯·海因里希·耶赛克、托马斯·魏根特. 德国刑法教科书 [M]. 徐久生, 译. 北京：中国法制出版社, 2001: 446、471-480. 166.

[102] [德] 冈特·施特拉滕韦特、洛塔尔·库伦. 刑法总论：犯罪论 [M]. 杨萌, 译. 北京：法律出版社, 2006: 187-192.

[103] [德] 约翰内斯·韦塞尔斯. 德国刑法总论 [M]. 李昌珂, 译. 北京：法律出版社, 2008: 161.

[104] [德] 金德霍伊泽尔. 刑法总论教科书 [M]. 蔡桂生, 译. 北京：北京大学出版社, 2016: 201-207.

[105] [德] 克劳斯·罗克辛. 德国刑法学：总论（第一卷）[M]. 王世洲, 译. 北京：法律出版社, 1997: 526.

[106] [德] 黑格尔. 法哲学原理 [M]. 范扬、张企泰, 译. 北京：商务印书馆, 1996: 95-96.

[107] [德] 阿图尔·考夫曼. 当代哲学和法律理论导论 [M]. 郑永流, 译. 北京：法律出版社, 2013: 221.

[108] [德] 格哈德·韦勒. 国际刑法学原理 [M]. 王世洲, 译. 北

京：商务印书馆，2009：184.

［109］［德］拉德布鲁赫．法学导论［M］．米健，译．北京：法律出版社，2012：142.

［110］［德］克劳斯·罗克辛．德国刑事诉讼法［M］．24版．吴丽琪，译．北京：法律出版社，2003：305.

［111］［德］马克斯·韦伯．经济与社会（下卷）［M］．林荣远，译．北京：商务印书馆，1997：324.

［112］［俄］Н·Ф·库兹涅佐娃、И·M·佳日科娃．俄罗斯刑法教程：总论［M］．黄道秀，译．北京：中国法制出版社，2002：456-462，482-487.

［113］［俄］Л.В.伊诺加莫娃·海格．俄罗斯联邦刑法：总论［M］．黄芳等，译．北京：中国人民大学出版社，2010：156-177.

［114］［法］卡斯东·斯特法尼．法国刑法总论精义［M］．罗结珍，译．北京：中国政法大学出版社，1998：345-348.

［115］［法］贡斯当．古代人的自由与现代人的自由：贡斯当政治论文选［M］．阎克文等，译．北京：商务印书馆，1999：144.

［116］［韩］李在祥．韩国刑法总论［M］．［韩］韩相敦，译．北京：中国人民大学出版社，2005：245-250.

［117］［韩］金日秀，徐辅鹤．韩国刑法总论［M］．郑军男，译．武汉：武汉大学出版社，2008：326.

［118］［荷］亨利·范·马尔塞文．成文宪法的比较研究［M］．陈云生，译．北京：华夏出版社，1987：132.

［119］［美］约书亚·德雷斯勒．美国刑法精解［M］．王秀梅等，译．北京：北京大学出版社，2009：249-258.

［120］［美］乔治·弗莱彻．反思刑法［M］．邓子滨，译．北京：华夏出版社，2008：558-566.

［121］［美］科恩．论民主［M］．聂崇信、朱秀贤，译．北京：商务印书馆，1988：170.

［122］［美］罗纳尔多·V·戴尔卡门．美国刑事诉讼——法律和实践

[M]. 6版. 张鸿巍, 等译. 莫洪宪, 审校. 武汉：武汉大学出版社, 2006：200.

[123]［美］约翰·罗尔斯. 正义论［M］. 何怀宏等, 译. 北京：中国社会科学出版社, 1988：378.

[124]［美］约瑟夫·E·珀西科. 纽伦堡大审判［M］. 刘巍等, 译. 上海：上海人民出版社, 2000：35.

[125]［美］博登海默. 法理学：法律哲学与法律方法［M］. 邓正来, 译. 北京：中国政法大学出版社, 1999：298.

[126]［日］野村稔. 刑法总论［M］. 全理其、何力, 译. 北京：法律出版社, 2001：256-259.

[127]［日］大谷实. 刑法讲义总论［M］. 黎宏, 译. 北京：中国人民大学出版社, 2008：228.

[128]［日］大塚仁. 刑法概说［M］. 冯军, 译. 北京：中国人民大学出版社, 2003：348-350.

[129]［日］松原芳博. 刑法总论重要问题［M］. 王昭武, 译. 北京：中国政法大学出版社, 2014：153.

[130]［日］前田雅英. 刑法总论讲义［M］. 6版. 曾文科, 译. 北京：北京大学出版社, 2017：206-209.

[131]［日］曾根威彦. 刑法学基础［M］. 黎宏, 译. 北京：法律出版社, 2005：212.

[132]［日］大塚仁. 犯罪论的基本问题［M］. 冯军, 译. 北京：中国政法大学出版社, 1993：121.

[133]［日］山口厚. 刑法总论［M］. 3版. 付立庆, 译. 北京：中国人民大学出版社, 2018：184-185.

[134]［日］宫泽俊义、芦部信喜. 日本国宪法精解［M］. 董蕃舆, 译. 北京：中国民主法制出版社, 1990：338.

[135]［日］西田典之. 日本刑法各论［M］. 刘明祥、王昭武, 译. 北京：中国人民大学出版社, 2007：62.

[136]［日］松尾浩也. 日本刑事诉讼法［M］. 丁相顺, 译. 北京：

中国人民大学出版社，2005：61-63.

[137] [日] 鹈饲信成. 日本公务员法 [M]. 曾海科，译. 重庆：重庆大学出版社，1988：193-194.

[138] [日] 团藤重光. 刑法纲要总论 [M]. 东京：创文社，1990：203.

[139] [日] 川端博. 刑法总论讲义 [M]. 东京：成文堂，1997：297.

[140] [日] 内藤谦. 刑法讲义总论（中）[M]. 东京：有斐阁，1986：472.

[141] [日] 浅田和茂. 刑法总论 [M]. 补订版. 东京：成文堂，2007：472.

[142] [日] 松宮孝明. 刑法総論講義 [M]. 东京：成文堂，2009：107.

[143] [日] 前田雅英. 可罰的違法性論の研究 [M]. 东京：东京大学出版会，1982：401.

[144] [日] 宫本英脩. 刑法学萃 [M]. 东京：成文堂，1985：511.

[145] [日] 佐伯千仞. 刑法における違法性の理論 [M]. 东京：有斐阁，1974：391.

[146] [日] 佐伯千仞. 刑法講義（総論）[M]. 东京：有斐阁，1977：177.

[147] [日] 藤木英雄. 可罰的違法性の理論 [M]. 东京：有信堂高文社，1967：14.

[148] [日] 曽根威彦. 刑事違法論の研究 [M]. 东京：成文堂，1998：14.

[149] [意] 杜里奥·帕多瓦尼. 意大利刑法学原理 [M]. 陈忠林，译. 北京：法律出版社，1998：159.

[150] [英] J.C. 史密斯，B. 霍根. 英国刑法 [M]. 马清升等，译. 北京：法律出版社，2000：301-302.

[151] [英] 克罗斯、琼斯著，[英] 卡德修订. 英国刑法导论 [M]. 赵秉志等，译. 北京：中国人民大学出版社，1991：314-316.

[152] [英] 劳特派特. 奥本海国际法（上卷）[M]. 王铁崖、陈体强，译. 北京：商务印书馆，1971：63.

[153] [英] 洛克. 政府论（下篇）[M]. 叶启芳、瞿菊农，译. 北京：商务印书馆，1964：10.

## 二、论文类

[1] 蔡杰，严从兵. 论卧底侦查争议问题及其法律规制 [J]. 现代法学，2003（3）：101.

[2] 蔡聖偉. 論公務員依違法命令所爲之職務行爲 [J]. 臺灣大學法學論叢，2008（1）：177.

[3] 车浩. 非法持有枪支罪的构成要件 [J]. 华东政法大学学报，2017（6）：42.7.

[4] 陈伯礼，郑凌. 议员免责制度研究——兼论我国人大相关制度的完善 [J]. 江苏社会科学，2005（6）：131.

[5] 陈洪兵. "情节严重"司法解释的纰缪及规范性重构 [J]. 东方法学，2019（4）：90.

[6] 陈家林. 法益理论的问题与出路 [J]. 法学，2019（11）：3.

[7] 陈如超. 刑讯逼供的中国治理——审讯结构·治理措施·效果评估 [J]. 甘肃政法学院学报，2015（1）：4.

[8] 陈少青. 法秩序的统一性与违法判断的相对性 [J]. 法学家，2016（3）：16.

[9] 陈伟，蔡荣. 刑法立法的类型化表述及其提倡 [J]. 法制与社会发展，2018（2）：115.

[10] 陈伟. 刑事立法的政策导向与技术制衡 [J]. 中国法学，2013（3）：121.

[11] 陈兴良. 张磊职务正当防卫过当案的定罪与量刑 [J]. 刑事法判解，2014（1）：54-58.

[12] 陈璇. 社会相当性理论的源流、概念和基础 [J]. 刑事法评论，2010（2）：296.

[13] 陈璇．正当防卫与比例原则 [J]．环球法律评论，2016 (6)：53.

[14] 陈璇．公民扭送权：本质探寻与规范续造 [J]．法学评论，2019 (3)：181.

[15] 陈亚军．人大代表言论免责权之探索 [J]．人大研究，2011 (4)：32.

[16] 陈泽宪．关于我国刑法学研究转型的思考 [J]．法学研究，2013 (1)：3.

[17] 陈忠林，王昌奎．刑法概念的重新界定及展开 [J]．现代法学，2014 (4)：98.

[18] 陈忠林．现行犯罪构成理论共性比较 [J]．现代法学，2010 (1)：159.

[19] 程雷．诱惑侦查的程序控制 [J]．法学研究，2015 (1)：160.

[20] 邓君韬．警察使用武器行为之正当性判断 [J]．法学，2019 (3)：154.

[21] 董邦俊，杜文帅．警察暴力行为辨析 [J]．江西警察学院学报，2015 (3)：61-63.

[22] 狄小华．构建儿童权利防护网——兼论虐童的多元治理 [J]．青少年犯罪问题，2013 (2)：14.

[23] 冯军．刑法教义学的立场和方法 [J]．中外法学，2014 (1)：185.

[24] 高维俭，王东海．刑法体系解释层次论——兼以"赵春华案"为实践检验样本 [J]．现代法学，2019 (3)：39.

[25] 郭冰．警察防卫权之思辨 [J]．中国人民公安大学学报（社会科学版），2006 (1)：19-24.

[26] 侯帅．未经审判的正义——警察防卫适用条件研究 [J]．刑法论丛，2014 (4)：230.

[27] 簡士淳．私人逮捕現行犯之客觀前提要件——由德國刑事訴訟法第127條暫時逮捕之規定出發 [J]．臺北大學法學論叢，2016 (98)：153.

[28] 姜涛. 社会风险的刑法调控及其模式改造 [J]. 中国社会科学, 2019 (7): 128.

[29] 姜涛. 基于明确性原则的刑法解释研究 [J]. 政法论坛, 2019 (3): 90.

[30] 姜涛. 行为不法与责任阻却: "于欢案"的刑法教义学解答 [J]. 法律科学, 2019 (1): 96.

[31] 姜涛. 刑法如何面对家庭秩序 [J]. 政法论坛, 2017 (3): 37-40.

[32] 金泽刚, 乔青. 警察防卫新论 [J]. 山东警察学院学报, 2010 (6): 77.

[33] 劳东燕. 法益衡量原理的教义学检讨 [J]. 中外法学, 2016 (2): 361.

[34] 劳东燕. 刑事政策与功能主义的刑法体系 [J]. 中国法学, 2020 (1): 126.

[35] 黎宏. 行为无价值论批判 [J]. 中国法学, 2006 (2): 165.

[36] 黎宏. 判断行为的社会危害性时不应考虑主观要素 [J]. 法商研究, 2006 (1): 99.

[37] 李影. 论卧底侦查中涉罪行为的出罪事由 [J]. 辽宁大学学报 (哲学社会科学版), 2010 (3): 146.

[38] 李永升, 安军宇. 暴力袭警行为法律性质与内涵的教义解读 [J]. 海南大学学报 (人文社会科学版), 2019 (1): 131.

[39] 梁根林. 罪刑法定原则: 挑战、重申与重塑——刑事影响力案件引发的思考与检讨 [J]. 清华法学, 2019 (6): 82.

[40] 梁上上. 利益衡量的界碑 [J]. 政法论坛, 2006 (5): 66.

[41] 梁武彬. 徘徊在罪与非罪之间——父母行使惩戒权的刑法思考 [J]. 青年探索, 2007 (1): 69.

[42] 刘明祥. 论具体的打击错误 [J]. 中外法学, 2014 (2): 376.

[43] 林秀雄. 惩戒权 [J]. 月旦法学杂志, 2002 (7): 14.

[44] 刘国庆. 论私人逮捕制度——兼论我国的公民扭送制度 [J].

云南大学学报（法学版），2014（6）：113.

[45] 刘计划. 逮捕审查制度的中国模式及其改革 [J]. 法学研究，2012（2）：129.

[46] 刘松山. "红头文件"冲突法律的责任归属——兼评福州王凯锋案 [J]. 法学，2002（3）：3.

[47] 刘艳红. 刑法理论因应时代发展需要处理好五种关系 [J]. 东方法学，2020（2）：9.

[48] 刘艳红. 法定犯与罪刑法定原则的坚守 [J]. 中国刑事法杂志，2018（6）：61.

[49] 刘艳红. 网络犯罪的刑法解释空间向度研究 [J]. 中国法学，2019（6）：216.

[50] 刘远. 论刑法规范的司法逻辑结构以四维论取代二元论的尝试 [J]. 中外法学，2016（3）：801.

[51] 刘涛，蔡道通. 风险的决策与决策的风险：社会系统论下的风险刑法 [J]. 江海学刊，2019（4）：159.

[52] 柳华颖. 论军人执行违法命令行为的刑事责任 [J]. 法学杂志，2009（7）：22.

[53] 罗利丹. 上级错误命令执行的责任风险及其规制 [J]. 浙江学刊，2014（4）：127.

[54] 马骏. 军人执行命令行为合法化探究——对有效约束军事命令的理性解读 [J]. 政法学刊，2018（3）：85.

[55] 苗连营. 民意代表的言论免责权之研究 [J]. 法律科学，1999（5）：12.

[56] 彭文华. 犯罪构成论体系的逻辑构造 [J]. 法制与社会发展，2014（4）：124.

[57] 彭泽君. 日本刑法中的可罚的违法性理论及其对我国的借鉴 [J]. 法学评论，2005（6）：129.

[58] 曲新久. 刑法解释的若干问题 [J]. 国家检察官学院学报，2014（1）：167.

[59] 屈学武. 中国刑法上的免责机制反思——从违法性认识错误切入 [J]. 法治研究, 2018 (1): 67.

[60] 沙万忠, 方姚. 暴恐背景下警察防卫权研究 [J]. 宁夏社会科学, 2015 (5): 40.

[61] 沈轩. 他该不该负刑事责任?——张德军见义勇为致歹徒伤亡被控犯罪 [J]. 政府法制, 2006 (3): 44-46.

[62] 时延安. 论刑事违法性判断与民事不法判断的关系 [J]. 法学杂志, 2010 (1): 94.

[63] 宋儒亮. 论公务员在执行上级决定或者命令中的角色定位——对《公务员法》第54条的法理解读 [J]. 法律科学, 2006 (4): 91.

[64] 苏永生. 论罪刑法定原则与民族习惯法 [J]. 法制与社会发展, 2009 (5): 3.

[65] 孙国祥. 新时代刑法发展的基本立场 [J]. 法学家, 2019 (6): 3.

[66] 孙艳. 价值冲突的权衡与选择——论卧底侦查 [J]. 犯罪研究, 2005 (2): 9.

[67] 孙莹, 陈雨梦. 人大代表的言论自由与免责 [J]. 人大研究, 2018 (7): 10.

[68] 田宏杰. 比例原则在刑法中的功能、定位与适用范围 [J]. 中国人民大学学报, 2019 (4): 55-67.

[69] 田宏杰, 肖鹏. 紧急权的理论基础与体系建构 [J]. 华南师范大学学报(社会科学版), 2019 (2): 140.

[70] 田宏杰. 立法扩张与司法限缩: 刑法谦抑性的展开 [J]. 中国法学, 2020 (1): 169.

[71] 童伟华. 日本刑法中违法性判断的一元论与相对论述评 [J]. 河北法学, 2009 (11): 169.

[72] 童伟华. 犯意诱发型诱惑侦查中被诱惑者的罪与罚 [J]. 河南财经政法大学学报, 2014 (3): 113.

[73] 王铁夫. 试论我国刑事诉讼中的公民扭送人犯 [J]. 法学研究, 1985 (4): 46.

[74] 王钢.警察防卫行为性质研究[J].法学家,2019(4):58-63.

[75] 王骏.违法性判断必须一元吗?——以刑民实体关系为视角[J].法学家,2013(5):140-142.

[76] 王书成.论比例原则中的利益衡量[J].甘肃政法学院学报,2008(2):25.

[77] 王世洲.刑法信条学中的若干基本概念及其理论位置[J].政法论坛,2011(1):34.

[78] 王昭武.法秩序统一性视野下违法判断的相对性[J].中外法学,2015(1):185.

[79] 魏昌东.行刑鸿沟:实然、根据与坚守——兼及我国行政犯理论争议问题及其解决路径[J].中国刑事法杂志,2018(5):7.

[80] 魏昌东,刘志伟."虐童"入刑的正当根据与路径选择[J].青少年犯罪问题,2013(2):4.

[81] 吴丹红,楼缙东.法治视野下的卧底侦查[J].法治论丛,2005(4):80.

[82] 熊琦.《人民警察法》(修订草案稿)视野下警察职务防卫行为的本质与规范选择[J].西南政法大学学报,2019(2):122-130.

[83] 杨兴培.刑法学:诸多名词概念亟待斟酌[J].法治研究,2018(2):51.

[84] 徐岱、韩劲松.论俄罗斯刑法的犯罪本质之争及中国反思[J].吉林大学社会科学学报,2017(4):31.

[85] 宣炳昭.香港基本法与香港刑法和中国刑法[J].法律科学,1994(3):45.

[86] 闫胜钧.警察使用枪械行为的性质探析[J].天津法学,2017(2):102.

[87] 杨依.以社会危险性审查为核心的逮捕条件重构——基于经验事实的理论反思[J].比较法研究,2018(3):138.

[88] 杨正平,李志雄.论行政法上的越权无效原则[J].南京大学

法律评论，2005（3）：121.

[89] 叶剑波. 卧底侦查人员违法犯罪的免责问题探讨 [J]. 湖南警察学院学报，2006（4）：46.

[90] 叶良芳. 法秩序统一性视域下"违反国家有关规定"的应然解释 [J]. 浙江社会科学，2017（10）：22.

[91] 于阜民. 犯罪构成理论抑或犯罪成立模型——以刑法契合性为鉴 [J]. 社会科学战线，2013（8）：171.

[92] 于改之. 法域冲突的排除：立场、规则与适用 [J]. 中国法学，2018（4）：88-89.

[93] 于改之. 社会相当性理论的体系地位及其在我国的适用 [J]. 比较法研究，2007（5）：32-33.

[94] 于改之，蒋太珂. 论警察防卫行为正当性的判断——以"庆安火车站警察枪击事件"为例的分析 [J]. 法律科学，2016（1）：195-198.

[95] 于志刚. 简论台湾地区的附属刑法 [J]. 云南大学学报（法学版），2001（2）：93.

[96] 余凌云. 论行政法上的比例原则 [J]. 法学家，2002（2）：33.

[97] 喻少如，张运昊. 人大代表豁免权研究 [J]. 党政研究，2015（2）：82.

[98] 袁林. 公众认同与刑法解释范式的择向 [J]. 法学，2011（5）：95.

[99] 翟金鹏，史全增. 大陆与台湾地区警察武力使用法律规范比较研究 [J]. 中国人民公安大学学报（社会科学版），2014（5）：121-122.

[100] 翟金鹏. 警察武力使用行为法律性质问题研究 [J]. 中国人民公安大学学报（社会科学版），2018（4）：90.

[101] 翟金鹏，简远亚. 机会提供型诱惑侦查行为非犯罪化问题研究 [J]. 中国人民公安大学学报（社会科学版），2012（2）：107.

[102] 张明楷. 论作为犯罪阻却事由的职务行为 [J]. 北方法学，2007（1）：54-64.

[103] 张明楷. 行政违反加重犯初探 [J]. 中国法学，2007（6）：73.

[104] 张旭. 关于"期待可能性理论"的期待可能性追问 [J]. 中国刑事法杂志, 2013 (5): 17.

[105] 张永强. 警察职务防卫的正当性根基与规范完善——兼论《人民警察法》相关内容的修订 [J]. 西南政法大学学报, 2019 (2): 111-112.

[106] 张正新. 在履行职责与正当防卫之间——对警察防卫权的再认识 [J]. 法学评论, 2009 (6): 137-141.

[107] 赵秉志, 杨正根. 香港刑法论述（下篇）[J]. 南京大学法律评论, 1996 (3): 114.

[108] 郑丽萍, 于晓楠. 正当化事由基本问题探讨 [J]. 法治研究, 2011 (10): 29.

[109] 周光权. 论刑法的公众认同 [J]. 中国法学, 2003 (1): 117.

[110] 周少华. 刑法规范的语言表达及其法治意义 [J]. 法律科学, 2016 (4): 56.

[111] 周详. 四要件与三阶层犯罪论体系共生论 [J]. 中外法学, 2012 (3): 652.

[112] 朱国平. 论执行军事命令之阻却违法 [J]. 西安政治学院学报, 2001 (2): 59.

[113] 朱文奇. 中国是否应加入国际刑事法院（上）[J]. 湖北社会科学, 2007 (10): 141-146.